KB220239

곽선희 목사 설교집

66

네 자신을 확증하라

곽선희 지음

계몽문화사

머 리 말

'복음은 들음에서'—이는 진리이며 우리의 경험입니다. 하나님께서 우리에게 주신 복 가운데 가장 큰 복은 말씀을 주신 것입니다. '말씀이 육신을 입어서 오신 것'입니다. 말씀을 주셨고 들을 수 있게 하셨고 마음문을 열고 받아 믿게 하신 것, 참 놀라운 은혜입니다.

말씀은 단순한 지식이 아닙니다. 추상적인 이론이 아닙니다. 말씀은 선포되는 하나님의 계시적 능력인 것입니다. 말씀의 권능, 그 능력을 알고 체험하면서 비로소 '말씀 안에서 태어나는 생명적 기적'이 나타나게 됩니다. 오늘도 그 말씀이 증거되고 새롭게 선포되고 있습니다. 설교가 곧 말씀입니다. 성령의 역사와 함께 끊임없이 이루어지는 생명의 역사입니다. 이 선포되는 말씀, 증거되는 진리를 통하여 구원의 능력은 항상 새로워집니다. 말씀 안에서 새 생명이 탄생하고 말씀 안에서 영혼이 소생하며, 그 큰 능력 안에서 우리는 강건해집니다. 우상을 이기는 능력의 사람으로 성장해가는 신비롭고 놀라운 사건을 강단에서 늘 경험하고 있습니다.

여기에 또다시 설교말씀을 모아 책자로 내어놓습니다. 예수소망교회 강단을 통하여 하나님께서 우리에게 주신 말씀입니다. 이제 그 말씀을 책자로 엮어 내어놓음으로써 우리가 시간과 공간을 초월하여 개별적으로 하나님을 만나게 되는 '말씀의 역사'에 귀중한 방편이 되고자 합니다. 책자라는 그릇에 담긴 이 말씀들은 읽는 자의 마음 안에서 또다른 '말씀의 신비한 기적'을 낳게 되리라 확신합니다.

한 시간 한 시간의 설교를 위하여 간절히 기도해주신 모든 성도들과 이 책자를 출간하기까지 수고해주신 여러분께 진심으로 감사를 드립니다. 그리고 또다시 영광을 오직 하나님께 돌리면서……

곽 선 희

곽선희 목사
장로회 신학대학 졸업
프린스턴 신학석사
풀러신학 선교신학박사
인천제일교회 목사
장로회 신학대학 교수 역임
숭의여자전문대학 학장 역임
서울장로회신학교 교장 역임
소망교회 원로목사
예수소망교회 동사목사

곽선희 목사 설교집 제66권
네 자신을 확증하라

인쇄·2022년 10월 26일
발행·2022년 10월 31일
지은이·곽선희
펴낸이·김정수
펴낸곳·계몽문화사
등록일·1993년 10월 11일
등록번호·제2016-2호
전화·(02)995-8261
정가·23,000원
총판·비전북 / (031)907-3927
ISBN 978-89-89628-49-1 03230

네 자신을 확증하라

바울의 회심의 신비

형제들아 내가 너희에게 나아가 하나님의 증거를
전할 때에 말과 지혜의 아름다운 것으로 아니하였나
니 내가 너희 중에서 예수 그리스도와 그가 십자가에
못 박히신 것 외에는 아무 것도 알지 아니하기로 작
정하였음이라 내가 너희 가운데 거할 때에 약하고 두
려워하고 심히 떨었노라 내 말과 내 전도함이 설득력
있는 지혜의 말로 하지 아니하고 다만 성령의 나타나
심과 능력으로 하여 너희 믿음이 사람의 지혜에 있지
아니하고 다만 하나님의 능력에 있게 하려 하였노라
(고린도전서 2 : 1 - 5)

바울의 회심의 신비

여러분이 잘 아시는 미국의 아브라함 링컨 대통령은 변호사로 일할 때 정당한 일만 변호하는 사람으로 유명했다고 합니다. 그래서 변호할 때마다 늘 이겼고, 덩달아 수입도 많아서 변호사로서는 돈을 꽤 잘 버는 사람이었습니다. 어느 날 한번은 재산이 많은 어떤 부자가 와서 돈을 많이 줄 테니 자기가 당한 일로 생긴 소송의 재판에서 자기를 이기게 해달라고 링컨에게 부탁했습니다. 하지만 링컨은 그 부탁을 정중하게 거절했습니다. 부자가 말했습니다. "변호사란 돈 받고 안 되는 일도 되게 하는 직업인데, 될 만한 일만 한다면 변호사가 왜 필요하오?" 그때 아브라함 링컨은 이렇게 답했습니다. "나의 생활은 하나님께서 알고 계십니다. 내가 먹는 것은 하나님께서 주십니다. 그러니 하나님께서 원치 않으시는 변호는 절대로 할 수가 없습니다. 나는 하나님의 사람이기 때문입니다." 유명한 일화입니다.

신학자들 사이에 이런 말이 있습니다. '예수 그리스도는 사도 바울을 변화시켰고, 사도 바울은 세계를 변화시켰다.' 사실 사도 바울의 변화, 그 회심이라는 것은 세계적이고도 우주적인 의미가 있는 사건입니다. 사도 바울 한 사람이 예수를 만나 회심함으로써 세상의 역사가 바뀐 것입니다. 사도 바울은 본래 가말리엘의 문하생이요 학자입니다. 그리고 바리새교인입니다. 그의 신학적인 관점이나 율법적 소견으로 볼 때 기독교는 이단입니다. 그래서 그는 기독교인을 박해했고, 헬라파 유대인의 대표적인 사람인 스데반을 죽이는 일에 가담했습니다. 그러고도 성에 차지 않아서 저 멀리 다메섹까지 도망간 기독교인들을 쫓아가 그들을 붙잡아 공회의 재판에 세우고자 했습니다. 아니, 스데반처럼 그들을 죽이려고 했는지도 모릅니다. 이렇듯 아주 극단적이고, 적극적이고, 율법에 열성이 있었던 사람입니다. 여러분이 아시는 대로, 그는 기독교를 말살하기 위해서 몸부림을 쳤습니다.

그러던 그가 어느 날 다메섹 도상에서 예수 그리스도를 만납니다. 정오, 한낮이었습니다. 그 시간에 느닷없이 예수님께서 나타나신 것입니다. 그리고 환한 빛 가운데서 "사울아!" 하고 그를 부르셨습니다. 그 소리를 향해서 바울이 묻습니다. "주여, 뉘십니까?" 참 당돌하지요? 이에 예수님께서 대답하십니다. "나는 네가 핍박하는 예수다." 이 한마디에 사도 바울은 확 돌아가 버립니다. 예수 믿는 사람을 있는 대로 잡아 죽이려 했던 그가 180도 달라진 것입니다. 그리고 이제는 예수 그리스도를 증거하는 사람이 되어서 한평생을 사도로서 그리스도를 위하여 살다가 그리스도를 위하여 순교까지 합니다. 이 얼마나 드라마틱한 사건입니까. 굉장하지요? 이것은 단순한 사도 바울의 사건이 아닙니다. 세계적인 사건이고, 우주적인 사건이라고 말할 수 있습니다. 이 사건은 주님의 강권적인 역사였습니다. 그가 다메섹에 갔을 때 주님께서는 전혀 사도 바울의 의견을 묻지 않으십니다. 하나님께서는 아나니아를 보내십니다. 그리고 아나니아에게 말씀하십니다. "저기에 지금 사울이라는 청년이 와 있으니, 네가 가서 만나라." 이렇게 강권적으로 역사하시고, 일방적으로 역사하십니다. 그리고 그 하나님의 역사, 하나님의 말씀에 사도 바울은 온전히 순종합니다. 빌립보서 3장 12절에서 사도 바울은 이렇게 고백합니다. "그리스도 예수께 잡힌 바 된 그것을 잡으려고 달려가노라." 잡힌 바 되었다는 말씀의 헬라어 원문은 포로가 되었다는 뜻입니다. '그리스도께 포로 되었다. 잡힌 바 되었다.' 이것은 수동적이요 피동적입니다. 잡힌 바 되었고, 잡힌 바 된 그것을 이제는 잡으려고 쫓아가노라―이것은 능동적입니다. 이 사건은 매우 중요합니다. 여러분, 한평생 억지로 사십니까? 그것처럼 잘못된 게 없습니다. 특별히 요새 가만히 보니까 결혼생활 하는 분들도 죽지 못해 삽니다. 욕을 합니다. "영감탱이! 할망구!" 이렇게 저 사람 때문에 내 일생이 망가졌느니 뭐니 하면서 말입니다. 뭐 하는 것입니까? 한평생, 이 짧은 생을 사는데 억지로 살아서야 되겠습니까. 안 됩니다. 능동적으로, 창조적으로, 자발적으로 살아야 합니다. 사도 바울을 보십시오. 그리스도께 잡혔습니다. 포로 되었습니다. 억지로 끌려가면서 죽지 못해 사는 것이 아닙니다. 바로 여기에 바울의 위대한 회심이 있습니다. 그리스도께 잡힌 바 된 것을 잡으려고 쫓아가노라―능동적이고 자발적입니다. 이제부터는 자기 선택적입니다. 바로 이런 생을 살았다는 것이 바울의 회심입니다.

그런가 하면, 오늘본문에는 그의 두 번째 회심이 있습니다. "예수 그리스도와 그가 십자가에 못 박히신 것 외에는 아무 것도 알지 아니하기로 작정하였음이라(2절)." 그리스도 십자가 외에는 알지 아니하기로 작정했다―이제부터 그는 십자가 중심의 신앙으로 바뀝니다. 이 사건에는 배경이 있습니다. 이렇게 설명할 수 있습니다. 사도 바울은 이 사건 바로 직전에 아덴에서 선교했습니다. 아덴은 헬라 철학의 본산지요, 소크라테스, 플라톤, 아리스토텔레스와 같은 유명한 철학자들이 묻힌 곳입니다. 그래서 헬라 철학을 연구한 사람으로서 그는 아덴에 도착했을 때 기대감이 컸습니다. '이 철학의 도시, 소크라테스의 흔적과 발자취가 있는 곳에 내가 왔구나!' 이렇게 생각하면서 보았는데, 웬걸요? 아덴은 우상으로 가득 찬 곳이었습니다. 우상이 하도 많아서 마지막에는 이름을 다 못 지을 정도였습니다. 급기야는 이름을 알지 못하는, 이름 모를 우상까지 섬겼습니다. 우상의 이름을 미처 다 붙이지 못했던 것입니다. 요샛말로 하면, '무명비(無名碑)' 같은 것이지요. 그 아덴에서 사도 바울이 잠깐 궤변을 늘어놓습니다. "너희가 알지 못하고 섬기는 신을 내가 알게 하겠노라." 평생 헬라 철학을 깊이 공부했던 그였기에 우선은 철학적으로 다가갑니다. 철학적 사고방식으로 그들을 깨우치고자 한 것입니다. 자기 지식이 나왔습니다. 자기 경험이 나왔습니다. 자기 철학적 사고방식을 그들 앞에서 드러냈습니다. 그래서 그는 아덴에서 전도에 실패하고 맙니다.

성경을 살펴보면, 사도 바울은 어느 도시에 가든지 불과 며칠만에 교회를 세웠습니다. 그랬던 그가 아덴에서는 교회를 세우지 못했습니다. 게다가 큰 핍박도 없었는데, 도망치듯 고린도로 갔습니다. 고린도에 가서는 의기소침해졌습니다. 마음이 약해졌습니다. 오죽하면 아르바이트를 했겠습니까. 먹고 살아야했으니까요. 그는 본디 천막 만드는 기술이 있는 사람이라 천막 만드는 사람들 속에 들어가서 아르바이트를 해가면서 생계를 유지하고 살았습니다. 바로 그때 주님께서 말씀하십니다. "이 성에 내 백성이 많다. 쉬지 말고 말하라. 담대히 복음을 전하라." 그래 그는 다시 용기를 냅니다. 드라마틱한 사건입니다. 바로 그곳이 고린도입니다. 거기서 그는 두 번째로 회심합니다. "십자가 외에는 알지 아니하기로 작정하였노라." 그는 십자가 중심의 철학, 십자가 중심의 사고방식, 십자가 중

심의 사람으로 바뀝니다. 그래서 고백합니다. "십자가 외에는 알지
아니하기로 작정했노라." 또 특별히 그는 말합니다. "내가 너희 가
운데 있을 때 두려워하며 심히 떨었노라." 여러분, 사도 바울은 핍
박을 무서워하는 사람이 아닙니다. 숱한 매를 맞고, 또 감옥에 들어
가 고생하는 것도 기꺼이 받아들일 수 있는 사람입니다. 그런 그가
고린도에서는 감옥에 간 것도 아니요, 매를 맞은 것도 아닙니다. 한
데도 이런 말을 합니다. "내가 너희 가운데 있을 때 두려워하며 심히
떨었노라." 다시 말해서, 인간적인 철학, 인간적인 경험과 지식을 의
지하는 순간에 그만 심히 떨 수밖에 없는 나약한 존재가 되었더라,
이것입니다. 아주 초라한 존재가 된 것입니다. 여기서 제2의 회심이
이루어집니다. "십자가 외에는 알지 아니하기로 작정하였노라." 완
전히 바뀝니다. 요샛말로 하면, 철학적 사고를 버린 것입니다. 파스
칼은 이렇게 말했습니다. "이성을 십자가에 못박았다." 이성을 십자
가에 못박는 것이 바로 신앙입니다. 이리저리 생각을 굴려 가면서
자기 생각, 자기 철학, 자기 지식, 자기 경험을 생각하는 동안 믿음
은 점점 가라앉고 맙니다. "오로지 십자가 외에는 알지 아니하기로
작정하였노라." 그랬더니 성령께서 역사하시고 감동하시어 그가 담
력을 얻어 고린도에 교회를 세우고, 큰 역사를 이루게 됩니다. 이것
이 제2의 회심입니다.

그는 빌립보서 3장 8절, 9절에서 이렇게 말합니다. "내가 그를
위하여 모든 것을 잃어버리고 배설물로 여김은 그리스도를 얻고 그
안에서 발견되려 함이니……" 철학적 지식이 해로운 것은 아닙니다.
그러나 복음의 사람에게는 해롭습니다. 그의 지식, 그의 경험이 절
대로 해로운 것은 아닙니다마는, 어느 순간 십자가의 신앙을 유지함

에는 이것이 다 해로운 것입니다. 배설물로 여겼노라―십자가 중심의 신앙으로 바뀐 것입니다. 그리고 그는 마침내 빌립보 3장 10절에서 말합니다. "그의 죽으심을 본받아." 아, 기가 막힌 이야기입니다. 사는 게 아니라, 예수님처럼 죽으려고 했습니다. 그의 인간의 삶의 초점은 여기에 있습니다. 예수를 의지해서 내가 잘되는 것이 아닙니다. 예수와 함께 내가 큰 역사를 이룬다는 것이 아닙니다. 예수님의 죽으심을 본받아, 어찌하든지 예수의 죽으심을 본받아, 예수님처럼 죽어서 그 부활의 능력을 알려 했다는 대단한 고백입니다. 갈라디아서 2장에 우리가 너무나 잘 아는 말씀이 있지 않습니까. "내가 그리스도와 함께 십자가에 못 박혔다. 예수님께서 십자가에 돌아가신 그 순간 나도 이미 죽었다. 십자가를 바라보는 순간 나는 죽었다. 십자가를 묵상하는 순간 나는 없다." 이것이 사도 바울의 제2의 회심입니다. 놀라운 것입니다. 그렇게 사도 바울은 십자가의 신앙을 세워 나갔습니다.

그런가 하면 제 생각에는 그에게 세 번째 회심이 또 있었습니다. 그것이 바로 조용하게 나타납니다마는, 사도행전 18장에 보면 그가 겐그리아에서 삭발을 합니다. 많은 사람이 말렸겠지요. 이스라엘 사람들은 머리를 소중하게 여깁니다. 절대 삭발뿐만 아니라, 수염도 깎지 않습니다. 그래서 이스라엘 사람들을 보면 수염이 아주 많지 않습니까. 이것이 2천 년 전 경건한 유대 사람의 모습인데, 사도 바울은 그렇게 삭발을 하고 출발합니다. 이것이 무엇을 의미하는 것입니까? 지난날에는 나름대로 노력도 하고, 생각도 했습니다. 그러나 이제는 완전히 하나님의 뜻 앞에 헌신하는 것입니다. 하나님의 섭리 앞에 깨끗하게 위탁하는 것입니다. 지금까지는 이것이 성공이고, 이것은 실패라고 생각했습니다. 이것은 잘 된 것이고, 이것은 안 된 것이고, 이것은 핍박이고, 이것은 형통이라고 생각했습니다. 그러나 이제는 아닙니다. 이제부터는 모든 것이 합동하여 선을 이룬다는 것을 알았습니다. 사도 바울은 육체의 가시, 사탄의 사자가 있는 사람입니다. 몸의 병이 있었습니다마는, 이것도 유익한 것이었습니다. 가는 곳마다 핍박이 있고, 이런저런 억울함이 있었습니다마는, 그것도 유익했습니다. 때로는 풍랑을 만납니다. 이제 죽었다, 하는 시간에도 하나님의 섭리가 있었습니다. 하나님의 큰 섭리를 믿으며, 그 경륜에 온전히 맡기고 감사하는 신앙으로 바뀝니다. 이것이 제3의 회심이라고 저는 생각합니다.

여러분, 하나님을 믿는 사람은 하나님의 존재를 믿고 능력을 믿겠지마는, 무엇보다 중요한 것은 하나님의 지혜입니다. 이것을 생각해야 합니다. 사람들은 능력은 믿으면서 지혜는 잘 믿지 않습니다. 하나님만의 방법이 따로 있음을 믿어야 하는 것이지요. 그다음에는 하나님의 창조적 사랑입니다. 이 사건에도 저 사건에도, 내 나약함도 내 질병도 다 하나님의 사랑입니다. 사도 바울은 이것을 깨달았습니다. 그래서 온전히 주님 앞에 헌신하기 위해서 머리를 깎았습니다. "이제부터 가는 길은 온전히 주께 맡깁니다. 이렇게 해주십시오, 저렇게 해주십시오, 하는 말도 안 하겠습니다. 잘 됐다, 못 됐다 하는 말도 안 하겠습니다. 그저 감사하겠습니다." 제3의 회심입니다.

하인즈 코후트라는 심리학자는 이런 말을 합니다. '인간 성장의 목표는 자기 삶의 한계를 직시할 수 있는 능력이다.' 여러분, 나라는 존재가 무엇입니까? 하나님 앞에서 나는 누구입니까? 나를 향하신 하나님의 뜻이 무엇입니까? 신앙인은 나를 부르신 하나님의 뜻을 봅니다. 나와 함께하시는 하나님을 봅니다. 내 평생에 나와 함께 역사하신 하나님의 능력을 몸으로 체험합니다. 그런고로 언제나 억지가 아닙니다. 아는 것은 아는 것으로 감사하고, 믿는 것은 믿는 것으로 감사하고, 모르는 것은 모르는 대로 하나님의 섭리 앞에 감사하는 것입니다. 그가 그리스도인입니다. 잘 됐느니 못 됐느니, 잘 될 것 같다느니 못 될 것 같느니…… 이제 그만 합시다. 다 초보자들이 하는 말입니다. 모든 것이 합력하여 하나님의 선을 이룬다는 것을, 하나님의 그 능력과 지혜를 우리가 안다면, 우리 마음에 잠시도 어두운 그림자란 존재하지 않습니다. 깊이 생각해야 합니다. 모든 지식과 판단 능력까지도 하나님 앞에 다 반납하고, 마음을 깨끗하게 해야 합니다. 그렇게 함으로써 범사에 감사하고, 항상 기뻐하며, 어떤 상황에서도 기도하게 됩니다. 그리고 모든 것을 통하여 역사하시는 하나님의 능력을 찬양하게 됩니다. 그것이 그리스도 안에서 회심한 사람의 모습입니다.   △

이제 이를 생각하라

악인에게는 하나님이 이르시되 네가 어찌하여 내 율례를 전하며 내 언약을 네 입에 두느냐 네가 교훈을 미워하고 내 말을 네 뒤로 던지며 도둑을 본즉 그와 연합하고 간음하는 자들과 동료가 되며 네 입을 악에게 내어 주고 네 혀로 거짓을 꾸미며 앉아서 네 형제를 공박하며 네 어머니의 아들을 비방하는도다 네가 이 일을 행하여도 내가 잠잠하였더니 네가 나를 너와 같은 줄로 생각하였도다 그러나 내가 너를 책망하여 네 죄를 네 눈 앞에 낱낱이 드러내리라 하시는도다 하나님을 잊어버린 너희여 이제 이를 생각하라 그렇지 아니하면 내가 너희를 찢으리니 건질 자 없으리라 감사로 제사를 드리는 자가 나를 영화롭게 하나니 그의 행위를 옳게 하는 자에게 내가 하나님의 구원을 보이리라

(시편 50 : 16 - 23)

이제 이를 생각하라

여러분도 다 경험하는 이야기입니다마는, 제가 어느 날 식당에서 식사를 하면서 보니까 바로 옆자리에 아주 예쁘게 생긴 아가씨하고 그 남자친구가 같이 데이트를 하고 있었습니다. 그런데 중요한 것은 서로 마주 보는 일이 없고, 한마디 하는 말도 없이, 각기 스마트폰만 들고 있더라는 것입니다. 스마트폰을 딱 들고 고것만 들여다보고 있는 것입니다. 앞에 앉은 아가씨를 보지도 않고, 아가씨도 남자친구를 보지도 않고 말입니다. 내가 얼마 동안 그러는가 하고 보았더니, 끝까지 말 한마디 없습디다. 그걸 보면서 제가 어떻게 생각해야 하나, 이것도 연애인가, 하는 생각을 했습니다.

여러분, 이걸 아셔야 합니다. 스마트폰에 너무 많이 빠지면 어떻게 되는 줄 아십니까? 스마트폰 없이는 자기 집도 못 찾아오게 된답니다. 그것만 너무 의지하고 다니니까요. 골목골목을 어떻게 가야 하는지 다 잊어버렸습니다. 결론은, 스마트폰을 많이 보다 보면 치매가 빨리 온다, 이것입니다. 그렇다면 그런 줄 아십시오. 왜요? 생각을 버렸으니까요. 생각을 안 하니까요. 생각도 하고, 고민도 해야 하는데, 도대체 그러지 않는 것입니다. 길을 찾다가 못 찾으면 돌아오기도 하고, 기억을 다시 더듬어도 보고, 달리 생각도 해보고…… 이런 게 필요한데, 그저 스마트폰에만 의지한 채 스마트폰이 가라고 시키는 대로만 차를 운전하다 보니 아주 멍청해지고 말았다는 말입니다. 멍청해지고 말았습니다. 저는 그래서 자동차에 내비게이션이 있지만, 그거 의지하지 않습니다. 저는 그 아가씨를 믿지 않으니까요. 그저 혼자 나름대로 지도를 보고 미리 생각하고 '여기서 좌회전하자, 여기서 우회전하자' 이러면서 갑니다. 물론 그러다가 잘못해서 돌아올 때도 있긴 합니다. 하지만 이게 인간입니다. 이게 건강한 정신입니다. 이걸 잊지 말아야 합니다.

여러분, 요즘 세상이 어떻습니까? 한 마디로 '생각하기를 싫어하는 세상'입니다. 생각하면 고민이 많거든요. 생각이 결국은 우리를 기쁘게 해주지 않거든요. 생각하면 할수록 후회스러운 게 많고, 과거를 생각하니 후회와 뉘우침뿐이고, 한탄뿐인 것입니다. 미래를 생각할 때 더욱더 암담해지고 하다 보니 생각을 포기하고 사는 세상이 되고 말았다, 이것입니다. 그런데 파스칼은 말합니다. '사람이 뭐냐? 생각하는 갈대다.' 사람의 몸은 갈대같이 약합니다. 그러나 사람의 사람됨은 생각에 있습니다. 생각이 사람이지, 그 몸이 사람은 아니다, 이 말입니다. 이걸 깊이 생각해야 합니다.

구약성경 호세아 4장 6절에 이런 귀한 말씀이 있습니다. "내 백성이 지식이 없으므로 망하는도다 네가 지식을 버렸으니 나도 너를 버려 내 제사장이 되지 못하게 할 것이요……" 여기에 두 가지 명제가 있습니다. 하나는, 지식이 없으므로 망한다는 것입니다. 어떻습니까? 확실히 지식이 없으면 멍청합니다. 이건 얘기도 안 되고, 말도 안 통하는 것입니다. 지식이 없어서 망하는 것입니다. 생각해보십시오. 여러분, 우리가 지금 잘살고 못살고, 돈을 벌고 못 벌고…… 이것들이 다 생각의 문제 아닙니까. 생각을 잘하면 경제적으로나 도덕적으로 훌륭하고 여유 있게 살아갈 수 있는데, 생각이 잘못됐습니다. 생각이 없으므로 망하는도다―맞는 얘기입니다. 그보다도 두 번째 말이 중요합니다. 지식을 버렸으므로―이게 중요한 것입니다.

생각이 없는 것이 아닙니다. 생각을 역행하는 것입니다. 알고도 행치 않는 것입니다. 이건 도리가 없지 않습니까.

가끔 이런 일이 생깁니다. 약을 먹어야 낫는다고 해서 약을 지어 왔는데도 나중에 보면 집에 꼭 먹다 남은 약이 있지 않습니까. 그런 약이 얼마나 많습니까. 아마 다 모으면 한 보따리는 될 것입니다. 의사가 먹으라면 먹어야지요. 처방대로 먹어야 하는데, 안 먹습니다. 몇 번 먹어보고 괜찮다 싶으면 그만 안 먹는 것입니다. 이게 지식을 버리는 것입니다. 내가 가진 지식을 버린 것입니다. 그러면 구제 불능입니다. 이제는 더 길이 없는 것입니다. 한나 아렌트가 쓴 「인간의 조건」이라는 책에 이런 말이 있습니다. '가장 큰 죄는 생각하지 않는 것이다.' 생각하지 않고, 생각을 버리고, 생각을 역행하는 것은 인간됨을 포기하는 것이라는 것입니다. 중요한 문제입니다. 우리는 하나님의 형상대로 지음을 받았습니다. 우리 몸은 동물성을 지녔습니다마는, 몸을 지배하는 것은 이성입니다. 그리고 하나님의 형상입니다. 그 형상 속에 생각이라는 게 있습니다. 하나님의 형상, 그 영이 내 생각을 유도합니다. 내 생각을 주도합니다. 본능대로만 산다면 그건 사람의 모양은 있으나, 실은 동물입니다. 인간이라고 볼 수 없습니다. 그런데 인간은 생각하므로 인간입니다.

여기에 음식이 있다고 합시다. 배고프다고 음식을 그냥 먹습니까? 누가 주는 음식인지, 어떤 음식인지, 몸에 이로운지, 해로운지를 생각하고 먹어야 합니다. 생각이 함께 가야 합니다. 음식이 있다고 그냥 꿀꺽 삼키면 그건 강아지입니다. 사람이라고 할 수 없습니다. 적어도 음식이 있으면 내게 유익한 것이냐 해로운 것이냐, 이게 득이 될 것이냐 해가 될 것이냐, 다른 사람에게는 어떤 결과가 올 것이냐를 생각해야 합니다. 더 나아가 이 음식을 주신 하나님께 감사하며, 하나님을 찬양하며 먹어야 인간인 것입니다. 저는 크롬웰 장군의 기도문을 가끔 생각합니다. 그는 음식을 먹을 때마다 두 가지 기도를 했습니다. 하나는 '하나님, 좋은 음식을 주셔서 감사합니다, 아멘'이고, 또 하나는 '왕성한 식욕을 주셔서 감사합니다'입니다. 입맛이 있어야 먹을 수 있지 않겠습니까. 입맛, 그 참 소중한 것입니다. 입맛이 없으면 어떤 음식도 먹을 수 없습니다.

저는 개인적으로 한번 큰 수술을 받고 나서 건강이 회복될 때쯤 입맛이 싹 가는데, 그렇게 어려울 수가 없었습니다. 아무리 맛있는 음식을 먹어도 그저 모래알을 씹는 것 같았습니다. 이 입맛이라는 게 얼마나 중요한가, 하는 것을 그때 생각했습니다. 크롬웰 장군의 기도도 그렇습니다. '좋은 음식을 주셔서 감사합니다. 왕성한 식욕을 주셔서 감사합니다.' 하나가 더 있습니다. '훌륭한 소화력을 주셔서 감사합니다.' 그렇습니다. 먹고 소화를 잘 시켜야지요. 감사할 일이 참 많습니다. 이렇게 해야 인간이지요. 아무 생각도 없이 이웃이 굶든 말든 돌아보지 않고 나와는 아무 상관이 없다는 듯 나는 나대로, 너는 너대로…… 이러면 인간이 아닙니다. 왜요? 생각이 없잖아요? 생각이 함께해야 인간입니다.

문제는 생각의 기능을 잘 살려가야 한다는 것입니다. 생각에 역행하면 그는 속물입니다. 가장 슬픈 일은 생각에 역행하기 위해서 중독으로 빠지는 것입니다. 사람이 왜 술을 먹느냐고요? 괴로운 생각을 잊어버리고, 아픈 과거를 잊어버리고, 양심의 가책을 억누르기 위해서입니다. 그래서 그 쓴술을 마시는 것입니다. 이게 무엇입니까? 하나님께서 주신 맑은 이성과 맑은 생각을 흐리게 만드는 일입니다. 생각을 흐리게 만들기 위해서 술을 먹고, 담배를 피우고, 중독에 빠지는 것입니다. 그렇지 않습니까. 생각하면 괴로우니까 생각하는 기능을 마비시키는 것입니다. 참으로 우스운 얘기입니다. 생각하지 않기 위하여, 생각을 잊어버리기 위하여 온갖 노력을 다하고 있습니다. 인간성을 파멸시키는 길입니다.

　오늘본문에서 지식을 버렸다고 했습니다. 얼마나 중요한 말씀입니까. '너희가 지식을 버렸다. 그런고로 나도 너희를 버린다.' 아주 중요한 말씀입니다. 몰라서 못 하는 것이 아닙니다. 넉넉한 지식을 주셨습니다. 하지만 알고도 행하지 않습니다. 지식은 약속된 미래를 볼 수 있고, 지식은 하나님께서 주신 은총의 감각을 지니고 있습니다. 그래서 오늘본문 22절은 말씀합니다. "하나님을 잊어버린 너희여 이제 이를 생각하라……" 하나님을 잊어버린 너희여 — 생각에서 잊어버렸다는 것입니다. 그러므로 이제는 하나님을 생각하라고 말씀하십니다. '이제는 생각하라. 하나님 없이 사는 것이 얼마나 비참한 일인가를 생각하라.'

　중국의 유명한 철학자인 임어당은 본래 그리스도인이었습니다. 하지만 40년 동안 기독교를 버리고 살았습니다. 그가 쓴 마지막 책에서 그가 하나님께로 돌아오면서 하는 말입니다. '내가 하나님을 떠나서 산 것은 마치 어머니를 잃어버린 고아의 모습과도 같았다.' 그리고 하나님께로 돌아온 그 이야기를 「타임」지에 기고해놓은 걸 제가 보면서 깊은 감동을 받은 바 있습니다. 하나님 없이 산다, 하나님을 잊어버리고 산다, 하나님의 말씀에 역행하며 산다……… 이건 그대로가 지옥입니다. 하나님 없이 산 인생을 되돌아보면서 하나님께로 돌아오는 인생, 하나님이 아니라 내가 목적이었던 나 중심의 삶을 버리고 이제는 하나님께로 돌아오는 것, 그것이 생각을 바로 하는 것입니다. 여러분, 방법이 잘못되어서 망하는 것이 아닙니다. 목적이 잘못되어서입니다. 실패의 원인은 방법에 있지 않습니다. 궁극적으로 목적에 있습니다. '도대체 무엇을 위해서 내가 이걸하나?' 목적이 잘못된 것을 이제 생각해야지요. 나 중심의 생이 얼마나 잘못된 것인지를 이제는 생각해야지요. 나 중심이라는 것, 이 얼마나 비참한 것입니까. 나 중심으로 살면 성공할 것 같지요? 천만에요. 조금 지난 다음에 보십시오. 이처럼 비참할 수가 없습니다. 우리가 얼마든지 경험하고 있는 일입니다.

그런고로 방향이 잘못되었다는 것을 알아야 합니다. 특별히 나 중심적으로, 내 욕심과 내 정욕에 포로가 되었을 때 내가 얼마나 비참하다는 것을 이제는 생각해야 합니다. 거짓되고, 끝없는 탐욕에 끌려 사는 그 모습 말입니다. 게으르고, 나태하고, 반항적이고, 죄악의 노예가 된 자기 모습을 이제는 생각해야지요. 그래서 하나님의 말씀으로 돌아와야 합니다. 말씀으로 돌아올 때 다시 하나님께서는 우리에게 말씀해 주십니다. 그래서, 한마디로 하면, 이성이 중생해야 하는 것입니다. 생각하는 방향, 생각하는 그 근본이 중생해야 합니다. 생각이 잘못된 사람은 끝이 없습니다. 정말 구제 불능입니다. 어떤 말로도 안 됩니다. 그런고로 오로지 중생의 역사가 있어야 합니다. 중생의 역사가 무엇입니까? 옛사람이 죽고, 그리스도로 사는 모습, 그것입니다. 성령께서 우리에게 임하시면 우리 생각의 방향을 돌려주십니다.

요한복음 14장 26절에서 예수님 말씀하십니다. 십자가를 지시기 불과 몇 시간 전에 하신 말씀입니다. "내 이름으로 보내실 성령 그가 너희에게 모든 것을 가르치고 내가 너희에게 말한 모든 것을 생각나게 하리라." 성령께서 임하실 때 생각나게 하리라—여러분, 반대로 생각합시다. 내가 죄악 가운데 있을 때, 정욕에 사로잡혀 있을 때 생각하는 것이 무엇입니까? 그건 절망입니다. 그러나 성령께서 내게 임하실 때 성령께서는 내 생각을 예수님의 말씀 가운데로 인도하십니다. 예수님께서 하신 말씀이 기억납니다. 예수님께서 하신 모든 약속이 기억납니다. 여기서 새로운 변화가 이루어지고, 생각 그 중심에 변화가 오는 것입니다. 하나님 앞에 있는 우리의 생각이 중생해야 합니다. 몸의 문제가 아닙니다. 경제문제, 정치문제가 아닙니다. 생각의 중심, 그것이 중생해야 한다는 말씀입니다.

생각 없는 사람은 사람이 아닙니다. 생각합니다. 그 구원을 생각하는 것입니다. '사람이 무엇인가? 어디에서 왔는가?' 생각합니다. '인간의 궁극적 관심인 내 인생의 마지막 끝은 어디인가? 내가 어떤 모습으로 세상을 마칠 것인가?' 이 마지막을 생각해야지요. 그런가 하면 오늘 내가 할 일이 뭔가? Here And Now, 지금 내가 여기서 해야 할 일이 뭔가? 생각합니다. 어떤 형편에 있든지 생각하면 할 일이 있습니다. 감사할 일이 있습니다. 생각함으로 하나님의 약속을 바라봅니다. 약속은 미래적 현실입니다. 약속이란 당장 이루어지는 것이 아닙니다. 약속한 그날에 가서 이루어지는 것 아닙니까. 그러나 그 약속을 우리는 현실로 받아들입니다. 그것이 믿음입니다. 약속에 대한 확실한 생각, 하나님의 권능에 대한 생각, 이것이 믿음인 것입니다.

이스라엘 백성을 생각해보십시오. 그들은 애굽에서 나와 홍해를 건너왔습니다. 홍해가 갈라지는 기적을 보았습니다. 그날을 잊어서는 안 됩니다. 그날을 생각해야 합니다. 오늘도 다시 생각해야 합니다. 그래야 오늘에 대한 해답이 있기 때문입니다. 하나님의 지혜, 그 놀라움을 생각합니다. 이스라엘 백성이 애굽에서 나와 광야 40년을 지냅니다. 그 메마른 땅 광야 40년 ─ 이것은 하나님의 능력과 지혜입니다. 그 속에 하나님의 깊은 사랑이 있었습니다. 성경의 시편 기자들은 말합니다. "독수리의 날개같이 너희를 보호했느니라." 생각하면 생각할수록 은혜입니다. 생각의 방향이 바르면 감사 말고는 없습니다. 하나에서 열까지, 넘치는 하나님의 그 사랑에 대해서 응답하게 됩니다. 생각 없는 사람은 사람이 아닙니다. 깊이 생각하는 것, 그 생각 자체가 은총입니다. 그런고로 오늘본문은 우리에게 말씀합니다. "너희여 이제 이를 생각하라……(22절)" 우리의 생각이 거룩해져서 하나님을 생각해야 합니다.

　우리의 생각을 다시 한번 정화해서 순결하게 하고, 생각하며 감사하고, 생각 속에 하나님의 은혜를 되새기며 살아야 합니다. 우리의 생각이 달라지고 변화될 때 하나님의 은혜가 은혜 되는 것입니다.　△

한 나그네의 윤리

　사랑하는 자들아 거류민과 나그네 같은 너희를 권
하노니 영혼을 거슬러 싸우는 육체의 정욕을 제어하
라 너희가 이방인 중에서 행실을 선하게 가져 너희를
악행한다고 비방하는 자들로 하여금 너희 선한 일을
보고 오시는 날에 하나님께 영광을 돌리게 하려 함이
라

　　　　　　　(베드로전서 2 : 11 - 12)

한 나그네의 윤리

　기독교 시인 중에 천상병 시인이라고 있습니다. 그분의 작품 가운데 '귀천'이라는 유명한 시가 있지요? 여러분도 잘 아실 것입니다. '나 하늘로 돌아가리라 / 새벽빛 와 닿으면 스러지는 / 이슬 더불어 손에 손을 잡고, // 나 하늘로 돌아가리라 / 노을빛 함께 단 둘이서 / 기슭에서 놀다가 구름 손짓하며는, // 나 하늘로 돌아가리라 / 아름다운 이 세상 소풍 끝내는 날, / 가서, 아름다웠더라고 말하리라……' 아름다운 이 세상 소풍 끝나는 날 가서 아름다웠다고 말하리라―참 우리에게 많은 감명을 주는 시입니다. 세상에서 가장 불행한 일은 생각에 집착하는 것입니다. 잘못된 생각에 집착해서 소중한 미래를 잃어버리는 것, 그보다 더 불행한 일은 없다고 늘 생각합니다. 헛된 일에 집착하고, 쓸데없는 일에 마음을 쓰고, 거기에 전심하면서 사는 것만큼 불행한 일은 없을 것입니다.

　제가 늘 마음에 기억하는 이야기가 하나 있습니다. 다윗 왕이 전쟁에 나가서 승리하고 돌아올 때 백성들이 만세를 부르며 다윗 왕을 환영했습니다. 다윗 왕은 말을 타고 입성하면서 자신이 교만해지는 것을 느꼈습니다. '내가 왕이다! 천하에 내가 왕이다!' 이런 교만한 마음이 생기는 걸 보고 그는 하나님 앞에 기도하는 마음으로 신하들을 불러 모았습니다. 그리고 부탁했습니다. "내 마음이 자꾸 이렇게 교만해지려 하는데, 어떻게 하면 겸손해질 수 있겠느냐? 이 교만한 마음은 하나님 앞에 합당치 않은데, 어떻게 하면 항상 겸손할 수 있겠는지, 그 지혜를 말하라!" 그러자 한 지혜자가 말합니다. "좋은 반지를 하나 낍시다. 그 반지에다가 글자를 새겨서 그 글자를 볼 때마다 겸손해집시다." 그런데 그다음에 문제가 생겼습니다. 그러면 도대체 반지에다가 무엇이라고 써야 하느냐, 이것입니다. 아무도 그에 대해서 말하지 못했습니다. 그때 한 지혜자가 말합니다. "왕의 아들 솔로몬이 비록 어리지마는 아주 지혜가 있는데, 그에게 물어보면 어떻겠습니까?" 그래 솔로몬에게 가서 아버지가 겸손하기 위해서 지혜를 구하는데, 그 반지에 뭐라고 쓰면 좋겠느냐고 묻습니다. 그러자 아이 솔로몬이 장난하며 뛰놀다 말고 하는 말입니다. "모든 것은 지나간다." 그래서 반지에다 '지나간다'라고 썼더랍니다. 그렇게 교만해질 때마다 그것을 보았고, 걱정거리가 있을 때도 보았습니다. '지나간다.' 다윗이 이 글을 보면서 마음을 다스리고 겸손을 지켰다고 하는 전설이 있습니다.

너무나도 평범한 이야기가 아닙니까. 오늘본문에 있는 말씀도 그렇습니다. 인생은 나그네—여러분, 우리는 세상이 변한다는 말을 합니다. 확실히 변합니다. 아주 빨리 변합니다. 정신없이 변합니다. 세상이 변합니다. 어떻습니까? 그런데, 잘 생각해 보면 내가 변하는 것입니다. 세상이 변하는 것이 아니라, 내가 변하는 것이고, 교만할 만한 가치가 없는 것에 대해서 우리는 교만하게 변하고 있는 것입니다. 라인홀트 니부어는 교만에는 '권력에 대한 교만', '지식적 교만', 그리고 '도덕적 교만'이 있다고 말했습니다. 권력이란 무상한 것입니다. 일단 가지고 나면 그다음부터는 불안하고, 더 큰 어려움에 빠집니다. 지식도 하찮은 것입니다. 교만할 것이 못됩니다. 가장 위험한 것이 도덕적 교만입니다. '나는 깨끗하다. 나는 남보다 선하다.' 과연 그렇습니까? 우리는 다시 한번 물어야 합니다. 종교개혁자인 칼뱅은 말합니다. '신앙생활이란 뭐냐?' 딱 두 마디로 말합니다. '하나는 계속적으로 자기를 부정하는 것이다.' 왜요? 인간의 본성이 자기 긍정에 있기 때문입니다. 자기를 긍정하고, 육체를 긍정하고, 지식을 의지하고, 세상 물질에 빠져들어가는 속성이 있기 때문에 자기를 부정해야 한다는 것입니다.

제가 언젠가 한번은 남한산성에 올라가 한경직 목사님을 만났습니다. 그때 나이가 90세가 조금 넘었었습니다. 그때 가서 몇 시간 동안 이야기를 하는데, 한참 얘기하다가 한 목사님께서 엉뚱한 얘기를 합니다. "곽 목사, 곽 목사. 영어 잘하지?" "아, 저 영어 잘못합니다." 그러자 한 목사님이 이런 말씀을 하셨습니다. "난 영어 잘해. 나는 대학도 영문과를 나왔고, 미국에 가서도 플로리다대학에서 공부했고, 프린스턴에 가서도 공부했지. 그러면서 영어를 잘하려고 애썼어. 나는 영어 성경을 보는 것이 한국어 성경을 보는 것보다 뜻이 더 잘 이해되고, 영어 성경을 한국어 성경보다 더 많이 보았어. 성경 말씀도 영어로 외웠지. 그렇게 내가 한평생을 지내왔는데…… 곽 목사, 잘 들어. 어느 날 갑자기 영어 성경을 딱 폈는데, 한 글자도 보이지를 않지 뭔가. 한 단어도 눈에 들어오지를 않더라, 이거네. 그때까지 머릿속에 들어 있던 영어가 싹 사라져버린 거야, 깜깜하게. 그래서 지금은 내가 영어를 한마디도 못 해." 그다음이 중요합니다. "곽 목사, 곽 목사도 언젠가 그렇게 될 거야." 여러분, 좋은 기억력이 있습니까? 곧 없어질 것입니다. 다 지나가는 것입니다. 건강도 지나가는 것입니다. 다 소용없습니다. 한경직 목사님이 은퇴하실 때 제가 답례를 하기 위해서 그 은퇴식에 참석했습니다. 그때 한 목사님이 이런 말씀을 하셨습니다. "제가 본래 미국서 공부하다가 박사 공부를 계속하려고 했는데, 그만 폐결핵에 걸렸습니다. 의사가 앞으로 3년 정도 살 수 있다고 해서 3년만 살 줄 알고 한국으로 돌아왔습니다. 그런데 오늘까지 이렇게 살아서 은퇴를 하게 되었습니다." 그러면서 하시는 마지막 말씀이 정말 중요합니다. 저는 그 설교를 여러 번 들었습니다. 한 목사님의 유명한 설교입니다. 제목인 '오늘이 나의 마지막 날이라면'입니다. 제가 그 똑같은 설교를 여러 번 들었습니다. 오늘이 나의 마지막 날이라면—은퇴식 하는 날 그 이야기를 하셨습니다. "나는 한평생 오늘이 나의 마지막 날이다, 그렇게 생각하고 살아왔노라!" 하는 말씀입니다. 이것이 자기 부정적 신앙생활의 결론인 것입니다.

그런가 하면 칼뱅은 신앙생활에 대해서 순례자의 정체의식을 가져야 한다고 말했습니다. 우리가 하나님의 은혜로 신앙생활을 시작했지요? 한데, 시작이 있으면 끝이 있는 것입니다. 출발점이 있으면 종착점이 있다, 이것입니다. 중요한 것은 목적지입니다. 공중을 떠도는 것이 아닙니다. 분명한 목적지, 그 최종목적지가 있는 것을 알고 사는 것이 이 순례자의 길입니다. 오늘본문은 말씀합니다. "거류민과 나그네 같은……(11절)" 여기서 '나그네'는 헬라어 원문으로 '파로이쿠스'입니다. 이 말은 그야말로 '하룻밤 묵어가는 행인'을 뜻합니다. 그런데, 이'행인'에 해당하는 말인 '파레피데모스'는 좀 특별합니다. 이것은 추방자, 망명자를 뜻합니다. 마치 모세가 애굽에서 추방되어 광야를 헤맸던 것처럼, 정말 거처가 없이 하루하루를 불안하게 살아야 하는 그런 추방자 같은 사람을 말하는 것입니다.

특별히 오늘본문에서는 우리에게 이것을 가르쳐줍니다. "영혼을 거슬러 싸우는 육체의 정욕을 제어하라(11절)." 무슨 말씀입니까? 육체의 정욕과 영혼이 서로 싸우고 있다는 것입니다. '이 세상에 머물고자 하는 그 육체적인 것'과 '세상 것을 부정하고 천국 지향적으로 사는 영적 존재'가 서로 싸우고 있다, 이것입니다. 싸움이란 무엇입니까? 싸움은 다른 말로 하면 양자택일입니다. 둘 중 하나가 죽는 것입니다. 하나가 죽어야 다른 하나가 사는 것입니다. 그게 싸움이라는 것입니다. 그게 전쟁이라는 것입니다. 이런 전쟁용어를 사용합니다. 육체의 정욕과 영적으로 신령한 욕망이 서로 싸우는 것입니다. 오늘도 계속 싸우는 것입니다. 그 싸움 속에 내가 있습니다. 한 순간도 여기서 벗어나지 못합니다. 깊이 생각해야 합니다.

이런 유명한 이야기가 있습니다. 인도사람들은 이런 말을 합니다. '영혼이 이기면 육체가 울고, 육체가 이기면 영혼이 슬퍼한다.' 우리는 계속 신령한 세계로 우리의 영을 성화시켜 나가야 합니다. 육체의 정욕을 제어하고, 하늘나라를 바라보아야 합니다. 그런데, 중요한 것은 과거를 부정하기 위해서는 미래를 긍정해야 한다는 것입니다. 새로 좋은 것을 가지게 되면 기왕의 좋지 않은 것은 버리게 되는 것 아닙니까. 어린아이들이 위험한 걸 가지고 놀면 어머니는 그걸 빼앗으려고 하지요? 그런데, 그냥 빼앗으면 아이가 울 테니까 아이가 좋아할 만한 다른 것을 줍니다. 그럼 아이가 그걸 받고서 원래 갖고 있던 것을 미련 없이 냉큼 내놓지 않습니까. 아주 간단한 이치입니다. 더 귀한 것을 얻으면 그보다 덜 귀한 것을 버리는 것은 어려운 일이 아닙니다. 참된 긍정이 있다면 부정이란 아주 쉬운 것입니다. 세상 욕망을 버리는 것은 어려운 일이 아닙니다. 더 귀한 것, 더 아름다운 것, 더 영원한 것을 바랄 때 세속적이고, 물질적이고, 찰나적인 것은 다 버리고, 또 버려야 합니다. 그것이 바로 신앙생활인 것입니다.

이어서 오늘본문은 우리에게 귀한 교훈을 줍니다. 나그네 된 우리는 이 세상에서 짧은 시간을 삽니다. 이제부터 앞으로 얼마나 더 살 수 있을지 모르지만, 짧은 시간을 살아가면서 그리스도인은 행실을 선하게 가져야 한다, 이것입니다. 우리는 지나가는 나그네이므로 남은 짧은 시간을 살면서 행실을 선하게 가지라는 것입니다. 지나가는 나그네가 세상을 어지럽혀서는 안 되는 것이지요. 꼭 잊지 말아야 합니다.

저는 이런 사람을 압니다. 이분은 하루에 네 시간씩 성경을 읽습니다. 왜 그렇게 성경을 많이 읽느냐고 물으니까 대답이 무언지 아십니까? "내가 귀가 어두워져서 이제는 듣질 못하거든. 언젠가는 눈도 어두워지겠지. 그런고로 볼 수 있을 때 성경을 보려고 하네." 그렇습니다. 볼 수 있을 때 보십시오. 들을 수 있을 때 들으십시오. 할 수 있을 때 하십시오. 선을 행할 수 있을 때 선을 행하십시오. 그래야 합니다. 아쉬운 마음으로 살지 마십시오. 화목해야 할 일이 있습니까? 원망하는 사람이 있습니까? 나를 원망하는 사람이 있습니까? 찾아가서 화평하십시오. 베푸십시오. 깨끗한 영혼을 만드십시오. 오늘이 나의 마지막 날이라고 생각하고, 깨끗하게 하나님 앞에 설 수 있도록, 그런 영혼으로 성화되어야 한다는 것입니다. 이것이 나그네의 윤리입니다.

성도 여러분, 떠날 준비가 되었습니까? 주변 정리를 하십시다. 이제 더는 굉장한 거 생각하지 마십시오. 어차피 떠날 텐데요? 그렇지 않습니까. 제가 가지고 있던 책이 꽤 많은 편입니다마는, 그 많은 책 다 도서관에 갖다 주고 제 서재에는 지금 책이 없습니다. 왜요?

나 떠난 다음에 정리하느라고 복잡할 것 없잖아요? 저는 지금 설교 준비를 해도 성경책 하나만 놓고 합니다. 참고서니 뭐니 하는 거 다 치워버렸습니다. 왜요? 언제 떠날지 모르니까요.

여러분, 제가 심각한 말씀을 드립니다. 우리 목사님들이 대개 70세에 은퇴합니다. 그것도 요새는 힘듭니다마는, 어찌 되었든 70세까지 목회를 합니다. 그리고 그다음에는 한 달에 한 번 정도 설교하는 생활을 80세까지 합니다. 80세가 넘어서 설교하는 목사는 없습니다. 그런데 지금 제가 벌써 86세입니다. 한데 지금까지 설교하고 있습니다. 저는 생각합니다. 제가 앞으로 몇 번이나 설교를 더 할수 있을 것 같습니까? 이대로 계속할 수 있다고 생각하십니까? 저는 아침마다 차를 타고 여기 올 때마다 생각합니다. '오늘이 나의 마지막 날이라면 다음 시간에 다시 이 자리에 오지 못할지도 모른다.' 순간순간이 종말론적입니다. 어차피 떠나야 할 세상이고, 벌써 가까이 왔습니다. 떠날 기약의 날이 가까이 오고 있습니다. 우리 한순간, 한순간이 얼마나 소중합니까. 여기서 설교하는 저도 소중하지마는, 이 설교를 듣는 여러분도 소중합니다. 늘 볼 수 있는 사람들이 아닙니다.

오늘본문을 다시 보십시다. '나그네와 행인 같은 너희를 권하노니 영혼을 거슬러 싸우는 육체의 정욕을 제어하라.' 오직 그리스도만 바라보고, 위로부터 부르시는 상을 바라보고, 순간순간 나그네로서 살아가십시다. 이제는 착한 나그네로, 선한 나그네로, 덕을 세우는 나그네로 기억될 수 있는, 그러한 남은 생을 살아가야 할 것입니다. △

오직 믿음으로

믿음은 바라는 것들의 실상이요 보이지 않는 것들의 증거니 선진들이 이로써 증거를 얻었느니라 믿음으로 모든 세계가 하나님의 말씀으로 지어진 줄을 우리가 아나니 보이는 것은 나타난 것으로 말미암아 된 것이 아니니라 믿음으로 아벨은 가인보다 더 나은 제사를 하나님께 드림으로 의로운 자라 하시는 증거를 얻었으니 하나님이 그 예물에 대하여 증언하심이라 그가 죽었으나 그 믿음으로써 지금도 말하느니라 믿음으로 에녹은 죽음을 보지 않고 옮겨졌으니 하나님이 그를 옮기심으로 다시 보이지 아니하였느니라 그는 옮겨지기 전에 하나님을 기쁘시게 하는 자라 하는 증거를 받았느니라 믿음이 없이는 하나님을 기쁘시게 하지 못하나니 하나님께 나아가는 자는 반드시 그가 계신 것과 또한 그가 자기를 찾는 자들에게 상 주시는 이심을 믿어야 할지니라

(히브리서 11 : 1 - 6)

오직 믿음으로

　독일의 쾰른에는 깊은 방공호가 하나 있습니다. 별빛이 하나도 들어가지 않는 깊은 곳입니다. 그 방공호 속에는 다음과 같은 글이 기록되어 있습니다. '태양이 구름에 가려 빛나지 않을지라도 나는 태양이 있음을 믿노라. 주위에서 사랑을 전혀 느낄 수 없을 때도 나는 사랑이 존재함을 믿노라. 하나님이 비록 침묵 속에 계신다고 할지라도 나는 하나님이 살아계심을 믿노라.' 이 글을 보고 그곳을 방문한 많은 사람이 큰 감명을 받습니다. 히틀러가 유대인들을 학살할 때 누군가가 두려움에 떨며 빛도 들어오지 않는 그 방공호 속에 있으면서 돌조각으로 이런 글을 새겨놓은 것입니다. 이 글이 아주 오랫동안 많은 사람에게 깊은 감동을 주고 있습니다. 깜깜한 그 방공호 속에 갇혀있으면서 이런 글을 남긴 한 신앙인의 모습을 우리는 볼 수 있습니다.

　여러분, 도대체 우리는 무엇을 믿고 사는 것입니까? 어떤 사람들은 돈을 믿고 삽니다. 누구는 돈이 마음에 안 들어서 금을 믿습니다. 주식을 믿고, 부동산을 믿습니다. 그렇듯 여러 가지로 무어 믿어 볼 게 없나 하고 애쓰지만, 여러분이 다 잘 아시는 대로, 돈 그거 믿을 게 못됩니다. 돈 없이는 살 수 없지만, 돈은 믿을 게 못된다, 이것입니다. 돈 때문에 얼마나 많은 사람이 추해지고, 부끄러워지고, 낭패를 당합니까. 심지어는 그 인격과 신앙마저 낭패에 빠집니다. 돈 때문에 말입니다. 사랑이 깨지는 것도, 명예가 떨어지는 것도, 한평생 지내온 그 모든 수고가 하루아침에 초토화되는 것도 다 돈 때문입니다. 어찌 이렇게 사람들이 돈 하나 때문에 이 모양이 될까, 하는 생각을 합니다. 돈, 참 무서운 것입니다.

또 어떤 사람들은 지식을 믿습니다. 자기 지식을 믿는 것입니다, 하지만, 여러분 아시는 대로 지식을 더할수록 의심도 많아집니다. 그래서 공부를 많이 한 사람일수록 자신감이 없는 것입니다. 하나도 자신 있게 할 수 있는 일이 없습니다. 지식을 더할수록 의심은 더 많아지기 때문입니다. 이것은 확실합니다. 그런가 하면, 오히려 반대로 무식한 자가 용기가 있습니다. 이것이 현실입니다. 사람들은 경험을 믿습니다. 내가 해보았다, 내가 경험해봤다, 합니다마는, 경험을 주장하는 순간 고집이 생깁니다. 그리고 점점 더 고독해집니다. 경험을 위주로 사는 사람은 친구가 없습니다. 왜요? 자기와 같은 사람이 없으니까요. 또, 많은 사람은 본능 위주로 삽니다. "아이, 뭐 그럴 거 있나? 인생무상인데, 사는 날 동안은 그저 본능대로 살지." 그래서 히피족들에게 유명한 슬로건, 교리가 있습니다. 본능에 충실하라, 이것입니다. 요새 젊은이들이 흔히 갖고 있는 철학입니다. "어차피 한세상 살다 말 일인데, 그저 본능에 충실하라. 본능이 진리다." 이 얼마나 무섭습니까. 그래서 다 망가지고 썩어지는 것을 봅니다. 어떤 사람은 자기감정에 충실합니다. 기분 따라 사는 것입니다. 이러면 일생 후회와 낙담뿐입니다. 다 헛됩니다. 이제는 알 것 같습니다. 다 헛되고, 남는 것은 믿음뿐입니다. 오직 하나, 믿음으로 사는 것입니다. 어차피 지식으로 사는 것 아닙니다. 어차피 돈으로 사는 것도 아닙니다. 어차피 건강으로 사는 것도 아닙니다. 내 재주로 사는 것도 아닙니다. 남는 것은 믿음뿐입니다. 이제도, 오늘 이 시점에도 우리가 초점을 맞추어야 할 과녁은 믿음뿐입니다.

　오늘본문은 우리에게 귀중한 진리를 가르쳐줍니다. 믿음으로 안다는 것입니다. 우리가 본 것도 아닙니다. 경험한 것도 아닙니다. 그러나 믿음으로 믿고 보니까 알게 되더라, 이것입니다. 얼마나 중요한 말씀입니까. 베드로도 예수님께 믿고 알았다고 대답합니다. 중요한 말입니다. 믿음이 원인이고, 안다는 것은 결과입니다. 믿고 안 것입니다. 믿음으로 안다―그렇습니다. 믿고 나면 알게 되는 것입니다. 의심하면 모든 지식이 그만 망가지고 맙니다. '믿음으로 안다. 말씀으로 창조된 것을 믿음으로 안다.' 유명한 아인슈타인 박사의 이런 명언이 있습니다. "과학지식의 근본은 믿음이다." 그가 프린스턴대학에 있을 때 입버릇처럼 하던 말이랍니다. '지식이 근본이 아니다. 믿음이 있고야 지식이 있는 것이다. 지식은 믿음 위에 세워지는 것이다. 진리라고 하는 사실, 그 터 위에 있는 믿음 위에서 지식은 이루어진다.' 이것이 그의 고백입니다. 그렇습니다. 믿음이란 정말 그런 것입니다.

　유명한 신학자 폴 틸리히의 이런 명언이 있습니다. "불확실성을 은혜로 받아들이는 요소가 바로 믿음이다." 불확실한 것을 은혜로 받아들일 때 그것이 곧 믿음이요, 그것이 곧 용기가 된다는 것입니다. 결국은 우리의 용기, 삶의 힘은 믿음 위에 있습니다. 오직 믿음뿐입니다. 믿음이란 일단 내 지식을 다 포기하는 것입니다. 내가 아는 것을 버리는 동안 믿음이 생기는 것입니다. 내가 아는 것, 내가 똑똑한 것, 내가 생각한 것이 자꾸 맴돌면 절대 믿음이 생기지 않습니다. 그래서 우리 교회에서도 가만히 보면 공부 많이 한 사람이 믿음이 없습니다. 이 생각, 저 생각 하느라고 말입니다. 제가 유명한 철학자로 책도 많이 낸 한 교수님을 아는데, 교회에 나오는 분입니다. 하지만 교회에 나오려면 좀 열심히 나와야겠는데, 들락날락합니다. 어떤 때는 저녁에만 나오고, 어떤 때는 며칠 나왔다가 또 안 나오다가 합니다. 그래서 죽었나 싶으면 또 나오고 그러지요. 이렇게 들락날락해서 제가 한번 물어봤습니다. "믿으려면 제대로 나오든가, 아들도 목사고, 온 집안 식구가 다 열심히 교회에 나오는데, 정작 본인은 왜 이렇게 신통치 않소?" 그랬더니 그분이 빙그레 웃으면서 자기가 쓴 책을 몇 권 주면서 이럽니다. "보세요. 제가 공부 좀 했다고 이런 책도 몇 권 쓰고, 이런저런 생각으로 성경을 보니까 성경이 마음에 안 듭니다. 이래도 마음에 안 들고, 저래도 마음에 안 들고, 내가 사도 바울이라면 이렇게 했을 것이다, 하는 생각도 합니다." 심지어는 이런 말까지 합니다. "이 작은 지식 때문에 저는 바른 믿음을 가질 수가 없습니다." 그래서 그분은 자기 부인을 존경한답니다. 그 부인은 자기처럼 공부하지는 못했지만, 교회에 열심히 나간답니다. 그걸 보면 부럽다는 것입니다. 그저 단순하게 말입니다.

지식이란 그런 것입니다. 내가 의지하는 그 지식을 포기할 때 비로소 믿음이 생기는 것입니다. 그 지식을 가지고 있는 동안은 끝까지 의심에서 헤어날 수 없습니다. 그래서 아우구스티누스는 '판단 중지'라는 말을 합니다. 무슨 말인가 하니, 이럴까 저럴까 끝없이 생각해도 안 되며, 마지막에 가서는 판단을 중지하고서 믿는 것이며, 이렇게 해서 믿음을 얻는 것이라는 말입니다. 내 지식을 포기해야 합니다. 이제쯤은 내 지식이 의지할 것이 못 된다는 걸 알아야 합니다. 이제는 지식을 포기하고, 내 뜻을 포기하고, 내 경험도 포기해야 합니다. 내가 살아보니 이렇더라, 내가 경험해보니 이렇더라…… 여러분, 다 부질없는 것입니다. 내가 몇 가지나 경험한 것입니까? 이

광활한 우주 앞에서 말입니다. 그리고 이제는 내 소원까지도 포기해야 합니다. 이제는 의심할 필요도 없습니다. 그런고로 아우구스티누스는 '판단 중지'라고 말하는 것입니다. 거기서부터 믿음은 시작하는 것이라는, 하나님의 말씀에 그대로 순종하면서부터, 말씀을 수용하면서부터 믿음을 얻게 된다는 말입니다.

오늘본문은 성경적 믿음을 말씀합니다. "하나님께 나아가는 자는 반드시 그가 계신 것과 또한 그가 자기를 찾는 자들에게 상 주시는 이심을 믿어야 할지니라(6절)." 세 가지입니다. 먼저, 하나님께서 계신 것을 믿는 것입니다. 그리고 하나님께서는 상 주시는 이심을 믿는 것입니다. 더 나아가 하나님의 약속은 틀림이 없다는 것을 믿는 것입니다. 약속을 믿는 믿음, 하나님의 언약을 믿는 그 믿음을 말씀하는 것입니다. 이것이 기본적인 믿음이고, 여기서부터 출발해야 함을 말씀하고 있는 것입니다. 그리할 때 하나님의 능력을 믿게 됩니다. 무한한 능력, 상상할 수 없는 큰 능력을 믿게 됩니다. 그런가 하면, 하나님의 지혜를 믿게 됩니다. 우리는 하나님의 능력을 믿으면서 지혜는 잘 믿지를 못합니다. 하나님께서는 하실 수 있다고 생각하면서도 하나님께 하실 수 있는 지혜가 따로 있다는 것은 인정하지 못합니다. 그래서 고민이 많습니다. 하나님의 능력을 믿었다면 지혜를 믿어야지요. 하나님의 지혜 속에서 믿어야 합니다. 그리고 그다음에 하나님의 사랑을 믿어야 합니다. 지금 보기에는 사랑이 아닌 것 같지만, 사랑입니다. 지금 보기에는 어려운 고난을 내게 주시는 것 같지만, 그것이 축복입니다. 욥이 많은 고난을 받고 깨달은 것이 무엇입니까? 이 많은 고난 속에서 하나님께서는 나를 부르시고, 나를 돌보아주시고, 나를 깨닫게 하시고, 내가 주 앞에 가까이 가서

하나님을 뵙도록 하나님께서는 고난 속에서 나를 인도하셨다는 것
입니다. 욥은 하나님의 큰 사랑을 그 고난 속에서 깨닫게 됩니다.

　오늘본문은 누누이 본문 하나하나를 예를 들어서 말씀하고 있
습니다. 먼저, 이 11장 7절에서 노아는 120년 뒤에 있을 일을 대비
하여 믿음으로 방주를 준비했다고 말합니다. 저는 노아의 이 믿음이
대단하다고 생각합니다. "120년 뒤에 홍수를 내릴 테니까 네가 방주
를 준비하라." 120년 뒤입니다. '내가 노아라면 그럴 수 있을까?' 그
때까지 내가 살는지 죽을는지도 모르겠는데, 아니, 그 산꼭대기에다
가 방주를 준비하라니, 이건 정신 나간 사람이 아니면 안 되는 것입
니다. 생각해보십시오. 산꼭대기 아닙니까. 그 높은 산꼭대기에다
가 방주, 배를 준비하라니, 왜요? 온 세계가 홍수로 말미암아 다 잠
기게 될 테니까요. 그것을 120년 전에 말씀하시고, 방주를 예비하라
고 하신 것입니다. 이 말씀을 노아가 믿고 방주를 예비합니다. 성경
에는 없습니다마는, 이것을 영화로 만든 것을 보면 많은 사람이 그
노아를 비웃더라고요. 세상에 정신 나간 할아버지가 아니냐고요. 아
니, 배를 만들려면 바닷가에다 만들어야지, 산 위에다가 만들다니
요? 그것도 120년 뒤에 일어날 홍수를 위해서 말입니다. 그야말로
정신 나간 사람 아닙니까. 그러나 노아는 믿었습니다. 그리고 그 믿
음대로 실현됩니다. 그것이 믿음입니다. 멀리멀리 120년 뒤에 될 일
을 위하여 오늘 내가 예비한다―얼마나 소중합니까.

　그런가 하면, 8절은 아브라함의 믿음에 대해서도 말씀합니다.
"갈 바를 알지 못하고 나아갔으며." 아브라함이 고향을 떠날 때가 75
세입니다. 벌써 나이가 많았습니다. 그는 하나님께서 고향을 떠나라
고 하실 때 군말 없이 떠납니다. 사실 그런 상황에서라면 아브라함

이 이렇게 한마디 정도는 물어봤어야 하지 않았을까요? "하나님, 저는 어디로 가야 합니까? 어디로 가라는 말씀이십니까?" 하지만 그런 질문은 없습니다. 그저 네 고향을 떠나라 하시는 말씀에 아브라함은 떠났다는 것입니다. 그렇게 한참을 가다 보니까 하나님께서 말씀하십니다. "이 땅을 너와 네 후손에게 주리라." 떠난 다음에 하신 말씀입니다. 믿음은 무엇입니까? 떠나라면 떠나는 것입니다. "어디로 갑니까? 가면 어떻게 됩니까? 그 결과는 무엇입니까? 그 보상은 무엇입니까?" 이렇게 아브라함은 묻지 않습니다. "예, 떠나겠습니다." 이것이 믿음입니다. "아브라함은 하나님을 믿음으로 갈 바를 알지 못하고 떠났다"라고 성경은 말씀합니다.

또, 성경은 사라의 예를 듭니다. 성경은 사라에 대해서 여러 번 말씀합니다. 특별히 로마서 4장에서 또 말씀합니다. 사라는 자신의 몸이 죽은 것과 같은 것을 알고도 믿었다고 말씀합니다. 자신의 몸이 생리를 하지 않고, 이미 단산했음을 알고도 "내년 이맘때에 아들을 낳으리라"라는 이 하나님의 말씀을 믿었다는 것입니다. 이미 25년 전에 주신 말씀입니다. 이제는 아이를 낳을 몸이 아닙니다. 그런데도 하나님의 창조적 능력을 믿은 것입니다. 하나님의 지혜를 믿었습니다. 이 하나님의 말씀을 믿음으로 사라는 믿음의 어머니가 된 것입니다.

그리고 17절은 믿음의 절정을 보여줍니다. 바로 이삭이 하나님 앞에 바쳐지는 시간입니다. 아브라함이 하나님의 명령대로 약속의 아들인 이삭을 하나님께 바칠 때 그 모습을 상상해보십시오. 이것을 연극으로 하는 것을 제가 한번 본 일이 있습니다. 아브라함이 이삭을 데리고 갈 때 이삭의 나이가 벌써 스물일곱인가 그렇습니다.

힘 좋은 젊은 청년이지요. 아브라함은 백 세가 넘은 노인입니다. 이게 상대가 되겠습니까. 어떻게 그 젊은 이삭을 백 세 노인이 붙잡아서 제단에 올릴 수 있겠습니까. 힘으로는 말이 안 되지요. 이 장면을 그 연극에서는 이렇게 연출했더라고요. 나이가 많은 아브라함이 말합니다. "이삭아." "예." "내가 널 얼마나 사랑하는지 알지?" "압니다." "내가 하나님을 얼마나 사랑하는지 알지?" "압니다." "하나님께서 너를 제물로 바치라고 하신다. 어떡하면 좋으냐?" 이에 이삭이 하는 말입니다. "하나님께서 말씀하셨고, 아버지의 뜻이 그러시다면, 제가 제물이 되겠습니다." 그리고 자기 발로 걸어서 제단에 올라가는 것입니다. 아, 그 장면이 얼마나 아름다웠는지 모릅니다. "내가 널 얼마나 사랑하는 줄 알지?" "압니다." "그러면 제단에 올라가라. 내가 너를 제물로 하나님께 바치겠다." 그때 하나님께서 말씀하십니다. "이제야 네가 나를 사랑하는 줄 알았노라." 그리고 아브라함의 후손에서 메시아가 태어나실 것을 예언하시게 됩니다. 아브라함은 복의 근원이 됩니다. 이것이 믿음입니다.

무엇보다 가장 큰 믿음은 예수 그리스도입니다. 예수님께서는 십자가에 돌아가실 때 그 믿음이 어떤 것이었습니까? 도대체 이해할 수 없는 일입니다. 그러나 예수님께서는 말씀하십니다. "아버지께서 내게 주신 잔을 내가 마시지 않겠느냐?" 사랑하는 아버지가 사랑하는 아들에게 주는 십자가인데, 왜 사양하겠느냐, 이것입니다. 그리고 십자가를 지십니다. 이것이 아들 되신 예수님의 믿음입니다. 그리고 예수님께서는 제자들을 믿었습니다. 예수님을 다 부인하고 떠났던 그 제자들을 믿습니다. 이런 형편없는 제자들이지만, 예수님께서는 미리 말씀하십니다. "너희가 나를 떠날 때도 있고, 나를 부인할 때도 있을 것이다. 그러나 지금은 모르지만, 이후에는 알리라."
이렇게 예수님께서는 제자들을 믿으셨습니다.

저는 프린스턴에서 공부할 때 아인슈타인 박사의 집을 지나다
니면서 늘 보았습니다. 그의 굉장히 재미있는 에피소드가 있습니다.
아인슈타인 박사가 고등학교에 다닐 때 너무 공부를 못해서 한번은
성적표를 가지고 집에 돌아왔는데, 그 성적표에 이렇게 기록되어 있
더랍니다. 담임선생님이 써놓은 것입니다. '이 학생은 앞으로 어떤
공부를 해도 성공할 가능성이 없음.' 이 정도면 아마 아인슈타인네
는 초상집이 될 것입니다. 하지만 아인슈타인 박사의 어머니는 그걸
보고 빙그레 웃으면서 이렇게 말했다는 것입니다. "I trust you." 딱
한 마디입니다. "나는 너를 믿어." 그래서 아인슈타인 박사가 된 것
입니다.

여러분, 잊지 말아야 합니다. 우리는 하나님을 믿고, 나를 믿습
니다. 하나님을 믿고, 남을 믿습니다. 왜요? 이 모든 것을 통하여 하
나님의 역사가 이루어질 줄로 믿기 때문입니다. 하나님의 큰 경륜
을 알고, 그 큰 사랑과 큰 능력을 알기 때문입니다. 그래서 예수님을
부인하고 배반한 베드로에게도 예수님께서는 부활하신 뒤에 이렇게
말씀하십니다. "내 양을 먹이라. 내 양을 치라." 얼마나 귀한 말씀입
니까. 하나님을 믿고, 나 자신을 믿고, 우리에게 주신 이웃을 믿는
것입니다. 그 믿음에 생명력이 있습니다.   △

기도자의 윤리

옛 사람에게 말한 바 살인하지 말라 누구든지 살인
하면 심판을 받게 되리라 하였다는 것을 너희가 들었
으나 나는 너희에게 이르노니 형제에게 노하는 자마
다 심판을 받게 되고 형제를 대하여 라가라 하는 자
는 공회에 잡혀가게 되고 미련한 놈이라 하는 자는
지옥 불에 들어가게 되리라 그러므로 예물을 제단에
드리려다가 거기서 네 형제에게 원망들을 만한 일이
있는 것이 생각나거든 예물을 제단 앞에 두고 먼저
가서 형제와 화목하고 그 후에 와서 예물을 드리라
너를 고발하는 자와 함께 길에 있을 때에 급히 사화
하라 그 고발하는 자가 너를 재판관에게 내어 주고
재판관이 옥리에게 내어 주어 옥에 가둘까 염려하라
진실로 네게 이르노니 네가 한 푼이라도 남김이 없이
다 갚기 전에는 결코 거기서 나오지 못하리라
(마태복음 5 : 21 - 26)

기도자의 윤리

러시아의 주교 보르네슈 티홀에 대한 이야기입니다. 그는 가난한 자들을 잘 돌보는 덕망 높은 주교였습니다. 어느 날 그는 제후의 영지에 있는 농노들이 부당한 처우 속에 학대를 받고 있다는 소문을 듣고 현지를 방문합니다. 과연 거기서 그는 아주 거칠고 사납게 된 농노들이 법석을 떨며 반항하는 것을 보았습니다. 그때 그는 화가 난 어투로 언성을 높여서 농노들에게 충고했습니다. 그러자 더 화가 난 농노들이 주교를 때렸습니다. 그렇게 얻어맞고 밖으로 나온 주교는 깊은 생각에 잠겨 얼마를 걸어가다가 발길을 돌이켜 제후에게로 갔습니다. 주교는 제후 앞에 무릎을 꿇고 농노들을 화나게 만든 자신을 용서해달라고 빌었습니다. 제후는 여기서 큰 감동을 받고 농노들의 말을 다 들어주고 좋은 환경을 만들었다고 합니다. 이런 이야기입니다.

물론 때린 사람의 잘못이 있습니다. 그러나 화가 나게 한 잘못은 더 큽니다. 원인제공의 죄가 있는 것입니다. 그러나 우리는 이것을 잊어버리고 있습니다. 저는 사도행전을 볼 때마다 스데반이 순교하는 장면을 늘 귀하고, 흠모하는 마음으로 봅니다. 스데반이 돌에 맞아 죽지 않습니까. 다른 사람도 아닌 헬라파 유대인들에게 말입니다. 바로 엊그제까지 동료요 친구였던 사람들입니다. 그들에게 돌에 맞아 죽으면서 스데반은 이렇게 마지막 기도를 합니다. "하나님이여, 이 허물을 저들에게 돌리지 말아주십시오." 이것은 예수님의 기도와는 또 다릅니다. 예수님의 마지막 기도는 이랬습니다. "하나님이여, 저들이 하는 것을 모르기 때문입니다. 저들의 죄를 사하소서." 그러나 스데반은 그게 아닙니다. "이 허물을 저들에게 돌리지 말아주세요." 무슨 말입니까? 그 뒤에 한마디만 더 있었더라면 좋았겠는데, 기도 문장이 짧습니다. "이 허물을 저들에게 돌리지 말아주세요." 그러면 누구에게 돌아갈 것입니까? 모름지기 스데반은 지금 돌에 맞아 죽어가는 중입니다. 그러나 이 허물을 화가 난 저 사람들에게 돌리지 말아달라니, 그럼 도대체 누구에게 돌리라는 말입니까? 아마도 스데반은 마음속으로 이렇게 기도하지 않았을까요. "제 잘못입니다. 저들을 이렇게 화나게 만들고, 분노하게 만들고, 격동하게 함으로 거침없이 돌을 던지게 만든 것, 그 얼마는 저의 잘못일 것입니다. 하나님이여, 이 허물을 저들에게 돌리지 말아주세요." 거룩한 기도입니다.

우리는 지금 아주 어려운 시대를 만났습니다. 정치, 경제, 문화할 것 없이 모든 면에서 꽉 막히고, 세상이 요동을 칩니다. 이런 때 예수님께서 여기 계시다면, 그래서 우리가 예수님께 "어떻게 할까요?"라고 여쭈면 예수님께서는 뭐라고 대답하실까요? 틀림없이 이렇게 대답하실 것 같습니다. "깨어 기도하라. 깨어 기도하라." 예수님께서는 말씀하셨습니다. "너희가 악할지라도 자녀에게는 좋은 것으로 줄 줄 알거든 하물며 구하는 자에게 좋은 것으로 주시지 않겠느냐." 그런고로 기도하라고 하실 것입니다. 누가복음 21장 36절에서 예수님 말씀하십니다. "항상 기도하고 깨어 있으라." 지금은 우리가 기도해야 할 시간이고, 기도의 자세를 바로 해야 할 때입니다. 더 나아가 우리 자신에 대해 돌아보고 믿음을 새롭게 해야 할 것이라고 생각합니다. 그리고 나서야 비로소 하나님의 음성을 바르고 분명하게 들을 수 있게 될 것입니다.

오늘본문에서 예수님께서 친히 말씀하십니다. 기도하라고 하시면서도 그보다 먼저 할 일이 있다는 것입니다. 기도보다 먼저 할 일, 곧 기도자의 윤리입니다. 야고보서 4장 2절, 3절에는 이런 말씀도 있습니다. "너희가 얻지 못함은 구하지 아니하기 때문이요 구하여도 받지 못함은 정욕으로 쓰려고 잘못 구하기 때문이라." 첫째는 기도 안 하는 죄가 있습니다. 둘째는 기도는 하는데 욕심에 붙들려 있고, 정욕에 매여 있는 죄가 있습니다. 자기중심적인 생각에서 기도하고 있는 것입니다. 이 기도는 몸부림은 있을지언정 이 기도에는 응답이란 없습니다. 이걸 잊지 말아야 합니다. 오늘 주신 이 말씀은 예수님께서 친히 하신 말씀입니다. 너희가 제물을 가지고 제단에 나아갈 때—지금 우리말로 하자면 '너희가 기도할 때'가 되겠습니다. 교회에 나가서 기도할 때 생각나거든, 기도하러 나갈 때 무엇인가 생각나거든…… 그런 때를 말씀하는 것입니다. 우리는 기도할 때 먼저 자신을 살피고 점검해야 합니다. 생각해야 합니다. 그렇게 청결한 마음, 깨끗한 양심, 정결한 믿음을 가지고 기도해야 합니다. 그런데 우리의 마음이 어지럽고 세속에 물들고 더럽다면 그 기도는 몸부림은 될 수 있어도 기도가 될 수는 없는 것입니다. '거룩하신 하나님 앞'입니다. 우리는 하나님의 이름을 부르며 그 앞에 나아갈 때마다 자기 자신을 살피고, 깨끗한 양심, 깨끗한 손, 깨끗한 자기 영혼을 준비해야 한다는 말씀입니다.

오늘본문에서는 '먼저'라는 말이 강조됩니다. 기도하기 전에 먼저, 하나님 앞에 나아가기 전에 먼저, 제물을 바치기 전에 먼저…… 이 '먼저'라는 말은 헬라어로 '프로토스'입니다. '첫 번째'라는 뜻입니다. 영어로는 'first'입니다. 이 말에는 시간적 개념만이 아니라, 속성적 개념이 있습니다. 시간적으로 먼저라는 뜻만이 아닙니다. 속성적으로 먼저, 최우선적으로, 가장 긴급하게, 절대적으로 이것부터라는 뜻이 담겨 있는 것입니다. 이것이 먼저 있고 나서야 그다음에 기도하라는 말씀입니다. 이걸 잊지 말아야 합니다. 오늘본문말씀은 너무나도 실제적이고 구체적입니다. "형제에게 원망들을 만한 일이 있는 것이 생각나거든(23절)." 여러분, 우리가 원망하는 것도 잘못된 것입니다. 원망하면서 드리는 기도, "저를 괴롭히는 자를 멸망시켜주세요" 하는 정욕에 찬 기도에는 응답이 없습니다. 내가 남을 원망하는 것, 내가 누군가를 원망하는 것, 그런 원성에 찬 기도는 하나님 앞에 합당치 않습니다.

뿐만이 아니라, 오늘본문이 강조하는 것은 이것입니다. 원망을 들을 만한 일이 생각나거든—우리는 내가 잘못하지 않고도 사람을 괴롭힐 때가 있습니다. 부지중에 남을 섭섭하게 할 때도 있습니다. 내가 잘한다고 한 일이 남을 아프게 할 때가 있는 것입니다. 나는 착한 일이라고 했지만, 상대방의 마음을 아프게 할 때가 있다는 말입니다. 나는 잘한다고 한 일이지만, 남을 부끄럽게 하고, 남의 마음을 괴롭혔습니다. 남의 자존심을 짓밟아 버렸습니다. 다른 사람의 마음을 아프게 해버린 것입니다. 부지중에라도 말입니다. 그러면 나는 잊어버려도 그 상대방은 꼭 기억하고 있습니다. 오래오래 기억할 것입니다. 우리는 기도할 때 이런 일들이 생각나야 합니다. 이런 원망들을 만한 것을 하나님께서 생각나게 해주실 것입니다. 우리가 깨끗한 영혼을 구하며 하나님 앞에 나아온다면 다른 사람으로부터 원망들을 수 있는 것들, 미처 생각하지 못했던 것들이 생각나야 합니다.

당연히 그러해야 합니다.

제 외삼촌 되시는 분은 세브란스 의과대학 초창기 졸업생입니다. 그 선교사님들에게 배워서 의사가 된 그야말로 옛날 의사입니다. 돈도 잘 벌어서 일제시대 말년에 큰 오토바이를 타고 다니기도 했습니다. 좌우간 잘 살았습니다. 제가 그 집에 가서 사촌들하고 늘 놀고 그랬는데, 아 8·15해방이 되었잖아요? 그렇게 해방이 되자마자 제가 다니던 학교가 문을 닫아서 저는 학교도 못 다니고 있었습니다. 그럴 때니까 제가 외삼촌에게 가서 그랬습니다. "삼촌, 제가 앞으로 공부를 좀 하고 싶은데, 영어공부를 할 수 있는 책을 좀 주세요." 그랬더니 삼촌이 껄껄 웃으면서 뭐라고 했는 줄 아십니까? "농사꾼의 아들이 농사하면 되지. 그저 농사를 배워서 농사나 잘하도록 해라." 그랬습니다. 정말입니다. 저는 개인적으로 절박한 것입니다. 그 말을 듣고 거기서부터 저희집까지가 40리 길입니다. 걸어서 4시간입니다. 그 먼 길을 오면서 제가 줄곧 울었습니다. 네 시간을 계속 운 것입니다. 저더러 농사꾼의 아들이니까 농사나 하라니요? 당신의 아들은 와세다 대학에 유학을 보내어 공부를 시키면서 저한테는 농사나 지으라니요? 그래서 제가 얼마나 열심히 공부했는지 모릅니다. 나중에 제가 목사가 되고, 박사가 되고 했더니 외삼촌이 그때 이를 기억하면서 저에게 이러더라고요. "그때 그렇게 말한 거 미안하다." 하지만 그 말은 제게 약이 되었습니다.

여러분, 남의 마음을 아프게 한 일이 생각나거든 그것부터 회개하십시오. 아무 생각 없이 한 말이지만, 다른 사람의 마음을 아프게 하고, 섭섭하게 한 적이 있습니까? 그것이 가로막고 있는 동안은 내 기도가 하나님 앞에 상달할 수 없습니다. 하나님께서 성령을 통하여 생각나게 하실 것입니다. 기도하는 순간 생각나고 눈에 보일 것입니다. 나로 말미암아 마음이 아픈 사람, 나로 말미암아 섭섭한 사람, 나로 말미암아 괴로운 사람…… 그런고로 먼저 그 사람을 찾아가서 화해하라고 말씀하십니다. 우리는 한(恨)의 문화에 얽매어 있습니다. 원한이 많습니다. 이렇게 한이 많습니다. 여기저기 엉켜 있습니다. 이 깊은 한으로부터 자유해야 합니다. 내 영혼만 자유하는 게 아닙니다. 나와 관계된 그들에게까지 깨끗한 상태가 되고, 화해해야 하나님 앞에 나아갈 수 있습니다.

여러분, 창세기 33장의 내용을 잘 아시지요? 야곱이 형 에서를 속였습니다. 그리고 형님의 낯을 피해서 하란으로 가서 20년을 살았습니다. 그리고 피난 생활을 마치고 돌아옵니다. 형님을 만납니다. 하지만 형님이 자기를 죽일는지 살릴는지 모릅니다. 그래 그는 불안에 떨면서 형님을 만납니다. 얍복강가에서 밤새 기도하고 형님을 만납니다. 고맙게도 형님이 자기를 원수로 대하지 않고 "내 동생아!" 하며 끌어안았습니다. 그 순간 너무나 감격해서 야곱이 한 유명한 말이 있습니다. "형님, 제가 형님의 얼굴을 보니 하나님의 얼굴을 보는 것 같습니다." 눈으로는 형님을 봤지만, 마음으로는 하나님을 볼 수 있었다, 이것입니다. 여러분, 이걸 꼭 잊지 말아야 합니다. 히브리서 12장 14절은 말씀합니다. "모든 사람과 더불어 화평함과 거룩함을 따르라 이것이 없이는 아무도 주를 보지 못하리라." 아주 귀한 말씀입니다. 그런고로 원망하지 말뿐더러, 원망을 들을 만한 일도 없어야 합니다. 아니, 들을 만한 일이 생각나거든, 하나님의 전에 들어갈 때 생각이 나거든, 먼저 가서 화해를 하고 제물을 드리라는 것입니다.

또 하나 중요한 교훈이 있습니다. '가서'라는 말입니다. 이 간다는 액션이 중요합니다. 기다린다는 것이 아닙니다. 화해를 기다리는 것이 아닙니다. 얼마든지 용서한다는 마음으로 용서하고 기다리는 것이 아닙니다. 직접 찾아가서 용서를 구하라는 주님의 말씀입니다. 기다림만 가지고는 안 됩니다. 어느 조건부도 필요 없습니다. 적극적이고 창조적입니다. 찾아가서 화해하라 ─ 특별히 오늘본문을 자세히 보면 25절에 이런 말씀이 있습니다. "급히 사화하라." 여기서 '급히'라는 말이 참 중요합니다. '최우선적으로'라는 뜻입니다. 모든 것보다 먼저인 것입니다. 내가 아무리 돈 벌기 위해서, 건강하기위해서, 출세하기 위해서 몸부림을 친다고 하지만, 그보다 더 먼저해야 할 일이 있습니다. 기도한다고 하지만, 그것보다 먼저 해야 합니다. 그것도 급히 하라는 것입니다. 급하게 먼저 가서 화해하라 ─저는 이 말씀을 들을 때마다 생각나는 이야기가 있습니다. 아브라함 링컨은 미국의 제16대 대통령이 되기 전에 잡화상을 했습니다. 여러 가지 물건을 파는 상점을 했던 것입니다. 어느 날 저녁에 그날 하루종일 물건 판 것을 정리하면서 결산을 해보니까 거스름돈 5센트를 덜 준 것이 발견되었습니다. 링컨이 그걸 알고 깜짝 놀랍니다. 그래서 그 밤중에 한 시간을 걸어서 그 물건을 사 간 사람의 집을 찾아갔습니다. 밤중에 문을 두드리니까 자다 말고 주인이 나왔지요. 무슨일이냐고 하니까 아까 거스름돈을 드릴 때 5센트를 덜 드렸다고 하면서 그걸 주었습니다. 그러자 그 주인이 껄껄 웃으면서 말합니다. "안 줘도 돼요. 정 주고 싶으면 다음에 제가 물건 사러 다시 갈 때 주면 되지, 뭘 이렇듯 한밤중에 왔소?" 그때 링컨이 유명한 말을 합니다. "오늘 밤 제가 죽으면 저는 영영 불성실한 사람이 될 것 아니겠습니까."

　정직함은 종말론적인 것입니다. 오늘 밤 내가 죽으면 나는 영영 거짓말한 사람이 되고, 영영 성실한 사람이 될 수가 없다, 이것입니다. 그래서 "급히 왔노라" 한 것입니다. 오늘 주께서 말씀하십니다. "급히 사화하라." 그렇습니다. 시간이 가면 안 됩니다. 이러다가 저 사람이 죽으면 다시 회개할 길이 없고, 내가 죽어도 회개할 길이 없습니다. 그런고로 화해는 서둘러야 합니다. 급히 사화하라ー중요한 말씀입니다. 적극적인 말씀입니다. 마가복음 14장에서 예수님 말씀하십니다. "소금을 두고 화목하라." 소금이 무엇입니까? 소금은 물 속에 두면 풀어 없어지고 맙니다. 녹아 없어지는 것입니다. 그러나 그 짠맛은 계속 남습니다. 형체는 없어지는데, 효과는 계속되는 것입니다. 그게 소금입니다. 소금을 두고 화해하라ー실제적인 말씀입니다.

　본회퍼라고 하는 유명한 독일의 순교자가 있습니다. 그의 유명한 말이 있습니다. "형제가 하는 말을 더 이상 들을 수 없는 사람은 얼마 가지 못하여 하나님의 말씀도 듣지 못하게 된다." 여러분, 형제가 하는 말을 내가 들어야 합니다. 그런데 들리지 않습니다. 언젠가부터 그렇게 된다면 이제 하나님의 말씀도 안 들린다는 것입니다. 형제의 말을 다 들을 수 있어야 합니다. 그러고 나서야 그다음에 하나님의 음성이 들리는 것입니다. 기도의 윤리가 있음을 잊지 말아야 합니다. 기도는 하나님과 나와의 관계입니다. 수직적 관계입니다. 그러나 윤리적인 것은 수평적 관계입니다. 우리가 하나님 앞에 나갈 때 원망해도 안 되고, 원망을 들어서도 안 됩니다. 원망들을 일이 생각나거든 급하게 화해해야 합니다. 그래서 이대로 내 생이 끝난다고

하더라도 하나님 앞에 갈 수 있는 깨끗한 영혼이 될 때 비로소 우리
의 기도가 응답이 된다는 말입니다. 급히 화해하라— △

복음은 곧 능력이다

내가 복음을 부끄러워하지 아니하노니 이 복음은
모든 믿는 자에게 구원을 주시는 하나님의 능력이 됨
이라 먼저는 유대인에게요 그리고 헬라인에게로다
복음에는 하나님의 의가 나타나서 믿음으로 믿음에
이르게 하나니 기록된 바 오직 의인은 믿음으로 말미
암아 살리라 함과 같으니라

(로마서 1 : 16 - 17)

복음은 곧 능력이다

오늘은 종교개혁주일입니다. 종교개혁주일이 되면 자연히 종교 개혁자인 마르틴 루터를 생각하게 됩니다. 마르틴 루터는 전해져오 는 일화가 많습니다. 특별히 저는 고맙게도 1963년 프린스턴신학교 에 가서 공부할 때 첫 학기에 마르틴 루터를 공부한 적이 있습니다. 그때 저는 마르틴 루터만 일생토록 연구하신 한 교수님을 통하여 루 터에 대해 많이 듣고 배울 좋은 기회를 누렸습니다. 저는 그걸 참 귀 한 특권으로 생각합니다. 하나님께서 내게 특별한 기회를 주셨다고 도 생각합니다. 그래서 저는 여러 신학자 가운데 마르틴 루터를 가 장 좋아하게 되었습니다.

마르틴 루터에게는 일화가 많습니다마는, 그 가운데서도 가장 인상적인 일화는 그의 아버지에 대한 것입니다. 저는 그걸 영영 잊 을 수가 없습니다. 왜냐하면, 제 아버지하고도 비슷했으니까요. 그 래서 루터와 그의 아버지 사이의 관계가 늘 제 마음 깊이 인상적으 로 다가옵니다. 그의 아버지는 광부였습니다. 광산의 깊은 굴속에 들어가 철광을 캐내야 하는 그 거친 일을 평생토록 했습니다. 그렇 듯 언제나 광산에 들어가 일해 버릇한 탓에 그 음성이 매우 컸습니 다. 철광을 캐내느라 귀가 따가울 만큼 시끄러운 데서 한평생 일을 했으니 그럴 만도 하지요. 또, 그렇게 하루종일 거친 일을 하는 분이 라서 행동도 거칠었습니다. 그러므로 그 아버지의 입장에서 아들이 좀 잘못을 할 때 그 아들을 교훈하고 교정하려고 할 때면 자연이 목 소리가 커집니다. 조용히 할 말도 큰 소리로 하게 되고, 징계를 하느라고 좀 때리기라도 할라치면 아주 거칠고 호되게 합니다. 본디 아버지의 손이 워낙 거치니까 어쩔 수 없는 일이지요. 그래도 마르틴 루터는 아버지의 그런 훈계의 말씀이 늘 옳다고 긍정했습니다. 그러나 자기를 때리는 매에 대해서는 아무래도 동의할 수 없었습니다. '이건 좀 지나치다. 왜 이렇게 심하게 때리실까? 아들을 사랑한다고 하면서 왜 이렇게 심하게 때리실까?' 이렇게 얼마간 의문과 반항심을 품고 있었습니다. 그래서 그가 쓴 「탁상담화」에는 그가 자신을 심하게 때린 아버지를 생각하면서 하는 이런 말이 나옵니다. "나는 주기도문을 외울 때 '하늘에 계신 우리 아버지' 할 때면 우리 아버지가 생각난다. 몽둥이를 들고 쫓아오시던 우리 아버지 생각이 나서 나는 가끔 이런 생각을 해본다. '하늘에 계신 우리 아버지'가 아니라, '하늘에 계신 우리 어머니' 하면 안 될까, 하고." 그만큼 루터는 아버지가 무서웠던 것입니다.

그런데, 중요한 것이 있습니다. 마르틴 루터는 종교개혁을 하고, 성경을 연구하면서, 율법과 하나님의 진노에 대해서 깊이 고민하게 됩니다. 그 결과 하나님의 진노와 율법의 준엄성이 결국은 아버지로부터 온 것이라는 사실을 깨닫게 됩니다. 그래서 그는 뒷날 '진노적 사랑(wrathful love)'이라는 그만의 신학적 명제를 얻게 됩니다. 바로 이것이 그의 신학의 근본이자, 종교개혁의 뿌리가 됩니다. 진노적 사랑—여러분, 이걸 잊지 말아야 합니다. 사랑은 감상이 아닙니다. 눈물방울 흘린다고 사랑이 되는 게 아닙니다. 그 사랑 속에 공의가 있어야 합니다. 그런 공의가 실현될 때는 희생이 따릅니다. 하나님의 사랑은 그 진노 속에서 구체화되는 것입니다. 하나님의 사랑은 단순한 감상의 차원이 아닙니다. 그 속에 진노가 있는 사랑입니다. 그 진노 속에서 하나님의 사랑을 만나고, 사랑을 느끼고, 사랑을 깨닫고 확증해야 합니다. 바로 그가 예수를 믿는 사람이라고 루터는 말하고 있습니다. 이것이 루터 신학의 핵심입니다.

오늘본문에서 사도 바울은 '복음은 곧 능력'이라고 말합니다. 칼 바르트의 이론을 따른다면, 이 복음은 첫째로 말씀입니다. 복음은 말씀으로 전해집니다. 여러분이 아시는 대로, 복음서를 자세히 보면 많은 사람이 예수님을 찾아와 병 고침을 받습니다. 그런데 그 병 고침 받는 원천이 어디에 있습니까? 바로 소문입니다. 소문을 듣고 찾아오는 것입니다. 그래서 이 복음이라는 말이 '유앙겔리온'입니다. 여기서'유'는 '복(福)'이라는 말이고, '앙겔리스'는 '소문'이라는 말입니다. 그러니까 '유앙겔리온'은 '복된 소문'이라는 말입니다. 여러분, 소문을 잘 들어야 합니다. 소문을 통해서 좋은 소식을 들어야 합니다. 그 좋은 소식을 듣고, 믿고, 따라와서 구원을 얻게 되는 것이거든요. 복음의 뿌리는 그 복된 소식에 있는 것입니다. 그것이 바로 말씀입니다. 그러니까 말씀을 전해야 하고, 말씀을 들어야 하고, 말씀을 따라가야 하고, 말씀을 믿어야 합니다. 여기에서 구원의 역사가 이루어지는 게 아니겠습니까. 예수님 앞에 와서 병 고침 받은 사람들은 요새처럼 방송을 들은 사람들이 아닙니다. 소문을 듣고 찾아온 사람들입니다. 소문을 듣고, 그 소문을 믿고 예수님을 따라와서 구원받은 것입니다. 오늘도 마찬가지입니다. 복음을 들어야 하고, 복음을 믿어야 하고, 복음을 따라 순종해야 합니다. 거기서 구원의 역사가 이루어지는 것입니다. 그래서 '복음은 말씀'이라고 주장하는 것입니다.

또, 이 말씀은 말씀으로만 전해지는 것이 아닙니다. 말씀은 곧

'하나님의 행위'입니다. 그래서 성경은 '말씀이 육신이 되었다'라고 기록합니다. 우리가 크리스마스 때마다 강조하는 말씀입니다. 말씀이 육신이 되어 우리 가운데 거하신다―얼마나 귀한 말씀입니까. 바로 이것이 칼 바르트 신학의 총주제입니다. 여러분, 이걸 생각해야 합니다. 말씀은 우리를 찾아오시는 하나님의 행동입니다. 그 자체가 능력입니다. 이것을 믿고 영접하므로 구원에 이르게 되는 것입니다. 뿐만이 아니라, 칼 바르트는 '말씀은 신비로운 능력'이라고도 말합니다. 말씀 속에 구원의 능력이 있으니, 우리는 이 말씀을 듣고 믿을 때 죄에서 해방되고, 이 말씀에 순종할 때 우리는 하나님의 자녀가 됩니다. 너무나 신비로운 일입니다. 또, 이 말씀 속에는, 우리 사람의 말로는 설명할 수 없지만, 신비로운 생명력과 창조력이 있다고 그는 설명합니다. 그러면, '복음은 구원하시는 능력이다'라고 했는데, 마르틴 루터는 이 구원이라는 말을 자유라는 말로 개념을 바꿉니다. 그래서 '구원은 뭐냐? 자유다. 죄, 사망, 사탄의 권세, 율법, 진노로부터 자유한 것이다'라고 말합니다. 죄, 사망, 사탄의 권세, 율법, 진노―이 다섯 가지가 칼 바르트 신학의 기조입니다.

여러분, 생각해봅시다. 죄로부터 자유함을 얻는 것입니다. 오직 복음을 믿음으로만 죄로부터 자유함을 얻을 수 있는 것입니다. 죄를 짓는 자마다 죄의 종이 되는 것입니다. 여러분 잘 아시는 대로, 한 번 죄를 지으면 또다시 죄를 짓지 않을 수 없습니다. 회개하지 않는 한 또 죄를 지어야 하고, 또 죄에 끌려가게 됩니다. 거짓말도 그렇습니다. 한 번 거짓말하고 곧 회개하지 않으면 거짓말을 또 해야 합니다. 그 거짓말을 속이기 위해서 또 거짓말을 하고, 또 거짓말을 하고…… 그러다 보면 나중에는 거짓말이 몇 가지인지도 모르게 됩니다. 이렇게 죄가 죄를 낳는 것입니다. 그래서 그만 올가미에 싸이고 말잖아요? 죄를 짓는 자마다 죄의 종이 되고 마는 것입니다.

뿐입니까. 죄를 짓는 자마다 저주의식에 매입니다. 인간은 도덕적 존재입니다. 죄를 지은 자는 쫓아오는 자가 없어도 두려워하게 마련입니다. 항상 공포에 둘러싸여 있습니다. 두려움에서 헤어날 길이 없습니다. 하나님을 믿지 않는 사람도 죄에 대한 형벌이 있다는 것을 믿고 있습니다. 그래서 종종 그러지 않습니까. "감기만 걸려도 내 죄 때문이지." 이런 사람이 정말 있습니다. 언젠가 제가 그걸 보고 이랬습니다. "좀 큰 사건 앞에서 회개를 해야지, 감기 정도 가지고 그러면 되겠소?" 그런데, 그다음 대답이 재미있습니다. "제가 워낙 죄가 많아서 감기만 걸려도 벌써 하나님께서 저를 채찍으로 치시는 것 같아요." 당연히 그래야지요. 그만큼 죄에 대해서 민감한 것입니다. 그 사람은 아마 구원받을 사람입니다. 이렇게 죄를 짓는 자마다 죄의 종이 되고, 저주의식에서 헤어날 길이 없습니다.

그다음에 제일 무서운 것은 죄를 짓는 자마다 죄의 종이 되면서 죄의 체질이 되어버리는 것입니다. 바로 죄를 정당화하고 합리화하는 것입니다. 죄를 지어놓고는 죄가 아니라고 하고, 이건 내 책임이 아니라 남의 책임이라고 합니다. 내 잘못이 아니라 다른 누구 때문이라고 합니다. 벌써 죄에 깊이 빠진 것입니다. 이렇게 빠져들어가기 시작하면 자신도 모르게 이제는 헤어날 수가 없게 되는 것입니다. 그럼 누가 이 죄인을 구원할 수 있겠습니까? 딱 하나뿐입니다. 마가복음 1장에서 예수님께서는 지붕을 뚫고 달아 내린 중풍병 환자에게 딱 한 마디 하십니다. "네 죄 사함을 받았느니라." 죄 사함의 선포는 하나님께서만 하실 수 있는 권세입니다. 누가 죄를 사할 수 있겠습니까. 우리가 흔히 용서한다, 이해한다고 하지만, 그건 다 우리끼리 하는 얘기입니다. 하나님 앞에서 용서되는 것이 아닙니다. 우리가 아무리 화해를 해도 하나님 앞에는 여전히 죄인입니다. 하나님만이 하실 수 있습니다. "네가 죄 사함 받았느니라." 하나님께서 말씀하실 때만 내가 죄로부터 자유할 수 있지, 누가 나더러 용서한다고 해서 내 양심이 편해지는 게 아닙니다. 내 영혼이 깨끗해지는 게 절대로 아닙니다. 이걸 알아야 합니다. 그런고로 우리는 하나님께서 제시하신 구원의 방식, 곧 오직 십자가의 복음을 믿을 때 비로소 죄로부터 자유할 수 있는 것입니다.

뿐만이 아니라, 둘째로, 복음을 믿을 때 우리는 사망으로부터 자유할 수 있습니다. 복음이 우리를 사망의 권세로부터 구원합니다. 제가 예전에 목회할 때 어느 가정에서 아버지의 임종예배를 부탁해 온 적이 있었습니다. 그래서 제가 가게 됐지요. 그분은 교회는 다니지만, 열심히 다닌 분은 아닙니다. 그렇게 딸들과 아들들이 죽 둘러앉아서 지금 아버지의 임종을 지켜보고 있는데, 한 가지 걱정이 있습니다. 그것은 아버지가 천국을 가려나 못 가려나, 구원받을 것인가 못 받을 것인가, 하는 고민입니다. 그런 어려운 순간에 제가 여러 말 할 수 없어서 그 아버지에게 이렇게 물었습니다. "미안하지만, 하나 물어봅시다. 혹시 좋아하는 찬송 있으세요? 평생 마음으로 부르던 찬송이 있습니까?" 제가 신앙고백을 듣기 위해서 그렇게 물었더니, 임종을 앞둔 그분이 빙그레 웃으면서 '예수 사랑하심은'이라고 대답하더라고요. 그게 자기가 좋아하는 찬송이라는 것입니다. 그래서 임종하는 사람을 앞에 놓고 '예수 사랑하심은', 그 찬송을 불렀습니다. 그런데, 부르다가 제가 감동을 받았습니다. 왜 그런지 아십니까? 저는 그 찬송을 주일학교 때부터 불렀지만, 그 찬송가에 그런 가사가 있는 걸 몰랐습니다. 여러분, 보십시오. 놀라운 것은 이 찬송가 마지막 절에 이런 가사가 있더라고요. '세상 사는 동안에 나와 함께하시고, 세상 떠나가는 날 천국 가게 하소서.' 어렸을 때부터 불러 왔으면서도 이걸 잊고 있었습니다. 이 찬송을 그분이 좋아했다는 것입니다. 이 찬송을 부르니까 그분 얼굴이 환해져서 우리가 부르고 또 부르고, 몇 번을 더 불렀는지 모릅니다. 그리고 기도하고, 다음에 임종을 맞이했습니다. 여러분, 누가 사망을 이길 수 있습니까. 주님의 말씀을 믿는 것 외에 누가 사망을 이길 수 있습니까. 사망의 권세는 오직 복음, 십자가 복음을 믿음으로써만 우리가 이 죄악 된 세상에서 하늘나라로 옮겨가는 것입니다.

그다음 세 번째는 사탄의 권세입니다. 오늘도 우리 주위에는 사탄의 권세가 있습니다. 사탄의 권세에 붙들려서 많은 시험에 빠진 사람들이 있습니다. 이 모든 사탄의 권세를 누가 이길 수 있습니까. 오직 십자가 복음을 믿을 때에만 사탄의 권세가 물러갑니다. 그리스도의 십자가 복음을 믿을 때에만 우리는 사탄의 권세로부터 자유할 수 있습니다. 이걸 잊지 말아야 합니다. 마르틴 루터가 종교개혁을 할 때 그는 늘 사탄을 보았다고 합니다. 사탄의 검은 그림자가 옆에 와서 이렇게 말하는 것입니다. "너는 죄인이다. 너는 이런 죄를 지었다. 너는 이런 죄인이다. 너는 이런 위선자 아니냐!" 이렇게 자꾸 사탄이 옆에서 루터를 고발하고 정죄했다는 것입니다. 그럴 때마다 루터는 고개를 번쩍 쳐들고 이랬다고 합니다. "사탄아, 물러가라! 저기에 십자가가 있다. 나를 위하여 십자가를 지신 주의 복음의 증거가 저기에 있다!" 그럼 사탄이 깨끗이 물러갔다고 그는 기록하고 있습니다. 심지어는 그가 성경을 연구할 때 사탄이 자꾸 왔다 갔다 하면서 시험을 걸었다는 것입니다. 그래서 루터가 사탄을 향해 잉크병을 들어서 던진 것입니다. 그 잉크병이 벽에 부딪혀서 깨졌고, 잉크가 밑으로 흘러내렸습니다. 그 시커먼 자국이 오랫동안 남아 있었다고 합니다. 언젠가 제가 독일에 갔을 때 그 자리에 가서 보았습니다. 한데, 그 잉크 자국이 없었습니다. 그래 왜 잉크 자국이 없느냐고 물으니까 얼마 전에 청소하면서 지웠다는 것입니다. 여러분, 사탄을 이기는 권세, 그것은 오직 복음뿐입니다.

그런가 하면, 루터는 네 번째로 율법으로부터의 자유를 말합니다. 율법은 우리를 정죄하고 저주합니다. '너는 죄인이다'라고 말입니다. 그러면 율법으로부터 자유하게 되는 길은 무엇입니까? 이것도 우리를 위해 십자가에서 돌아가신 그리스도의 은혜, 그 십자가 복음만이 율법으로부터 우리를 구원할 수 있는 것입니다. 그래서 로마서 8장 2절은 말씀합니다. "생명의 성령의 법이 죄와 사망의 법에서 너를 해방하였음이라." 해방하였음이라 — 이것만이 율법으로부터 벗어날 수 있는 길입니다.

그리고 마지막으로 루터는 하나님의 진노로부터의 자유를 말합니다. 루터는 죄에 대해 진노하시는 하나님이 십자가에 계시되었다고 말합니다. 그렇습니다. 죄에 대한 진노가 십자가의 형벌로 나타난 것입니다. 그러면 죄인이 어떻게 하나님의 진노로부터 자유로울 수 있습니까? 루터는 기록합니다. "온 인류를 향한 하나님의 진노가 예수 그리스도의 십자가 위에 부어질 때 그 무게가 너무 무거워서 예수님께서는 '하나님이시여, 어찌하여 나를 버리시나이까?' 하며 그 아픔을 호소하셨다." 우리는 십자가에서 하나님의 진노가 해소되었다는 것을 잊지 말아야 합니다. 하나님의 진노가 십자가 위에 떨어져서 우리는 그 십자가 은혜를 믿음으로 하나님의 진노로부터 구원을 받을 수 있는 것입니다. 이것이 바로 루터 신학의 근본입니다.

그래서 루터는 하나님의 이 거룩한 역사를 확증하기 위해 우리가 신앙생활 속에서 세 가지 단계를 적용해야 한다고 말합니다. 첫째가 '오라티오(Oratio)'입니다. 이것은 '기도'입니다. 기도를 통해서 어두운 우리의 이성이 성령의 조명을 받아 복음을 향하게 된다는 것입니다. 그런고로 기도하는 것이 중요합니다. 루터는 아침마다 두 시간씩 기도했다고 전해집니다. 오직 기도로써 헝클어진 이성이 깨끗함을 받아 하나님의 뜻을 받아들이게 되고, 복음을 향하게 된다는 것입니다. 둘째는 '메디타티오(Meditatio)', 묵상입니다. 복음을 묵상함으로써 성령의 조명으로 이성만이 아니라 우리의 마음과 전 인격이 복음을 향하게 된다는 것입니다. 셋째는 '텐타티오(Tentatio)', 시련입니다. 하나님의 사랑은 가슴과 지성에서만 오는 것이 아닙니다. 하나님의 사랑은 현실 속에 나타나 있는 것입니다. 때론 우리가 병들기도 하고, 사업에 실패하기도 합니다. 이런 모든 시련 속에서 하나님의 사랑을 느껴야 하고, 느낄 수 있습니다. '하나님께서 나를 사랑하시기 때문에 이 시련을 주시는 것이다. 하나님께서 나를 사랑하시기 때문에 이런 일이 있는 것이다.' 이 시련 속에서 하나님의 사랑을 확증할 수 있어야 합니다. 그것이 바로 '종교개혁적 신앙'이라고 말하고 있습니다.

성경은 말씀합니다. "오직 의인은 믿음으로 말미암아 살리라." 참으로 유명한 복음의 말씀입니다. 오직 이 복음만이 우리를 자유하게 하는 것입니다. 이 복음만이 우리의 영혼을 깨끗하게 하는 것입니다. 그러므로 복음은 구원을 주시는 하나님의 능력입니다. 이 복음을 믿음으로써만 우리는 하나님의 능력을 경험하게 되는 것입니다. △

한 군인의 경건

베드로가 불러 들여 유숙하게 하니라 이튿날 일어
나 그들과 함께 갈새 욥바에서 온 어떤 형제들도 함
께 가니라 이튿날 가이사랴에 들어가니 고넬료가 그
의 친척과 가까운 친구들을 모아 기다리더니 마침 베
드로가 들어올 때에 고넬료가 맞아 발 앞에 엎드리어
절하니 베드로가 일으켜 이르되 일어서라 나도 사람
이라 하고 더불어 말하며 들어가 여러 사람이 모인
것을 보고 이르되 유대인으로서 이방인과 교제하며
가까이 하는 것이 위법인 줄은 너희도 알거니와 하나
님께서 내게 지시하사 아무도 속되다 하거나 깨끗하
지 않다 하지 말라 하시기로 부름을 사양하지 아니하
고 왔노라 묻노니 무슨 일로 나를 불렀느냐 고넬료가
이르되 내가 나흘 전 이맘때까지 내 집에서 제 구 시
기도를 하는데 갑자기 한 사람이 빛난 옷을 입고 내
앞에 서서 말하되 고넬료야 하나님이 네 기도를 들으
시고 네 구제를 기억하셨으니 사람을 욥바에 보내어
베드로라 하는 시몬을 청하라 그가 바닷가 무두장이
시몬의 집에 유숙하느니라 하시기로 내가 곧 당신에
게 사람을 보내었는데 오셨으니 잘하였나이다 이제
우리는 주께서 당신에게 명하신 모든 것을 듣고자 하
여 다 하나님 앞에 있나이다
(사도행전 10 : 23 - 33)

한 군인의 경건

어느 진실한 구도자가 하나님의 말씀대로 살아보려고 갖은 애를 쓰는 중에, 어느 날 한 소문을 들었습니다. 기적과 신비로운 능력을 많이 행하는 수도사가 산중에 있다는 소식이었습니다. 이 경건한 하나님의 사람은 그분을 꼭 만나고 싶었습니다. 그래서 어렵게 물어가며 그 수도사를 만나게 됩니다. "당신이 많은 기적을 행하며, 많은 사람에게 큰 감동을 주고 있다는데, 그 기적을 저도 한번 경험하고 싶습니다. 그 기적이 무언인지를 가르쳐주십시오." 수도사가 대답했습니다. "당신의 마을에서는 기적을 무엇이라고 생각하고 있습니까? 당신은 기적을 무엇이라고 생각합니까? 사람들은 자신이 원하는 것을 신이 이루어주시면 그것을 가리켜 기적이라고 흔히들 말합니다. 그러나 우리 마을에서는 그렇지 않습니다. 하나님께서 원하시는 것을 인간이 행하게 될 때, 그것을 기적이라고 합니다. 다시 말해서, 내 소원이 이루어져서가 아니라, 하나님의 뜻이 이루어지고, 하나님의 소원이 이루어질 때, 그것을 우리는 기적이라고 말합니다." 수도사의 말을 듣고 이 구도자는 깊은 깨달음을 얻고 산을 내려왔다고 합니다.

오늘 본문에는 한 로마 군인이 나옵니다. 그는 용감한 백부장이었습니다. 백부장은 전쟁 때 맨 앞에서 가는 장교입니다. 우리가 잘 안 쓰는 말이지만, 백부장은 백 명을 거느리는 사람을 말합니다. 맨 앞에서 병사들을 이끌고 가는 군인이 백부장인 것입니다. 그래서 백부장은 로마군인 중에서도 그 역할이 가장 중요합니다. 그 백부장이 지금 점령지인 유대 나라에 와 있습니다. 가이샤랴 빌립보에 와서 진을 치고 주둔하고 있습니다. 지금도 가이샤랴 빌립보에 가 보면 로마 진영과 원형극장의 흔적을 볼 수 있습니다. 2천 년 전에는 그곳이 굉장한 점령지였던 것입니다. 그 가이사랴 빌립보의 백부장입니다. 그는 군사적, 경제적, 정치적으로 로마가 우세하다고 생각합니다. 하지만 유대 땅에 와 머무르면서 그는 큰 진리를 깨달았습니다. 정치적으로는 유대 나라가 속국입니다. 경제적으로는 빈곤 속에 살아가는 나라입니다. 사회적으로는 혼란스럽습니다. 그러나 내면적으로 볼 때는 하나님을 섬기는 백성입니다. 하나님의 율법이 있는 문화입니다. 여기서 깊은 깨달음을 얻고 이 고넬료는 개종합니다. 로마의 우상을 버리고, 그리스도를 믿는 경건한 사람으로 살아가게 됩니다. 겉으로는 로마 군인, 신분상 확실한 군인입니다. 하지만 내면적으로는 경건한 유대인처럼 살아갑니다. 이것은 굉장한 사건입니다. 이렇게 자기 자신을 완전히 버리고 중생하기란 정말 어려운 일입니다. 우리 인간에게 있어서 가장 문제 되는 것은 교만입니다. 국가적, 사회적, 계급적으로, 그리고 개인적으로 볼 때도 교만을 버리면 참 평안을 얻을 수 있습니다. 교만을 버리지 못하는 동안은 어떤 순간에도 인격적이고 경건한 사람이 될 수 없습니다. 그래서 유명한 신학자 라인홀드 니부어는 교만에 대해서 이렇게 말했습니다. 교만은 세 가지가 있는데, 하나는 권력적 교만입니다. 두 번째는 지적 교만입니다. 남보다 더 많이 알고 있다는 생각입니다. 세 번째가 도덕적 교만입니다. '세상 사람들이 다 타락했지만 나는 깨끗하다. 나는 정결하다. 나는 도덕적으로 흠이 없다.' 이런 것입니다. 이것을 극복하고 버려야 참 인격자로 살아갈 수 있다, 이것입니다.

모름지기 이 고넬료는 이 세 가지를 다 버린 사람입니다. 그리고 경건하게 신앙생활을 하고 있는 참으로 귀한 사람입니다. 특별히 사도행전 10장 1절부터 보면, 그는 유대 사람의 전통을 따라 살았습니다. 그래서 하나님께 하루에 세 번씩 기도했습니다. 그들처럼 시간을 정하고 하루에 세 번씩 온 집안사람과 더불어 기도하며 하나님을 섬겼습니다. 유대 사람들의 경건은 한 사람에게만 해당하는 것이 아닙니다. 한 사람이 경건하면 그 자녀들까지 다 경건해야 경건입니다. 자녀들을 하나님의 말씀으로 인도해야 경건입니다. 나는 경건한데, 자녀들은 빗나갔습니다. 그러면 경건이 아닙니다. 그것은 무언가 잘못된 것입니다. 그래서 유대 사람들은 온 집으로 더불어 경건한 신앙적 표본을 따라 살아갑니다.

그런가 하면 또, 유대 사람의 경건의 표본 중 하나가 백성을 구제하는 것입니다. 나만 잘살아서는 안 됩니다. 배고픈 자를 돌보아야 하고 가난한 자를 보살펴야 합니다. 이처럼 고넬료는 로마 사람이지만, 유대 땅에 와서 온 집으로 더불어 하나님을 경외하고, 또 백성을 많이 구제하는 경건의 생활을 했다는 말입니다. 이때 하나님께서 고넬료를 부르십니다. 여기서 만족하지 않으십니다. 하나님께는 이 사람이 꼭 필요합니다. 그래 하나님께서 이 사람을 부르십니다. 전설에 따르면, 이 고넬료가 예수를 믿고 본국으로 돌아가 로마에 교회를 세웁니다. 사도 바울이 로마에 교회를 세우겠다는 소원이 있었던 것 같습니다마는, 아닙니다. 고넬료라는 이 로마 군인이 본국으로 돌아가 교회를 세운 것입니다. 그래서 사도 바울이 그곳을 방문했을 때는 벌써 거기에 교회가 있었습니다. 이렇게 하나님께서 고넬료를 부르십니다. 이것은 단순한 사건이 아닙니다. 선교적으로 중요한 의미가 있습니다. 그런데 하나님께서는 고넬료를 부르셔서 직접 말씀하지 않으십니다. 오늘 본문을 보면 베드로를 부르라고 하십니다. 하나님의 사람 베드로를 만나라고 하시는 것입니다. 이 사건을 중요하게 생각해야 합니다. 하나님께서는 직접 말씀하실 때도 있지만, 이처럼 간접적으로 말씀하시고, 사도를 통해서 역사하실 때가 많습니다. 이 일은 '사도적 권위'라는 맥락에서 볼 때 중요합니다. 하나님께서는 고넬료에게 직접 "네 기도가 응답되었다. 네 구제가 하나님께 상달되었다. 너는 복을 받았다" 하고 말씀하지 않으십니다. 먼저 베드로를 만나라고 하십니다. 그리고 그에게서 들으라고 하십니다. 아주 중요한 일입니다.

그래서 이제 고넬료와 베드로가 만나는 장면이 여기에 나옵니다. 욥바의 한 집에 머물고 있는 베드로에게 사람을 보내어 그를 불러오라고 합니다. 저도 베드로가 머물렀다는 그 욥바를 가 보았습니다. 2천 년 된 움막집이 하나 있는데, 집이랄 것도 없는 곳입니다. 거기에다가 베드로가 살던 집이라고 써놓았습니다. 그곳을 돌아보면서 '2천 년 전에 베드로가 이곳에서 하나님의 음성을 들었겠구나!' 생각하니 감회가 새로운 것이지요. 어쨌든 고넬료는 욥바에 사람을 보내어 베드로를 청해옵니다. 특별히 오늘 본문에는 베드로가 이 고넬료의 집에 들어올 때 고넬료가 그의 친척과 가까운 친구들까지 모아서 기다렸다고 되어 있습니다. 그리고 베드로가 들어오자 그에게 절을 합니다. 그냥 절이 아닙니다. 헬라어로 '프로스쿠네오'인데, 이 말은 '발에 입을 맞춘다'라는 뜻입니다. 그냥 고개를 숙인다는 것이 아니라, 경배하는 것을 뜻합니다. 하나님 앞에 경배하는 것, 그런 경배를 말하고 있는 것입니다. 그런데 가만히 생각해보십시오. 고넬료는 로마의 군인입니다. 로마 군인의 위상을 가진 사람입니다. 하지만 베드로는 갈릴리의 초라한 어부입니다. 겉으로만 보면 두 사람의 신분은 하늘과 땅 차이입니다. 그러나 고넬료는 그 초라한 신분의 베드로 앞에 무릎을 꿇습니다. 경배하는 것입니다. 얼마나 간절하게 했던지, 베드로가 그만 몸 둘 바를 몰라서 "나도 사람이라!" 합니다. 재미있는 말이기도 하지만, 참 의미 있는 말입니다. 고넬료가 얼마나 경건하게 무릎을 꿇고 절을 했으면 이런 말이 나옵니까. 베드로는 자신에게 무릎을 꿇고 절을 하는 그 고넬료를 일으켜 세웁니다. 이 장면, 너무너무 아름답습니다. 이것이 예배입니다. 이것이 우리가 할 수 있는 최상의 경건입니다.

오늘 본문을 잘 보면, 고넬료는 지금 베드로를 본 것이 아닙니다. 저 갈릴리 어부인 베드로를 본 것이 아닌 것입니다. 베드로를 통해서 하나님을 본 것입니다. 눈으로는 베드로를 보고 있지만, 고넬료의 마음은 베드로를 부르라고 하신 하나님을 보고 있는 것입니다. 그리고 그 마음에서 베드로를 향해 무릎 꿇고 절하게 되었던 것입니다. 여러분이 아시는 대로, 구약을 보면 야곱이라는 사람이 형님을 속입니다. 아버지와 형님을 다 속이고 저 하란 땅으로 피난을 갔다가 20년 만에 돌아옵니다. 형님은 그 동생을 죽이려고 했습니다. 이런 사이인데, 20년 만에 서로 만나게 됩니다. 야곱이 얍복 강변에서 밤새 기도합니다. 기도하고 나서 형님을 만나게 될 때 그 형과 동생이 서로 끌어안고 화해를 합니다. 그때 야곱이 너무나 감격한 나머지 하는 말입니다. "제가 형님의 얼굴을 보니 하나님의 얼굴을 보는 것 같습니다." 보십시오. 눈으로는 형님을 보았지만, 마음으로는 하나님을 본 것입니다. 이것이 경건입니다. 경건이란 나의 삶 속에

서 나와 하나님과의 관계를 말합니다. 그러나 참 경건은 내가 만나
는 사람과의 관계에도 적용되어야 합니다. 하나님과의 관계, 인간과
의 관계, 그리고 모든 물질과의 관계까지도 다 경건해야 합니다. 이
걸 잊지 말아야 합니다.

이제 고넬료가 마지막으로 한마디 합니다. "이제 우리는 주께
서 당신에게 명하신 모든 것을 듣고자 하여 다 하나님 앞에 있나이
다(33절)." 하나님께서 나를 부르셨고, 또한 당신을 부르라고 하셨으
니, 이제 그 하나님의 말씀을 듣기를 원한다고 하는 것입니다. 그러
므로 듣겠으니, 말씀하십시오. 이 장면, 얼마나 아름답습니까. 특별
히 목사인 저는 그렇습니다. 예배란 다른 것이 아닙니다. 주께서 당
신에게 명하신 것을 내가 듣고자 하나이다―이것이 예배입니다. 이
것이 경건의 핵심입니다. 내가 하나님의 음성을 직접 들을 수도 있
을 것입니다. 어느 순간, 기도 중에 들을 수도 있습니다. 묵상 중에
들을 수도 있고, 성경을 읽으면서 들을 수도 있습니다. 특별히 질병
이나 실패나 고난과 같은 사건을 통해서 주의 음성을 들을 수 있습
니다. 그러나 가장 귀중한 것은 예배 중에 설교를 통해서 주의 음성
을 듣는 것입니다. 그것이 경건입니다.

오늘 고넬료는 베드로를 통해서 주의 음성을 듣지만, 하나님을
원망하지 않습니다. 그는 직접 말씀해달라고 하지 않았습니다. 베드
로를 데려오라고 하신 말씀대로 베드로를 통하여 하나님의 음성을
들으려고 했습니다. 그리고 베드로를 바라보면서 하나님을 만나는
기쁨과 감격과 경건으로 그를 대합니다. 정말로 베드로를 통해서 하
나님의 음성을 듣게 된 것입니다. 우리 교회 이름이 예수소망교회입
니다. 예수소망교회의 교인이 누구입니까? 물론 등록할 수도 있고,

세례받을 수도 있지만, 가장 중요한 것은 여기 이 강단을 통해서 하나님의 음성을 듣는 사람들입니다. 이 강단을 통해 기도 응답을 받는 사람들입니다.

　예전에 목회할 때 이런 일이 있었습니다. 어느 날 두 내외가 제 사무실에 들어와서 아주 밝은 얼굴로 서로 화해하는 것을 보았습니다. 사실은 서로 다투고 일주일 동안 서로 말도 한마디 안 했답니다. 그러다가 주일 아침이 되니까 교회는 아니 갈 수가 없어 함께 집에서 나오면서 두 사람이 서로 얘기했답니다. 서로가 서로를 권면한 것입니다. "오늘 설교 잘 들어요. 우리 기도에 응답으로 주신 말씀이 있을 테니까, 말씀 잘 들어요." 그렇게 서로에게 말하고 예배를 드렸는데, 정말로 설교 중에 응답의 말씀을 들었다는 것입니다. 무엇 때문에 싸웠는지, 어떻게 해야 화해할 수 있는지, 어떻게 살아야 할 것인지를 자세하게 들었답니다. 그래서 예배를 마친 다음에 나가다가 서로 손을 잡고 "거봐, 그것 봐. 응답을 들었잖아" 하면서 두 사람이 손을 맞잡고 제 방에 들어와 그 간증을 하는데, 제가 얼마나 기뻤는지 모릅니다. 왜요? 저를 통해서 하나님 말씀이 전해졌고, 하나님의 말씀이 효과 있게 나타나는 것을 보았기 때문입니다. 얼마나 좋은지, 며칠 동안 밥을 안 먹어도 배가 부른 것 같더라고요.

　한 말씀 더 드립니다. 옛날에는 설교를 카세트테이프로 많이 들었습니다. 그 시절에 우리 교회 집사님 한 분이 샌프란시스코에서 사업을 하는 대학 동창에게 설교 카세트테이프를 부쳐주었습니다. 예수를 안 믿는 그 친구에게 일주일에 한 번씩, 그러니까 월요일마다 3년 동안을 계속 부쳤습니다. 하지만 그 미국의 친구는 테이프를 받기만 하고 듣지는 않았습니다. 그래도 친구가 특별히 보내준 것이니까 버릴 수는 없어서 그냥 한 곳에 쌓아놓기만 했습니다. 그 뒤로 잘 나가던 사업에 어려움이 생겼습니다. 몸도 병이 들었습니다. 그때 문득 친구가 보내준 설교 테이프가 생각나서 어느 날 그 테이프를 듣게 된 것입니다. '내 친구가 저토록 정성스럽게 보내준 테이프이니, 한번 들어나 보자.' 그래서 들었는데, 그걸 며칠 동안 계속 들으면서 마침내 예수를 믿게 된 것입니다. 그리고 일부러 한국에까지 와서 저를 찾은 것입니다. 그리고 고백했습니다. "이 카세트테이프 때문에 제가 예수를 믿게 되었습니다."

오늘도 어딘가에서는 누가 이 설교 방송으로 하나님의 음성을 듣고, 테이프를 듣고, 혹은 TV를 보면서 하나님의 말씀을 들을 것입니다. 그러나 그것보다 그리스도인은 예배당에 나와서 말씀을 듣는 것입니다. 하나님을 예배하며, 그 예배 가운데 선포되는 말씀을 통해서 하나님의 음성을 들어야 합니다. 말씀을 통해서 기도 응답도 받습니다. 능력도 얻습니다. 지혜도 얻습니다. 사사로운 일까지도 그 문제의 해답을 얻습니다. 그 사람이 바로 그리스도인인 것입니다. 고넬료는 하나님의 음성을 베드로를 통해서 들었습니다. 그리고 역사에 남는 경건한 하나님의 사람이 되었습니다. 그 역사가 그에게만 있는 것이 아닙니다. 오늘 우리 모두에게도 순간순간 이 역사가 함께한다는 것을 잊지 말아야 합니다. 이 고넬료에게 있었던 경건이 오늘 우리에게도 있어야 하는 것입니다. △

저의 사랑이 많음이라

그 여자를 돌아보시며 시몬에게 이르시되 이 여자
를 보느냐 내가 네 집에 들어올 때 너는 내게 발 씻을
물도 주지 아니하였으되 이 여자는 눈물로 내 발을
적시고 그 머리털로 닦았으며 너는 내게 입맞추지 아
니하였으되 그는 내가 들어올 때로부터 내 발에 입맞
추기를 그치지 아니하였으며 너는 내 머리에 감람유
도 붓지 아니하였으되 그는 향유를 내 발에 부었느니
라 이러므로 내가 네게 말하노니 그의 많은 죄가 사
하여졌도다 이는 그의 사랑함이 많음이라 사함을 받
은 일이 적은 자는 적게 사랑하느니라 이에 여자에게
이르시되 네 죄 사함을 받았느니라 하시니 함께 앉아
있는 자들이 속으로 말하되 이가 누구이기에 죄도 사
하는가 하더라 예수께서 여자에게 이르시되 네 믿음
이 너를 구원하였으니 평안히 가라 하시니라
(누가복음 7 : 44 - 50)

저의 사랑이 많음이라

성 프란치스코의 유명한 일화가 있습니다. 성 프란치스코는 늘 하나님께 기도하며 감사했다고 전해집니다. 어떤 때 한번은 기도실에서 사흘 동안이나 나오지 않고 기도했다고도 합니다. 이 성 프란치스코가 기도했다는 방을 제가 가서 보았습니다. 아주 조그마한 방인데, 바로 그 방에서 성 프란치스코가 늘 기도했다고 하는 이야기를 듣고 나니까 그 방이 특별하게 보이기도 했습니다. 그는 늘 똑같은 말로 기도했다고 합니다. 이것 주세요, 저것 주세요, 세상이 어떻고, 나라가 어떻고…… 그런 것이 아닙니다. 그는 항상 이런 말로 감사기도를 했습니다. "왜 저 같은 죄인을 이처럼 사랑하십니까? 왜 저 같은 죄인을 이처럼 사랑하십니까?" 그렇게 그저 시종일관 감사하는 기도였습니다. 그 기도 소리는 밖에서도 들을 수가 있었다고 합니다. 그런데 한번은 그의 제자가 기도와 명상 중에 천국에 이끌리어서 천국 구경을 하게 됩니다. 화려한 천국을 여기저기 구경하다 보니 여러 곳에 보좌가 있습니다. 한데, 그 가운데 한 곳에 유달리 더 높고 화려한 보좌가 있는 것입니다. 그래 보았더니 비어 있는 보좌입니다. 거기에는 아무도 앉은 사람이 없었습니다. 그래서 천사에게 물었습니다. "저 보좌는 비어 있는데, 누구를 위해서 예비된 것입니까?" 그랬더니 천사가 하는 말이, 그 보좌는 당신이 섬기고 있는 스승 성 프란치스코가 앞으로 천국에 와서 앉게 될 보좌라는 것이었습니다. 세상에서 가장 겸손한 성 프란치스코의 보좌라는 것입니다. 그러다가 묵상 중에 그는 깨어났습니다. 그래서 생각했습니다.

'스승님을 보고 있노라면 초라하기 그지없는데, 이분이 하늘나라에서는 모든 사람 가운데 가장 높임을 받는 거룩한 분이구나!' 천사의 그 말을 듣고 제자는 한편으로 마음이 불편하기도 했습니다. 시기하는 마음도 들었고요. '저 별거 아닌 것 같은 분이 저렇게 높임을 받는다니?' 이렇게 마음이 시험에 든 것입니다. 그래서 제자가 자기 스승을 한번 시험해보기로 했습니다. 둘이 있는 조용한 시간에 이렇게 물었습니다. "선생님, 하나만 여쭈어봐도 되겠습니까? 선생님께서는 자기 자신을 어떤 사람이라고 생각하십니까?" 그러자 성 프란치스코는 서슴지 않고 이렇게 대답했습니다. "나는 세상에서 내가 가장 악한 사람이라고 생각하고 있지." 그러자 제자가 펄쩍 뛰면서 말합니다. "선생님, 거짓말입니다. 그건 위선입니다. 왜냐하면, 세상에는 악한 사람이 얼마나 많습니까. 살인자도 있고, 도둑도 있고, 간음자도 있고, 악한 사람이 얼마나 많습니까. 그리고 사람들은 선생님을 성자라고 부릅니다. 그런데도 선생님께서는 자신을 생각하실 때 세상에서 가장 악하시다니, 그건 위선입니다." 그때 성 프란치스코는 껄껄 웃으면서 말했습니다. "그것은 자네가 나를 몰라서 그러네. 내가 이렇게 보여도 내 마음속에는 갖가지 죄악이 다 숨겨져 있다네. 그래서 나는 나 자신을 생각할 때 이 세상에서 내가 가장 악한 사람이라고 생각하고, 늘 하나님 앞에 회개하며 감사기도를 드리지. 나는 나 같은 죄인을 사랑해주시는 하나님께 감사하지 않을 수 없다네. 아마도 내가 받는 사랑을 다른 사람이 받았다면 그 사람은 나보다 훨씬 더 거룩하고 훌륭한 사람들이 되었을 거라고 믿네." 이 말을 들은 제자는 성 프란치스코 앞에 무릎을 꿇고 말했다고 합니다. "과연 당신은 성자십니다."

여러분, 깊이 생각해보십시다. 도대체 사랑이란 무엇입니까? 사람들은 사랑 때문에 죽고, 사랑 때문에 삽니다. 결국, 마지막에는 사랑이 모든 것을 결정합니다. 사랑의 실체가 무엇입니까? 참 중요한 문제입니다. 먼저 사랑은 아는 것입니다. 모르면 사랑이 아닙니다. 내가 아무리 큰 사랑을 받았더라도 사랑을 사랑인 줄 모르면, 모르고 있는 동안은 사랑이 아닙니다. 이런 경우가 얼마나 많습니까. 부모는 자식을 사랑합니다. 사랑하는 것만은 틀림없습니다. 자기 목숨보다도 사랑합니다. 그러나 자식들은 그렇지 않습니다. 부모에게 대듭니다. 언제 나를 사랑한 일이 있느냐고, 내가 언제 사랑받은 일이 있느냐고 합니다. 이런 기가 막힌 말이 어디 있습니까. 사랑을 모르기 때문에 사랑을 알 때까지는 불행할 수밖에 없습니다. 이걸 잊지 말아야 합니다. 사랑은 아는 것입니다. 또한, 알아야 하는 것입니다.

여러분, 어린아이들을 보십시오. 아이들은 자기가 우주의 중심이라고 생각합니다. 그래서 '나는 사랑받는 존재다. 나는 사랑받을 자격이 있다. 모든 사람이 나를 사랑한다' 하고 생각하다가 조금 크면서 보니까 아닙니다. 아버지는 오빠를 더 사랑하시는 것 같습니다. 또 어머니는 막냇동생을 더 사랑하시는 것 같습니다. 그래서 자기는 외톨이입니다. 여기에서 반항이 나오는 것입니다. '나는 사랑받지 못했다. 아니 사랑을 한 번도 받은 일이 없다.' 이렇게 터져 나오는 것입니다. 그래서 문제아가 되는 것이거든요. 나는 사랑받지 못했다―정말 그렇습니까? 이는 사랑을 몰라서 그런 것입니다. 사랑의 깊은 뜻을 몰라서 그렇지, 사랑이 없는 것이 아니잖아요? 그럼 어떻게 하면 알겠습니까? 그것은 느껴야 합니다. 사랑은 이성의 문제가 아닙니다. 따지고, 비판하고, 계산해서 사랑이라는 결론을 내리는 것이 아닙니다. 사랑은 종합적인 시입니다. 뭉클하게 다가오는 것이지, 이래서 사랑하는 것이고, 저래서 사랑하는 것이다? 아니올시다. 사랑은 느끼는 것입니다.

여러분, 연애를 해보셨습니까? 연애할 때 딱 보자마자 첫눈에 반했다, 그러잖아요? 코가 예쁜지, 눈이 예쁜지, 생각해보았겠습니까. 그 사람이 뭘 좋아하는지, 뭘 싫어하는지, 전혀 아는 게 없습니다. 딱 보자마자 '저건 내 것이다!' 하는 이것이 사랑하는 것이지요. 그냥 풍덩 빠져들어가는 것입니다. 이것이 첫사랑이라는 것입니다. 그러면, 이렇게 인식이 되어야 하는데, 어떻게 하면 그리될 수 있겠습니까? 전후좌우를 돌아봄 없이 '이건 사랑이다!' 하고 느껴야 하겠는데, 참으로 어려운 일입니다. 이것은 많은 시련과 많은 사건을 통해서 사랑을 느낄 수 있는 사람으로 바뀌는 것입니다.

저는 목사로서 병원에 환자들을 병문안하러 갈 때가 많이 있습니다. 그러면서 제가 딱 하나 깨달은 것이 있습니다. 건강한 사람은 병든 사람을 위로하지 못한다는 것입니다. 건강한 사람이 가서 병든 사람을 놓고 아무리 "얼마나 고생하십니까? 얼마나 수고하십니까? 얼마나 아프십니까?" 해도 환자는 전혀 위로받지 못합니다. 이 환자가 위로받을 수 있는 대상은 바로 옆에 있는 다른 환자입니다. 자기는 다리 하나가 부러졌는데, 저 사람은 다리 두 개가 부러졌습니다. 나는 그래도 가끔 아들딸이 찾아오는데, 저 사람은 한 달이 가도록 아무도 찾아오는 사람이 없습니다. 한마디로 나보다 불행한 사람을 보는 순간 어느 사이에 '나는 사랑을 받고 있구나!' 하는 것을 깨닫게 되더라, 이것입니다.

그런가 하면 사랑은 보답하는 마음입니다. 사랑을 깨닫습니다. 그리고 사랑을 느낍니다. 그 사랑에 감격하는 순간 몸과 마음을 바칩니다. 이것이 결혼이라는 것입니다. '내가 이렇게 사랑을 받으니까 내가 이분을 위해서 일생을 바치고 싶다.' 더 나아가 '이 사람을 위해 죽어도 좋다!' 하는, 사랑에 보답하는 마음이 샘솟는 것입니다. 이런 마음을 지닐 수 있다면 그 사람은 행복한 사람입니다. 이런 감격을 한 번만이라도 느꼈다면 그는 세상을 뜻있게 살았다고 생각합니다. 이렇듯 보답하는 의지, 전적인 헌신이 사랑입니다.

오늘분문은 참 중요한 이야기입니다. 저는 LA에 가면 박물관에 갈 때마다 루벤스가 그린 그림을 봅니다. 오늘 이 막달라 마리아가 예수님 앞에 가서 눈물로 발을 씻고, 그 머리털로 예수님의 발을 닦는 장면을 얼마나 잘 그렸는지 모릅니다. 기가 막히게 그렸습니다. 저는 박물관에 갈 때마다 30분 이상 그 그림 앞에 서 있게 됩니다. 여자의 아름다운 마음, 그 행복한 얼굴과 헌신하는 모습을 보면 그야말로 사랑의 극치요, 행복의 극치요, 믿음의 극치를 느끼게 됩니다. 여러분도 그 박물관에 가시면 이 그림을 한번 꼭 보시기 바랍니다.

그런데 오늘 예수님께서 이 여인을 향해서 말씀하십니다. "이 여자를 보느냐? 저가 많이 사랑하였음이니라." 사랑 속에서 모든 것이 소화됩니다. 절대적 사랑입니다. 이 여인은 지금 옆에서 누가 비난하는지 아닌지 상관없습니다. 예수님을 대접하는 이 시몬이라는 사람은 이 집의 주인입니다. 아주 여러 가지로 비방하고 있습니다. '저 여자가 얼마나 불결한 여자인데, 예수님께서는 그것도 모르고 계시는구나!' 이렇게 별의별 생각을 다하고 있습니다. 하지만 누가 뭐라고 하든 말든, 이 여자는 예수님을 사랑하고, 예수님께 온 정성을 다 기울입니다. 전후좌우 돌아보지 않습니다. 예수님을 향한 절대적 사랑을 품고 있습니다. 그렇게 예수님 앞에 나아갑니다. 예수님께서도 그녀를 만나주십니다. 그의 사랑의 행위를 예수님께서 받아주십니다. "더러운 것아, 비켜라!" 그러지 않으십니다. 예수님께서는 이 막달라 마리아의 귀한 헌신을 기쁘게 받아주셨습니다. 그뿐 아니라, 시몬이 비난할 때 예수님께서는 조용하게 말씀하셨습니다. "이 사람아, 내가 하는 얘기를 들으라. 한 사람은 오백 데나리온 빚졌고, 한 사람은 오십 데나리온을 빚졌다. 그런데 두 사람 다 갚을 길이 없어서 둘 다 탕감해줬다. 누가 더 사랑하겠느냐?" 이제 시몬이 말합니다. "그야 물론 많이 탕감받은 사람이 많이 사랑하겠지요." 예수님께서 다시 대답하십니다. "이 여인은 많이 탕감받은 감격으로 더 많이 사랑하느니라."

마태복음 18장에는 같은 맥락이지만, 너무나 중요한 말씀이 있습니다. 예수님께서 하신 비유의 말씀입니다. "만 달란트 빚진 사람이 있다. 그런데 이 사람이 갚을 길이 없어서 사정할 때 주인이 탕감해주었다. 만 달란트나 탕감해주었다. 이 탕감받은 사람이 가다가 자기에게 백 데나리온 빚진 사람을 만났다. 그래서 모질게 갚으라고 다그치며 그 사람을 감옥에 가두고 말았다. 이 소식을 만 달란트 탕감해준 주인이 듣고 몹시 불쾌해서 그를 불러들여 이렇게 말했다. '내가 네게 만 달란트를 탕감해주었는데 너는 백 데나리온도 탕감해 줄 수 없더냐?'" 탕감은 구원의 조건은 아니지만, 기독교 윤리의 근본입니다. 만 달란트는 백 데나리온의 5십만 분의 1입니다. 5십만 분의 1. 바로 여기에 문제가 있는 것입니다. 내가 크게 탕감받

은 사람입니다. 만 달란트 탕감받은 사람입니다. 그러면 이것 정도
는 문제도 안 되는 것 아니겠습니까. 바로 그것이 그리스도인의 사
랑입니다.

사랑 중에서 가장 큰 사랑은 사죄의 은총입니다. 죽음보다 더
무서운 것이 사죄입니다. 죄를 용서받은 나, 그리고 하나님의 자녀
가 되는 것, 그리고 오늘 봉사자가 되는 것, 예수님의 발을 씻을 수
있는 사람이 된 것, 이것이 사랑입니다. 여기에 감격이 있습니다. 그
런고로 그의 많은 죄는 다 사함을 받았습니다. 이 죄 사함을 받은 감
격으로 사는 것이 그리스도인의 감사 생활입니다. 돈이 어떻고, 건
강이 어떻고, 명예가 어떻고…… 이런 것이 아닙니다. 죄 사함을 받
은 것보다 더 중요한 것이 없습니다.

저는 특별한 경험이 있습니다. 나이 많은 분들은 이름을 대면
아실 만한 분입니다. 세브란스병원 원장을 오래 하시던 김명선 박사
라고 있습니다. 선친의 친구셔서 제가 그분을 만날 때마다 "김 박사
님, 안녕하십니까?" 이렇게 인사를 하면 "어, 나 잘 있어!" 할 때 항
상 붙는 말이 있습니다. 이분은 항상 "나 처 덕에 잘 있어!" 하고 말
씀합니다. 그래서 제가 그것이 알고 싶었습니다. 세 번을 인사했는
데, 세 번 다 "처 덕에 잘 있어!" 해서 저한테는 박사님이 아버지 같
은 분이기 때문에 "김 박사님, 오늘은 좀 따져야겠습니다. 도대체 처
덕에 잘 있다는 말이 무슨 뜻입니까?" 하고 물었습니다. 그랬더니
김 박사님이 껄껄 웃으면서 하는 말이 "자네, 그거 몰라? 나는 내가
얼마나 못된 놈인지를 잘 알아. 내 별명이 스톤 헤드야, 돌대가리!"
사실 이분에게 얽힌 유명한 이야기가 있습니다. 이분이 얼마나 고집
이 센지, 남대문 교회에서 세 번 장로 투표로 당선이 됐는데, 장로

안수를 안 받았습니다. 안수식 하는 날 도망간 것입니다. 왜요? 자기는 장로 될 자격이 없다는 것입니다. 그래서 장로에 세 번 당선되고도 장로 안 된 분으로 유명합니다. 그러면서 이분이 하는 말입니다. "자네, 알잖아? 내가 얼마나 못된 놈인가를. 성격도 못됐고, 하는 일이 다 못 됐지. 내가 저녁에 들어갈 때 집에 가서 얼마나 화를 냈는데? 하지만 우리 집에 있는 홍 권사, 내 마누라는 천사야. 좀 기분이 나쁜 줄 알면 그저 아이들 보고도 조용하라고, 얼마나 이렇게 잘 받아주는지, 내가 집에 가서는 화를 낼 수가 없어. 근심 걱정을 하다가도 집에만 가면 마음이 편안해져. 나는 아무리 생각해도 저 마누라 때문에 오늘 내가 있는 거야. 만약 같이 대들었다면 나는 아마 아주 몹쓸 사람이 됐을 거야. 그래서 나는 늘 생각해. 내가 처 덕에 잘 있다고 말이지."

여러분, 아무리 봐도 사랑받는다는 것이 무엇입니까? 용서입니다. 사랑의 근본은 딱 한 마디, 용서입니다. 오늘 이 여인은 다른 사람들이 말하기는 창녀라고 합니다마는, 이랬든 저랬든, 이 사람은 압니다. "나는 남보다도 많은 죄를 탕감받았다. 용서받았다. 그리고 감히 내가 예수님 앞에 가서 예수님의 발을 눈물로 씻었는데, 예수님께서 이것을 용납해주셨다. 나의 헌신을 받아주셨다. 나의 사랑을 받아주셨다. 이제는 한이 없다." 바로 이것입니다. 이 여인은 이 예수님의 사랑에 감격하고 있습니다. 사죄의 은총에 감격하고 있습니다. 예수님께서는 말씀하십니다. "이 여자를 보느냐?" 이 여인의 감격, 그 큰 기쁨, 그 놀라운 행복을 보고 있느냐고 하는 것입니다. 여러분, 오늘 이 여자의 마음, 이 여자의 감사, 이 감격함이 바로 우리 자신의 것이 되어야 하겠습니다. 그래서 그 큰 감격으로 모든 것을

소화하고, 하나님 앞에 다시금 헌신할 수 있는 감사가 우리에게 있어야 할 것입니다.   △

한 수난자의 감사 기도

　하루는 욥의 자녀들이 그 맏아들의 집에서 음식을 먹으며 포도주를 마실 때에 사환이 욥에게 와서 아뢰되 소는 밭을 갈고 나귀는 그 곁에서 풀을 먹는데 스바 사람이 갑자기 이르러 그것들을 빼앗고 칼로 종들을 죽였나이다 나만 홀로 피하였으므로 주인께 아뢰러 왔나이다 그가 아직 말하는 동안에 또 한 사람이 와서 아뢰되 하나님의 불이 하늘에서 떨어져서 양과 종들을 살라 버렸나이다 나만 홀로 피하였으므로 주인께 아뢰러 왔나이다 그가 아직 말하는 동안에 또 한 사람이 와서 아뢰되 갈대아 사람이 세 무리를 지어 갑자기 낙타에게 달려들어 그것을 빼앗으며 칼로 종들을 죽였나이다 나만 홀로 피하였으므로 주인께 아뢰러 왔나이다 그가 아직 말하는 동안에 또 한 사람이 와서 아뢰되 주인의 자녀들이 그들의 맏아들의 집에서 음식을 먹으며 포도주를 마시는데 거친 들에서 큰 바람이 와서 집 네 모퉁이를 치매 그 청년들 위에 무너지므로 그들이 죽었나이다 나만 홀로 피하였으므로 주인께 아뢰러 왔나이다 한지라 욥이 일어나 겉옷을 찢고 머리털을 밀고 땅에 엎드려 예배하며 이르되 내가 모태에서 알몸으로 나왔사온즉 또한 알몸이 그리로 돌아가올지라 주신 이도 여호와시요 거두신 이도 여호와시오니 여호와의 이름이 찬송을 받으실지니이다 하고 이 모든 일에 욥이 범죄하지 아니하고 하나님을 향하여 원망하지 아니하니라

(욥기 1 : 13 - 22)

한 수난자의 감사 기도

　　아주 여러 해 전에 브라질에 있는 아마존강의 밀림을 한번 방문한 때가 있었습니다. 그 아마존에서 정말 발가벗고 사는 원주민들을 대상으로 한평생 선교사로 수고한 강성일 선교사가 있습니다. 그때 우리 교회에서 파송한 선교사였는데, 그분이 일을 참 잘해서 거기에 교회도 세우고, 병원도 세우고, 신학교도 세웠습니다. 그래서 제가 한두 번 그곳을 방문했었습니다. 그런데 그분이 본인도 거기 살면서 아직 가 보지 못했다는 아마존 밀림을 같이 가 보자고 해서 한 일주일 동안 특별한 여행을 했었습니다. 그래 일주일 동안 아침에 일어나면 그 대자연 속을 산책하곤 했는데, 재미있는 것은 제가 머물던 호텔주인이 이른 아침마다 커다란 배낭에 바나나를 가득 넣어서 그걸 메고 나가는 거였습니다. 그래서 궁금해서 지켜보니까 그 아침에 원숭이들에게 조반을 제공하는 것입니다. 원숭이들이 아침에 배고파한다고 하면서 바나나를 하나씩 주는 것입니다. 그런데 주인이 바나나를 하나씩 주면 원숭이들이 고맙게 받아먹으면 좋겠는데, 아닙니다. 어디서 나타났는지 불쑥 다가와 그냥 낚아채듯 가져가는 것입니다. 고마운 마음에 공손히 가져가는 것이 아니라, 마치 무엇을 빼앗듯이 가져갑니다. 그래서 제가 안타까운 마음에 물었지요. 그랬더니 그 호텔주인이 하는 말이, 자기가 20년 동안 아침마다 원숭이들에게 이 바나나를 주지만, 항상 빼앗듯이 가져간다는 것입니다. 물건을 날치기하듯이 가져가고, 단 한 번도 고맙다는 뜻을 어떤 방법으로든지 표현하는 걸 못 봤다는 것입니다. 그러면서 그분이 하는 말입니다. "그래서 저들은 동물입니다."

여러분, 감사가 없는 존재는 동물입니다. 사람 모양을 했더라도 감사가 없으면 사람이 아닙니다. 이걸 잊지 말아야 합니다. 사람들도 가만히 보면 항상 빼앗는 마음, 빼앗긴 마음, 억울한 마음, 분한 마음에서 헤어나지 못하고 삽니다. 사람 모양은 했으나, 사람이라고 할 수가 없는 것입니다. 인격이라는 것은 그 사람의 감사 수준에서 결정이 됩니다. 얼마나 감사하느냐? 얼마나 어떤 일에 감사하느냐? 얼마나 감사한 마음을 표현하며, 보답할 양으로 사느냐? 그것이 그 사람의 인격입니다.

우리는 가끔 복 받았다는 말을 합니다. 행복하다는 말을 합니다. 글쎄올시다. 복이다, 행복이다, 하는 것도 감사에서 결정이 됩니다. 감사하다는 사람은 복 받은 사람입니다. 그러나 감사가 없는 사람은 아무리 부자라도 가난한 사람입니다. 아무리 성공한 사람도 비참한 사람입니다. 성공 여부는 감사에 있습니다. 자기가 있는 처지를 감사하게 생각한 사람은 성공한 사람이지만, 자신이 처한 상황에서 원망과 불평과 불안에 떨고 있다면 그 사람은 가장 불행한 사람이고, 구제받을 수 없는 인격이라는 것을 생각하게 됩니다. 감사란 말을 생각해보면 참 재미있습니다. 감사란 생각이라는 말입니다. 'Think'는 '생각하다'이고, 'Thank'는 '감사하다'라는 말인데, 이 두 단어가 어원이 같습니다. 생각하므로 감사하고, 감사하게 될 때 그것이 바르게 생각하는 것입니다. 그 어원이 같다는 것을 잊지 말아야 합니다.

스캇 펙 교수가 쓴 「아직도 가야 할 길」이라는 책은 늘 우리에게 깊은 감명을 줍니다. 이 책에서 그는 이렇게 말합니다. '인생은 선택의 연속이다. 감사도 원망도 선택이다.' 인간은 선택의 여지가 없다고 하는 순간 절망하는 것입니다. 하지만 어떤 경우에도 선택의 여지는 있습니다. 어떤 경우에도 또 다른 해석이 있을 수 있고, 오늘 이 현실에 대한 평가는 전혀 다른 방향으로 생각할 수 있습니다. 그러므로 나는 망했다? 아닙니다. 다시 생각하면 망한 것이 아닙니다. 끝났다고 생각하지만, 끝난 게 아닙니다. 나는 불행하다? 아니올시다. 잘 생각해보면 나는 누구보다도 행복한 사람입니다. 그런고로 생각의 여지는 있는 것입니다. 선택의 여지가 없다는 말은 스스로를 절망에 빠뜨립니다. 그런고로 불행이라고 하지 말고, 어떤 경우에도 '이것은 내게 주신 축복이다' 하는 겸손한 마음이 있어야 합니다. 겸손한 사람에게만 감사가 있습니다. 교만한 사람은 어떤 경우에도 감사할 줄 모릅니다. 그저 겸손하고 나서 주변을 살펴보면 다 고마운 분들입니다. 아내를 보나, 남편을 보나, 자녀를 보나, 너무나 감사할 일이 많습니다. 감사는 겸손한 자가 누리는 축복입니다. 주어진 역경도 깊이 생각하고 나면 새로운 축복의 계기로 생각할 수 있습니다. 끝난 것이 아닙니다. 이것이 새로운 축복의 시작이라는 것을 잊지 말아야 합니다.

　오늘본문에 나타난 욥이라는 사람은 수난자의 대표자입니다. 어떤 사람이 아무리 고난을 당한다고 해도 욥만큼 고난을 당한 사람은 없습니다. 우리는 그렇게 인정할 수밖에 없습니다. 그는 정말 엄청난 고난을 당합니다. 그런데 욥이 당한 고난의 더 큰 특징이 하나 있습니다. 가장 중요한 문제가 욥기 1장 1절에 있습니다. "그 사람은 온전하고 정직하여 하나님을 경외하며 악에서 떠난 자더라." 악에서 떠난 자라—그는 의인입니다. 악한 사람이 아닙니다. 죄인이 아니라—악에서 떠난 깨끗한 하나님의 백성입니다. 그런데 욥이 고난을 당합니다. 이것이 욥기의 가장 중요한 핵심이요, 주제입니다. 욥이 당한 고난은 모든 사람이 당하는 고난을 대표하고 있습니다. 욥의 고난을 보면, 먼저는 재산을 잃어버립니다. 성경의 기록을 보면, 스바 사람이 와서 재물을 탈취해 갔습니다. 갈대아 사람들이 와서 재산을 약탈해 갔습니다. 또 하나는 천재가 있습니다. 하늘에서 태풍이 와서 그만 집이 무너져 사람들이 죽었습니다. 그러니까 인재와 천재가 함께 있는 것입니다. 자연재해가 함께 있습니다. 그는 알 수 없는 가운데 이런 큰 재난을 당합니다. 그런가 하면, 가정도 파괴되고 맙니다. 열 남매가 있었는데 하루아침에 죽었습니다. 그런가 하면, 몸의 건강도 잃어버렸습니다. 마지막 보루가 그래도 몸의 건강인데, 건강을 잃어버려서 기왓장으로 상처를 긁고, 잿더미에 뒹굴었다고 성경은 말씀합니다. 한마디로, 욥은 그가 가진 모든 것을 잃은 것입니다.

그런가 하면, 하나님과의 관계마저 흔들리게 됩니다. '왜 이런 일이 있어야 합니까? 왜 나만 이래야 합니까? 왜 나만 이런 고난을 당해야 합니까? 내가 하나님 앞에 무슨 죄가 있습니까?' 욥은 이렇게 하나님 앞에 의심을 품고 기도하는 상황에 처합니다. 게다가 그를 더 힘들게 한 것은 그의 아내마저 그를 버렸다는 사실입니다. 뭐니 뭐니 해도 가정의 동반자가 중요한데, 성경을 보면 그의 아내마저 하나님을 욕하고 죽으라고 그를 저주하고 있습니다. 마지막 남은 한 사람까지 다 떠나버린 비참하고도 고독한 상황에 처하게 된 것입니다. 욥은 이런 고난을 당했다는 말입니다.

그런데 오늘본문에서 가장 중요한 요지는 이것입니다. 이런 고난 속에서 욥은 생각했습니다. 이 고난 중에 생각했습니다. 하나님을 생각하고, 하나님과 나와의 관계를 깊이 생각했습니다. 이것이 중요합니다. 고난 중에 다른 것을 생각하지 않았습니다. 스바 사람을 생각하고, 강도들을 생각하고, 천재지변을 생각하고, 나를 괴롭히는 원수를 생각하고…… 아닙니다. 그런 것을 생각하지 않았습니다. 그는 하나님을 생각했습니다. 여기서 그는 새로운 길을 열게 되고, 탈출구를 찾게 됩니다. 그는 하나님을 생각하고 이렇게 말합니다. "주신 이도 여호와시요 거두신 이도 여호와시오니……(21절)" 이 딱 한 마디 속에 엄청난 의미가 있습니다. '주신 이도 하나님이십니다. 내가 그동안 떵떵거리며 동방에서 가장 큰 부자로 영광을 누렸습니다마는, 다 하나님께서 주신 것입니다. 하나님께서 주시어 된 일입니다. 내 의도 아니고, 내 선도 아니고, 내 거룩함도 아닙니다. 하나님께서 주시어 내가 부자로 살았고, 영광을 누리며 살아온 것입니다.' 여러분, 가만히 생각해보십시오. 하나에서부터 열까지가 다 하나님께서 주신 것입니다. 다 하나님께서 하신 일이고, 다 하나님의 은총입니다. 내 의의 대가가 아닙니다. 내가 진실하고, 거룩하고, 깨끗해서 하나님께서 내게 복을 주신 것이 아닙니다. 하나님께서 주시지 않았으면 나는 아무것도 가질 수 없습니다. 이렇게 그는 하나님의 은총만을 생각합니다.

　　잠언 16장 4절에는 이런 말씀이 있습니다. "여호와께서 온갖 것을 그 쓰임에 적당하게 지으셨나니 악인도 악한 날에 적당하게 하셨느니라." 귀중한 신앙고백입니다. 세상에는 선한 일이 있습니다. 그런가 하면, 악한 일이 있습니다. 선한 여건도 있고, 악조건도 있습니다. 그러나 우리는 분명히 알아야 합니다. 선악 간에 하나님께서 적

당하게 하셨느니라—여러분, 좋은 일만 있다고 성공하는 것이 아닙니다. 많은 사람이 실패와 역경을 통해서, 혹은 배반과 아픔을 통해서 성공하는 것입니다. 어떤 사람은 특별하게 고생을 많이 했습니다. 그래서 성공한 것입니다. 어떤 사람은 특별하게 병들었습니다. 그래서 오히려 하나님 앞에 큰 역사를 이루기도 합니다. 우리가 당하는 역경과 악조건들 속에도 하나님의 은총이 있음을 알아야 합니다. 그래서 욥은 생각합니다. '주신 이도 하나님이시다. 하나님께서는 내게 형통함을 주시기도 하고, 실패를 주시기도 하고, 건강을 주시기도 하고, 병을 주시기도 한다.' 그런고로 둘 다 은총으로 받아야 합니다. 건강은 축복이고, 병든 것은 저주입니까? 아닙니다. 건강도 축복이고, 병도 축복입니다. 아니, 좀 더 깊이 생각하면 병이 더 큰 축복일 수 있습니다. 성공만이 축복이 아닙니다. 실패도 축복입니다. 거듭되는 실패 속에서 하나님께서는 위대한 역사를 창조하고 계심을 잊지 말아야 합니다.

욥은 생각합니다. '주신 이도 하나님이시요, 빼앗아 가시는 자도 하나님이시라.' 하나님과의 관계에서 문제를 생각한 것입니다. 스바 사람을 원망하지 않았습니다. 블레셋 사람을 원망하지 않았습니다. 아니, 웬 태풍이 불어와서 집이 무너졌느냐고, 왜 나에게만 이런 일이 있느냐고 원망하지 않았습니다. 주신 이도 하나님이시요, 가져가신 이도 하나님이십니다. 하나님과의 관계에서 문제를 생각합니다. 여러분, 깊이 생각해보십시오. 어떤 일을 당했든지 간에, 다시 한번 무릎을 꿇고 생각해보십시오. 주신 이도 하나님이시요, 가져가신 자도 하나님이십니다. 주신 것도 축복이려니와, 가져가신 것도 축복입니다. 이걸 잊지 말아야 합니다.

특별히 욥을 묵상하면서 욥에게 있는 높은 신앙을 부러워하지 않을 수 없습니다. 그는 현재 당하는 고난 속에서 과거에 받은 은총을 생각하며 감사하고 있습니다. 그것이 위대한 것입니다. 우리는 언제나 현재에 집착하기 때문에 오늘 건강하면 축복이고, 오늘 병들면 저주라고 생각하기 쉽습니다. 하지만, 아닙니다. 분명 잊지 말아야 합니다. 오늘의 건강이 물론 축복입니다. 그러나 병들었을 때도 생각해야 합니다. 그동안에 건강했던 것을 잊어서는 안 됩니다. 그동안 위생을 잘 지켜서 건강했던 것이 아닙니다. 내 노력과 내 수고로 건강했던 것이 아닙니다. 오늘 병들었지마는, 이 병든 중에도 그동안 건강했던 그 은혜로운 날을 감사할 수 있어야 한다, 이것입니다.

이스라엘 백성들이 하나님 앞에 큰 죄를 범한 바가 바로 이것입니다. 그들이 애굽에서 엄청난 고난을 당합니다. 그 고난 속에서 하나님께서 그들을 구원하사 출애굽 하게 하시고, 홍해를 건너 지금 광야로 나왔습니다. 하나님의 구원하심이 확실하게 있습니다. 그걸 경험했습니다. 이는 부인할 수 없습니다. 그 하나님의 구원을 보고 찬송을 불렀습니다마는, 조금 가다가 물이 없다고 원망하고, 어려운 일을 당하므로 원망합니다. "애굽에서 나오지 말걸. 차라리 애굽에서 죽었으면 좋았을걸." 이따위 망령된 말을 했습니다. 오늘 어려운 일이 있고, 내 뜻대로 안 되는 일이 있어도 지난날에 받은 은혜를 잊지 말아야 합니다. 오늘까지 받은 많은 은혜는 절대 잊어서는 안 됩니다. 그 은혜는 은혜대로 감사할 수 있어야 하는 것입니다.

욥은 그 점에서 훌륭한 신앙을 가졌습니다. 비록 지금은 다 가져가셨습니다. 그러나 그동안에 주신 것을 감사하는 것입니다. 그동

2

안에 부귀영화를 누렸습니다. 그동안에 주신 모든 것이 축복이고 은총이었습니다. 지난날에 받은 은혜가 분명 있습니다. 현재적 고난 때문에 지난날에 받은 은혜를 다 부정해버리는 미련함이 있어서는 안 됩니다. 욥은 오늘 엄청난 고난을 당하고 있지만, 그 현재적 고난 속에서 지난날에 주신 것, 지난날에 받은 모든 축복에 대해서 계속 감사하고 있습니다. 지난날에는 축복이 율법이 아니었습니다. 오늘의 축복도 율법이 아닙니다.

뿐만이 아니라, 그는 과거에 주신 은혜를 통해서 내일 주실 은혜, 장차 주실 은혜를 잊지 않았습니다. 그래서 하나님께 감사하며 찬송할 수 있었습니다. 그는 고난 가운데서도 하나님의 은총은 계속되고 있다고 생각했습니다. 고난 속에도 하나님의 은총이 있다고 확실히 믿었습니다. 그래서 욥기 42장 5절은 말씀합니다. "내가 주께 대하여 귀로 듣기만 하였사오나 이제는 눈으로 주를 뵈옵나이다." 전에는 하나님의 음성을 듣기만 했습니다. 이제는 하나님을 봅니다. 전에 평안할 때는 하나님의 음성을 듣고 감사했습니다마는, 고난 중에 그는 하나님의 영광을 보았습니다. 하나님의 영광을 몸으로 체험했습니다. 이것이 욥의 신앙입니다. 그런고로 욥은 원망하지 않았습니다. 이 고난 중에서 하나님을 찬송할 수 있었습니다.

욥은 욥기 23장 10절에서 이렇게 말합니다. "그러나 내가 가는 길을 그가 아시나니 그가 나를 단련하신 후에는 내가 순금 같이 되어 나오리라" 욥은 지금 당한 고난을 연단으로 보았습니다. '좀 더 순수하게 하기 위해서, 좀 더 확실한 믿음의 사람이 되게 하기 위해서, 좀 더 건강한 믿음의 사람이 되게 하기 위하여 이런 연단이 있다. 이 연단이 있은 후에는 정금 같이 되어 나오리라.' 지금의 연단을 거친 후에 정금 같이 나올 자신의 미래를 바라보며 그는 하나님 앞에 감사했습니다. 여러분, 잊지 말아야 합니다. 건강한 때 감사합니다. 병든 때 더 감사합니다. 성공할 때 감사합니다. 아니, 실패할 때 새로운 마음, 새로운 믿음으로 감사합니다. 앞이 환하게 열릴 때 감사할 것입니다마는, 앞이 캄캄할 때야말로 하나님의 역사가 나타나는 시간입니다. 그런고로 믿음으로 하나님께 감사할 것입니다. 이것이 수난자 욥의 감사입니다. 욥의 이 엄청난 믿음의 간증이 우리 모두의 간증이 될 수 있기를 바랍니다.   △

내게 주신 은혜의 경륜

이러므로 그리스도 예수의 일로 너희 이방인을 위하여 갇힌 자 된 나 바울이 말하거니와 너희를 위하여 내게 주신 하나님의 그 은혜의 경륜을 너희가 들었을 터이라 곧 계시로 내게 비밀을 알게 하신 것은 내가 먼저 간단히 기록함과 같으니 그것을 읽으면 내가 그리스도의 비밀을 깨달은 것을 너희가 알 수 있으리라 이제 그의 거룩한 사도들과 선지자들에게 성령으로 나타내신 것 같이 다른 세대에서는 사람의 아들들에게 알리지 아니하셨으니 이는 이방인들이 복음으로 말미암아 그리스도 예수 안에서 함께 상속자가 되고 함께 지체가 되고 함께 약속에 참여하는 자가 됨이라 이 복음을 위하여 그의 능력이 역사하시는 대로 내게 주신 하나님의 은혜의 선물을 따라 내가 일꾼이 되었노라

(에베소서 3 : 1 - 7)

내게 주신 은혜의 경륜

　일본에 '마쯔시다 전기'라는 큰 회사가 있습니다. 그 창업자인 마쯔시다 고노스케의 이야기는 너무나도 유명합니다. 이 마쯔시다 고노스케 사장이 자신의 일생을 회고하면서 이런 말을 남겼습니다. "나는 하나님께서 내게 주신 세 가지 은혜 덕분에 크게 성공할 수 있었습니다." 그 세 가지 가운데 첫째는 가난입니다. 그는 집이 몹시 가난해서 구두도 닦고, 신문팔이도 하면서 아주 어렵게 살았습니다. 그 덕분에 그는 뭐든 아껴 쓰는 근검절약의 정신을 배워 몸에 익혔다는 것입니다. 둘째는 허약한 몸입니다. 그는 태어날 때부터 몸이 약해서 항상 건강에 조심해야 했기 때문에 많은 사람이 즐기는 술 담배를 할 수 없었고, 게으를 수도 없었습니다. 그리고 시간과 먹는 것을 절제하며 규칙적인 생활을 했습니다. 그래서 그는 하나님께서 허약한 몸을 주신 덕분에 연약한 가운데서도 지금까지 건강을 유지할 수 있었다고 고백합니다. 셋째는 초등학교도 나오지 못한 것입니다. 그는 '은혜로'라고 말합니다. "은혜로 초등학교도 못 나왔습니다." 이것이 그의 고백입니다. 그래서 그는 평생을 공부하는 자세로 살았다는 것입니다. 자기 앞에 있는 모든 사람을 자기 스승이라 생각했고, 항상 배우는 마음으로 살았고, 잠시도 손에서 책을 놓지 않았다는 것입니다.

　제가 예전에 소망교회에서 시무할 때 알게 된 집사님 한 분은 대학교수로 큰 회사를 경영하는 분이었습니다. 그분이 언젠가 한 번은 일본에 가서 경제학 강의를 하게 되었습니다. 그때 보니까 맨 앞에 바로 그 고노스케 사장이 떡하니 앉아서 계속 필기를 하고 있는 것입니다. 두 시간 동안 서툰 일본말로 강의하는 내내 필기를 하도 열심히 하기에 그분은 강의를 끝낸 다음 그 고노스케 사장에게 다가가서 물었습니다. "선생님은 어떻게 여기에 오셨습니까? 얼마나 열심히 강의를 들으시는지, 제가 다 민망하고 부끄러웠습니다." 그랬더니 고노스케 사장이 이렇게 말하더랍니다. "오늘 많이 배웠습니다. 특별히 많은 공부를 했습니다." 그러고 나서 둘이 악수를 하는데, 그분이 그만 눈물이 나오더라는 것입니다. '이분이 평생을 이렇게 열심히 공부하는 마음으로 살아왔구나!' 그래서 이분이 그 고노스케 사장을 더욱 존경하게 되었다는 이야기를 제가 직접 들었습니다.

한평생 공부하는 마음으로 사는 그 겸손, 그 진실이 바로 성공의 비결이었다, 이것입니다. 인생을 사는 데 가장 중요한 것이 무엇입니까? 그것은 자기 존재의 의미를 아는 것입니다. '나는 왜 존재하는가? 나는 얼마간 존재하는가? 나는 무엇을 할 수 있는가?' 이 세 가지를 잊어서는 안 됩니다. 모든 것이 주어진 시간임을 잊지 말아야 합니다. 철학자들은 이것을 'thrown life(던져진 인생)'라고 말합니다. 사람은 무한히 사는 존재가 아닙니다. 주어진 시간 속을 사는 것입니다. 이 시간은 그대로 있는 것이 아닙니다. 시간은 자꾸 지나가고 있습니다. 그러면서 변하고 있지 않습니까. 나를 변화시켜가고 있지 않습니까. 이 소중한 경륜을 잊어서는 안 됩니다. 또한, 우리는 주어진 능력도 알아야 합니다. 내 마음대로 되는 것이 아닙니다. 하나님께서 주시는 대로 그 능력의 한계가 있는 것입니다.

저는 이럴 때마다 생각나는 재미있는 에피소드가 있습니다. 제가 소망교회에서 목회할 때 하루는 어느 목사님의 전화번호를 급하게 알아야겠는데, 생각이 나지 않는 것입니다. 그래서 제가 제 비서 앞에서 이랬습니다. "아, 그 아무개 목사님 전화번호가 몇 번인지 모르겠다." 그랬더니, 옆에 앉았던 비서가 하는 말이 바로 "몇 번입니다!" 하고 말하잖아요? 그래서 제가 하도 감탄스러워서 "야, 그 목사님들 전화번호를 어떻게 다 기억하고 있어?" 하니까 이 비서가 대답하는 말 좀 들어보십시오. "한 번 들은 말을 왜 잊어버려요?" 그래 제가 하도 기가 막혀서 한마디 했지요. "얘, 너 말조심 해라. 지금 그렇게 머리가 좋고 기억력이 좋아도 결혼해서 아이 둘만 낳아봐라. 나보다 더 못할 거다."

젊었을 때 건강, 그런 기억력, 얼마나 중요합니까. 이건 그때만 있는 것입니다. 이거 늘 있는 게 아니거든요. 언젠가도 말씀드렸습니다마는, 제가 군에 있을 때 빈 시간을 이용해서 콘사이스 영어사전을 외웠거든요. 그때는 기억력이 얼마나 좋았던지, 딱 한 번만 보면 잘 안 잊어버렸거든요. 그때 단어를 기억해놓으니까 저는 오랜 시간 유학을 했는데도 사전을 거의 뒤져본 일이 없습니다. 다른 것은 몰라도 영어 단어에 대해서는 다 기억하고 있습니다. 다 그때니까 되었던 것이지, 지금은 안 되는 것 아닙니까. 한계가 있는 것이지요. 아무 때나 노력한다고 되는 것이 아닙니다. 여러분, 지금 해보십시오. 하나를 기억하면 둘을 잊어버립니다. 그러니 되나요? 그저 오락가락하는데, 다 할 수 있는 때가 있는 것입니다. 그러니까 항상 내게 주어진 한계, 그걸 잊지 말아야 합니다. 그런가 하면, 또 더 높은 차원에서 생각할 때 하나님께서 내게 주신 하나님의 경륜 속에 있는 한계가 있습니다. 내 일생이라고 하는 시간을 놓고 내게 주어진 경륜 속에 한계가 있는 것입니다. 이걸 잊어서는 안 됩니다.

특별히 바울 같은 분은 참 위대한 사도입니다. 자기 자신을 돌아보며 생각합니다. 갈라디아 1장은 말씀합니다. "어머니의 태로부터 택정함을 받아 이방인의 사도가 되었노라." 참 중요한 말씀입니다. 어머니의 태로부터 택정함을 받아, 곧 운명지어졌다는 것이지요. 무슨 숙명론적인 이야기가 아닙니다. 길리기아 다소에서 태어났다는 사실 자체가 의미를 가지는 것입니다. 그는 이방 땅에서 태어났기 때문에 두 가지 언어를 다 하는 사람입니다. 좀 더 구체적으로 말하면, 그는 헬라철학과 히브리종교, 이 두 가지에 모두 능통한 사람입니다. 그렇게 태어났습니다. 그렇기 때문에 이방인의 사도가 된 것입니다. 갈릴리 어부였던 베드로는 도저히 이방인의 사도가 될 수 없습니다. 하지만 사도 바울은 길리기아 다소 태생입니다. 그는 가말리엘 문하에서 공부했고, 교회를 핍박했던 경험도 있습니다. 이 모든 것이 합해져서 하나님의 경륜 속에 내가 있는 것입니다. 그 속에 나를 향한 하나님의 소중한 경륜이 있었다는 것입니다. 사도 바울은 이걸 깨달아 가면서 한평생을 삽니다. 잊지 말아야 합니다.

여러분, 우리는 어떻습니까? 오늘까지 살아온 생애 속에 세밀하게 하나하나 살펴보면 다 하나님의 경륜 속에 있는 것입니다. 때로는 질병으로 건강을 잃었습니다. 때로는 성공도 했고, 때로는 실패도 했습니다. 이 모든 사건 속에 하나님의 음성이 있고, 하나님의 경륜이 있고, 그 속에 하나님의 지혜가 있다는 말입니다. 이걸 깨달아 간다는 것이 얼마나 중요합니까. 세월이 가면 갈수록 점점 더 절절하게 느낍니다. 오늘 사도 바울은 말합니다. '하나님의 은혜, 그 경륜 속에 내가 있다.' 그뿐입니까. 또 그는 이것을 '은혜의 선물'이라고 말합니다. 오늘 내가 여기까지 살아온 것이 내 노력입니까? 내 노력의 대가입니까? 아니면, 잘못된 생애에 대한 저주입니까? 그저 어떻게 해서 오늘의 내가 있는 것입니까? 사도 바울은 생각합니다. '은혜의 선물'이라고 고백합니다. 나를 향한 모든 하나님의 경륜 그 자체가 은혜의 선물이라고 말합니다. 모든 것을 은혜로 받아들이고 있습니다. 하나님의 경륜을 은혜의 선물로 소화했다는 것입니다. 이만큼의 건강도 선물이고, 이 만큼의 지혜도 선물이고, 재산도 선물이고, 내가 오늘까지 살아온 하루하루의 모든 삶이 하나님 은혜의 선물이다, 이것입니다. 사도 바울은 이렇게 생각하는 것입니다.

우리가 사도 바울을 생각해보면 그는 다메섹 도상에서 부르심을 받았습니다. 교회를 핍박하다가 예수를 만납니다. 예수님께서 사도 바울을 부르십니다. "어찌하여 나를 핍박하느냐?" 사울이 말합니다. "주여 뉘십니까?" 주께서 대답하십니다. "네가 핍박하는 예수다." 이 사건으로 그는 사도가 됩니다. 그리고 지난날을 생각합니다. 또 오늘을 생각합니다. 앞으로 닥쳐올 미래도 생각합니다. 특별히 사도 바울이 자기 자신을 이해할 때 그는 길리기아 다소에서 태어났습니다. 가말리엘 문하에서 공부했습니다. 교회를 핍박하기도 했습니다. 그리고 회심한 뒤에 수많은 고난 속에서 복음을 전했습니다. 억울하게 감옥에 갇히기도 했고, 매도 맞았습니다. 우리가 사도행전에서 바울이 고난당하는 것을 많이 봅니다마는, 특별히 빌립보에 가서 감옥에 갇히게 된 것은 정말 억울한 일입니다. 지나가다가 귀신 들린 아이가 불쌍해서 귀신을 내쫓아주었습니다. 그런데 이 사건 때문에 그는 감옥에 갇힙니다. 따질 것 없습니다. 억울하고, 분하고, 말도 안 되는 일입니다. 그러나 감옥은 감옥입니다. 매를 맞고 고생을 합니다. 어떤 마음으로 찬송을 부르는지 모릅니다마는, 감옥에서 그는 찬송을 부릅니다. 그럴 때 옥문이 열리는 기적이 일어납니다. 바울은 그 억울하고 말도 안 되는 그런 부조리한 고난 속에서 하나님의 은혜를 생각하게 됩니다. 이것이 내게 주신 은혜다. 하나님을 찬송했더니 옥문이 열립니다. 이것이 바울의 생애입니다. 모든 것이 하나님의 경륜 속에 있는 은혜의 선물임을 간증하고 있습니다.

오늘 그는 이방인의 사도가 된 것을 자랑하고 있습니다. 그래서 오늘본문에 있는 말씀 가운데 가장 핵심이 되는 것이 3절 말씀입니다. 바울은 하나님께서 계시로 알게 하셨다고 말합니다. '내가 당한 모든 고난의 사건들 속에 하나님의 계시가 있었다.' 사도 바울의 생애 전체가 계시적 사건입니다. 그래서 사도 바울은 늘 말합니다. '하나님의 크신 경륜 가운데 내게 주어진 모든 사건 속에는 하나님의 계시가 있었다.' 신비롭고 귀한 말씀입니다. 하나님의 비밀스러운 경륜, 그것을 내가 하나하나 열어가면서 그 은혜를 간증하고 있습니다. 그러므로 이 간증 속에 너희들도 하나님의 음성을 듣게 되기를 바란다, 하는 말씀입니다. '내가 말하는 것, 내가 복음 전하는 것, 이것을 인간의 말로 받지 말라. 사람의 충고로 받지도 말라. 하나님의 계시다. 하나님의 계시 속에 내가 있고, 그 경륜의 은혜 속에서 오늘 내가 너희들에게 말하고 있는 것이다.' 이런 신비로운 말씀을 사도 바울은 오늘본문에서 말하고 있습니다.

은혜는 지식이 아닙니다. 은혜는 감상이 아닙니다. 은혜는 사건입니다. 이걸 잊지 말아야 합니다. 구체적인 사건과 현실 속에 은혜가 있습니다. 문제는 그 은혜를 어떻게 깨닫느냐, 하는 것입니다. 분명히 은혜인데, 그것을 깨닫지 못할 때는 은혜가 은혜 될 수 없는 것입니다. 사도 바울은 지금 자신의 처지를 통해서 이렇게 말하고 있습니다. "나는 지금 감옥에서 너희들에게 이 편지를 쓰고 있다. 내가 지금 감옥에 있는 이 사건은 뭐가 잘못되어서 억울한 고생을 하는 것이 아니다. 모든 것이 하나님의 경륜 속에 있다. 그리고 나는 여기서 하나님의 음성을 듣고 있다. 내가 이 감옥을 나가야만 축복이고, 나가야만 기도 응답이라고 생각해서는 안 된다. 내가 감옥에 있는 것이나, 아니, 여기서 죽을 수 있을지라도 이 모든 사건 속에 신비로운 하나님의 경륜이 있다는 것을 알기 바란다." 이것이 사도 바울의 심정이라고 생각합니다.

오늘 그의 현실을 생각해봅시다. 사도 바울이 감옥에 있습니다. 얼마나 많은 교인이 기도했겠습니까. 감옥에서 나오게 해달라고 기도하고, 감옥에서 건강하게 해달라고 기도하고, 아니, 감옥에 있으면 복음을 전할 수가 없는데, 그러면 하나님의 역사가 위축되는 것 아니겠습니까. 별의별 생각을 다 할 수 있습니다. 그러나 사도 바울은 말합니다. '내가 감옥에 있어 신비로운 역사가 이루어지고, 하나님의 경륜의 신비로운 비밀이 나타나고 있는 것이다. 이것을 나는 깨닫고 있는데, 너희도 깨닫기를 원하노라.' 그렇습니다. 바로 사건 속에 구체적인 하나님의 계시가 있었다는 말씀입니다.

성도 여러분, 하나님께서 내게 주신 은혜가 무엇입니까? 여러분은 무엇을 은혜라고 생각하십니까? 형통, 건강, 일이 잘되고 성공하는 것, 그것이 은혜겠습니까? 아니면, 내가 병드는 것, 실패하는 것, 고독해진 것, 어려운 것이 은혜이겠습니까? 그러나 우리의 이 모든 사건 속에서 하나님께서는 오늘도 우리에게 말씀하고 계십니다. 그러므로 하나님의 큰 경륜 속에 내가 있음을 알아야 합니다. 그 사건 속에서 주의 음성을 들어야 합니다. 주님의 경륜을 확인해야 합니다. 사도 바울처럼 이 경륜이 바로 은혜의 선물임을 알아야 합니다.

우리가 즐겨 부르는 '예수를 나의 구주 삼고', '인애하신 구세주여'와 같은 찬송들은 다 크로스비 여사가 지은 것입니다. 우리 찬송가 속에 27곡이나 들어 있습니다. 이분은 한평생 찬송가를 4,000곡이나 지었습니다. 그 가운데 400곡이 온 세계에서 불리고 있습니다. 우리 찬송가에도 27개나 들어 있고요. 한데, 크로스비 여사는 언제부턴가 시력을 잃게 됩니다. 의사한테서 앞으로 더는 앞을 볼 수 없다는 말을 듣고 그는 이렇게 고백합니다. "하나님, 이 복잡한 세상을 보지 않고 하늘나라만 보며 살게 해주신 것, 감사합니다." 그리고 시상(詩想)이 열리기 시작하면서 계속 찬송가를 지었습니다. 얼마나 은혜로운 찬송들이 많은지 모릅니다. 오늘도 온 세계의 많은 사람 마음속에 깊은 감동을 주고 있습니다.

여러분, 잊지 말아야 합니다. 내게 주신 경륜, 그 속에 하나님의 약속도 있고, 축복도 있습니다. 하나님의 경륜을 은혜의 선물로 받아들일 수 있을 때 거기에 놀라운 하나님의 역사가 나타난다는 것을 잊지 말아야 하겠습니다. △

그 옷 자락을 만진 여인

열두 해를 혈루증으로 앓아 온 한 여자가 있어 많은 의사에게 많은 피로움을 받았고 가진 것도 다 허비하였으되 아무 효험이 없고 도리어 더 중하여졌던 차에 예수의 소문을 듣고 무리 가운데 끼어 뒤로 와서 그의 옷에 손을 대니 이는 내가 그의 옷에만 손을 대어도 구원을 받으리라 생각함일러라 이에 그의 혈루 근원이 곧 마르매 병이 나은 줄을 몸에 깨달으니라 예수께서 그 능력이 자기에게서 나간 줄을 곧 스스로 아시고 무리 가운데서 돌이켜 말씀하시되 누가 내 옷에 손을 대었느냐 하시니 제자들이 여짜오되 무리가 에워싸 미는 것을 보시며 누가 내게 손을 대었느냐 물으시나이까 하되 예수께서 이 일 행한 여자를 보려고 둘러보시니 여자가 자기에게 이루어진 일을 알고 두려워하여 떨며 와서 그 앞에 엎드려 모든 사실을 여쭈니 예수께서 이르시되 딸아 네 믿음이 너를 구원하였으니 평안히 가라 네 병에서 놓여 건강할지어다

(마가복음 5 : 25 - 34)

그 옷 자락을 만진 여인

레우엘 하우의 「Man's Need and God's Action(사람의 필요, 하나님의 행위)」이라는 유명한 책이 있습니다. 이 책에는 현대인을 향해서 지적해주는 다음과 같은 중요한 명제가 있습니다. '인간실존의 모습은 바로 고독이다. 고독한 존재다.' 세상에는 경제, 정치, 문화와 같은 복잡한 문제들이 많습니다마는, 우리 심령의 가장 큰 병은 역시 고독입니다. 이 고독 때문에 절망하고, 고독 때문에 자살하고, 이 고독의 여파로 많은 사건이 생기고 있습니다. 그럼 이 고독의 이유가 뭐냐, 하는 것입니다. 문제는 고독인데, 이 고독의 이유가 무엇이냐, 이것입니다. 첫째는 자기 자신을 사랑하지 않는다는 것입니다. 그래서 이렇게 생각합니다. '나는 사랑받을 존재가 아니다. 사랑받을 만한 가치가 없다.' 자기 자신을 자기가 사랑하지 않는 것입니다. 둘째는 이웃을 사랑하지 않는다는 것입니다. 이웃에게 내가 필요하다는 사실을 모르고 있다는 것입니다. 그러나 아닙니다. 어찌 생각하면 나는 필요하지 않은 존재 같지만, 아닙니다. 나는 다른 사람에게 꼭 필요한 존재입니다.

여러분, 병원을 더러 방문해보셨지요? 병원에 문병을 가보면, 참 특별한 일이 있습니다. 건강한 사람은 병든 사람을 위로하지 못한다는 사실입니다. 여러분이 병으로 입원해서 병상에 누워 있을 때 건강한 사람들이 문병을 와서 이렇게 말해주지 않습니까. "참으세요, 기도하세요. 어느 병원에 가서 어떤 약을 먹으면 낫습니다." 반갑습니까? 아닙니다. 전혀 반갑지 않습니다. 병든 사람은 건강한 사람을 통해서 결코 위로받지 못합니다. 그럼 누가 병든 사람을 위로할 수 있을까요? 바로 그 병든 사람보다 더 많이 아픈 사람입니다. 나보다 더 중한 환자를 보면 내 마음에 위로가 됩니다. 나는 다리 하나가 아픈데, 저 사람은 다리 둘이 아픕니다. 그럼 나는 그 사람을 보고 위로를 받습니다. 그러니까 나보다 더 어려운 고난 가운데 있는 사람을 보는 순간 그게 나한테 큰 위로가 됩니다. 이걸 잊지 말아야 합니다. 위로할 수 있는 사람이 누구입니까? 돈 많고, 명예가 있고, 지위가 있는 사람이 아닙니다. 나보다 더 큰 고난을 당하는 사람입니다.

돌이켜 생각해보십시오. 내가 남다른 고난을 당하고 있습니다. 그렇다면 나는 남을 위로할 자격이 있는 사람입니다. 이걸 알아야 합니다. 또, 남을 위로해야 할 절절한 사명이 그런 나한테 있는 것입니다. 그런고로 많이 알고, 건강하고, 활동적으로 무언가를 해야만 봉사가 아닙니다. 그렇게 알면 안 됩니다. 진정한 고독을 벗어날 수 있는 위로를 줄 수 있는 사람은 남보다 더 큰 고난을 당하고 있는 사람입니다. 그런고로 할 일이 있는 것입니다. 그런데도 나는 할 일이 없다고 한다면 그 순간 벌써 내 존재 가치는 공중분해 되고 만다, 이것입니다. 문제입니다. 그런고로 가장 무서운 고독은 나 스스로를 나 자신이 버리는 것입니다. 다음은 내가 모든 사람에게 필요한 존재라는 사실을 잊어버리는 것입니다. 할 일이 많습니다. 그래야 고독으로부터 자유 할 수 있습니다.

요즈음 '회복탄력성(resilience)'이라는 말이 유행입니다. 회복탄력성, 무엇입니까? 고독해지고, 내가 나 자신을 버리려고 할 때 그 고독을 극복하도록 돕는 것이 회복탄력성입니다. 그러기 위해서는 감정통제력이 있어야 하고, 또 충동통제력도 있어야 합니다. 낙관성과 원인분석력과 공감능력, 그리고 자기효능감과 적극적 도전성도 있어야 합니다. 문제는 고독에 대항해서 이길 수 있는 능력을 스스로 지니고 있어야 한다는 것입니다.

이런 맥락에서 오늘본문에 나오는 한 여인의 사건을 보십시오. 군중 속에 버려진 한 여인이 있습니다. 모두가 나를 버린 것이 아니라, 자기도 자신을 버렸습니다. 나도 나를 버렸다, 이것입니다. 상상해보십시오. 한 여자가 여기 있습니다. 무려 12년 동안이나 혈루증으로 고생해왔습니다. 만일 스무 살에 이 병에 걸렸다면 지금 서른두 살입니다. 꽃다운 나이를 온전히 병중에 살아온 것입니다. 하혈을 하는 병든 몸으로 젊은 시절을 다 보낸 것입니다. 겉으로 보기보다는 속이 더 심각합니다. 피가 멈추지 않습니다. 냄새가 납니다. 몸이 허약해질대로 허약해졌습니다. 견딜 수 없는 그런 고통 속에서 이렇게 12년을 살아온 것입니다.

그런데 어느 날, 이 여인이 예수에 대한 소문을 듣습니다. 소문은 참 중요한 것입니다. 바로 그 소문을 통해서 이 여인은 복음을 듣게 되었습니다. 하나님의 경륜이요 섭리입니다. 중요한 것은 소문을 믿는 것입니다. 어떤 사람들은 문둥병을 고쳤다고 하고, 어떤 사람은 눈을 떴다고 하고, 어떤 사람은 5천 명을 먹였다고 합니다. 이런 이야기들이 다 들려와도 나는 다릅니다. 나는 그들과 다른 병입니다. 혈루증입니다. 그래서 나는 그들과 다르고, 그 모든 것이 나와는 관계가 없다고 하는 순간 이 사람은 은총에서 벗어나는 것입니다. 그러나 소경이 눈을 떴고, 문둥병자가 깨끗해졌다고 하는 순간 숨겨진 내 병도, 12년이나 된 내 병도 예수께 가면 고칠 수 있으리라 생각하면 예수는 나의 구세주요 주님이 되는 것입니다. 이 사람에게 바로 이 믿음이 주어진 것입니다.

이 사람은 본래의 자기 자신을 다 잃어버렸습니다. 인생을 다 잃어버렸습니다. 이웃도 잃어버렸고, 가정도 잃어버렸습니다. 도대체 어느 정도나 가정으로부터 배척받았는지도 모릅니다. 그리고 아무 도움도 받을 수 없었습니다. 오늘본문은 의사들도 그를 괴롭히고 도와주지 못했다고 말씀합니다. 가장 마음 아픈 일이 무엇이냐 하면, 이것이 부끄러운 병이라는 점입니다. 겉으로 나타낼 수 없는 병입니다. 여러분, 한번 상상해보십시오. 모든 환자가 예수님께 나옵니다. 심지어는 문둥병 환자까지도 손을 들고 말합니다. "제 몸을 깨끗하게 해주십시오!" 장님도 와서 말합니다. "제 눈을 뜨게 해주십시오!" 모두가 이렇게 말할 수 있지만, 이 여자는 예수님께 나올 수 없을 뿐만 아니라, 나왔어도 뭐라고 크게 소리칠 수 없습니다. 도대체 뭐라고 해야 합니까? 여인은 세상에 부끄러운 병을 안고 있기에 감히 예수님 앞에 나와서 "내 몸의 병을 고쳐주세요!" 할 수가 없습니다. 그때 예수님께서 "무슨 병이냐?" 하고 물으시거나 "어디가 아프냐?" 하고 물으신다면 도대체 뭐라고 대답해야 하겠습니까. 이처럼 이 여인은 말 못 할 병을 앓고 있었던 것입니다.

제가 오랜 세월 목회를 하면서 어려움 당하신 분들의 사건을 많이 상담해보았습니다. 그 가운데에서도 일생토록 잊을 수 없는 특별한 사건을 경험한 적이 있습니다. 어느 교회의 장로님 부인이 저한테 와서 몇 시간 동안 통곡을 하다가 간 적이 있습니다. 이유는 간단합니다. 남편이 장로님인데, 오래전에 공무원 생활을 하면서 출장을 많이 다니던 시절에 어쩌다 그만 실수를 해서 아이가 하나 생긴 것입니다. 그 아이가 지금 초등학교 1학년입니다. 장로님은 이 아이를 부양하느라고 몰래 그쪽에 생활비를 주어왔습니다. 이 사실을 부인이 이제야 알게 된 것입니다. 장로님은 교회에서 성가대 지휘도 하고 있는 분으로, 온 교인들에게 높이 존경을 받고 있는 처지입니다. 슬하에 아이가 셋 있는데, 이 아이들도 "우리 아버지가 최고다!" 하면서 신앙적으로나 인격적으로 장로님을 존경하고 있습니다. 온 교인들도 그분을 존경합니다. 이런 형편이니, 그 기막힌 사정을 어떡하면 좋겠습니까? 이 장로님의 부인이 제게 와서 한 말입니다. "저는 마음대로 울지도 못합니다. 저는 마음대로 회개할 수도 없습니다. 제가 회개하는 순간 모든 것이 무너지니까 저는 마음대로 회개하지도 못하고, 마음대로 울지도 못합니다." 그렇게 제 앞에서 긴 시간 통곡을 하다 돌아갔습니다. 마음대로 회개할 수 있다는 것, 대단한 용기입니다. 뿐만이 아니라, 그것은 축복입니다. 하지만 내가 진실을 말하고, 내가 회개하는 순간 많은 사람에게 큰 피해가 돌아갑니다. 많은 사람이 무너집니다. 이럴 때는 회개도 마음대로 못하는 것입니다. 그 장로님의 부인이 제게 와서 그 숨겨진 죄 때문에 깊이 통곡하고 있는 것입니다.

오늘 이 여인의 병은 숨겨진 병입니다. 부끄러운 병입니다. 어떻게 해서 병들었는지는 모릅니다마는, 부끄러운 병입니다. 그뿐 아니라, 그는 종교적인 고독을 품고 있습니다. 소외감이 있는 것입니다. 구약의 율법을 보십시오. 특히 레위기 15장에는 이런 환자는 교회 공동체에 나오지 말라는 말씀까지 있습니다. 이런 부끄러운 병을 앓는 환자는 예배당에 나올 수 없습니다. 왜요? 냄새가 나니까요. 그래서 이런 부정한 여자에게는 공동체 출입이 금기로 되어 있습니

다. 다시 말하면, 요샛말로 교회도 나갈 수 없는 사람입니다. 교인들
도 만나서는 안 됩니다. 다른 사람이 나를 만나주지 않는다고 괴로
운 것이 아닙니다. 내가 남을 만나서는 안 되는 사람입니다. 그런 부
끄러움을 안고 있습니다. 절절한 사람입니다. 가끔 이런 사람을 봅
니다. 어쩌다 저지른 한번의 실수로 말미암아 에이즈에 걸린 사람
말입니다. 그렇게 한평생을 정신적으로 괴로워하는 청년들을 만나
봅니다. 이 여인도 다르지 않습니다. 숨겨진 죄, 다시 회복하기 어려
운 고통을 겪으며 사는 그런 어두운 인생을 오늘 만나게 됩니다. 철
저하게 버림받은 사람입니다.

　그러나 중요한 것은 이분의 마음속에 소중한 보배가 있다는 사
실입니다. '예수를 만나야 한다. 나는 예수를 만나야 한다. 뿐만 아
니라, 예수님께서는 나를 만나주실 것이다. 온 세상 사람들이 다 나
를 버려도 예수님께서는 나를 만나 주실 것이고, 예수님께서는 나의
중심을 알아주실 것이다.' 이렇게 생각하는 것입니다. 그래서 예수
님께 가까이 옵니다. 많은 군중 속을 비집고 이 여인이 들어왔습니
다. 아무도 모릅니다. 그야말로 이 여자의 비밀은 자신만이 아는 것
입니다. 하지만 막상 예수님 앞에 왔는데도 뭐라고 해야 될지 알 수
가 없습니다. 자신의 병에 대해서 감히 말을 할 수가 없는 것입니다.
"저의 병을 고쳐주세요!" 할 때 주님께서 "무슨 병이냐?" 하고 물으
시면 도대체 뭐라고 대답해야 합니까? 이 여인은 고쳐달라는 이 한
마디를 할 수가 없었습니다. 그래서 가까이 다가가서 가만히 예수님
의 옷자락만 만집니다. 옷자락만 만져도 병 고치는 능력의 역사가
있을 것이라고 믿고 조용히 옷자락을 만진 것입니다. 하지만 그 순
간 예수님께서 단박에 알아차리시고 누가 만졌느냐고 물으십니다.

제자들이 옆에서 말합니다. "이렇게 많은 사람이 옹위해 있는데, 어쩌다 옷자락 좀 스쳤다고 그런 말씀을 하십니까?" 하지만 예수님께서는 말씀하십니다. "아니다. 분명히 만진 자가 있다."

가다 오다 옷자락이 스쳤다는 이야기가 아닙니다. 믿음으로 만진 사람이 있다, 이것입니다. 우리로 하면 어쩌다가 교회 나왔다는 이야기가 아닙니다. 절절한 믿음으로 나온 사람입니다. 어쩌다가 설교 들었다는 이야기가 아닙니다. 정말 목숨을 걸고, 딱 한 번의 절체절명의 기회인 줄 알고 예수님을 만나러 온 것입니다. 오늘 이 여인이 바로 그렇습니다. 이 여인을 예수님께서 찾으셨습니다. 오늘본문을 읽으면 감동적입니다. 예수님께서 "어디 있느냐?" 하시며 이 여인을 찾고 만나주십니다. 그리고 위로해주십니다.

이 여자의 믿음은 숨은 믿음입니다. 이 여자의 믿음은 비밀스러운 믿음입니다. 동시에 행동적인 믿음입니다. 멀리서 바라보고 울면서 기도한 것이 아닙니다. 꼭 예수님을 만나야겠고, 만나기 위해서는 옷자락이라도 붙들어야겠다, 이것입니다. 그 귀한 믿음을 예수님께서 아시고 찾으셨습니다. 만나주셨습니다. 그리고 말씀하셨습니다. "딸아, 네 믿음이 너를 구원하였으니 평안히 가라." 얼마나 귀한 은총입니까. "딸아, 부끄러워할 것 없다. 네 믿음이 너를 구원했으니, 너는 평안히 가라." 이 여인은 버려진 존재요, 부끄러운 존재요, 숨겨진 존재였지만, 그는 가장 깊은 곳에서, 가장 비밀스러운 곳에서 주님을 만납니다. 주께서 이 여인을 만나주셨습니다. 말씀하셨습니다. 치유해주셨습니다.

전설에 따르면 이분은 집에 돌아가서 자기 집 앞에 기념비를 세우고 '언제 어디서 예수님께서 내 병을 고쳐주셨다'라고 새겨놓고는

가는 사람, 오는 사람에게 평생토록 예수 그리스도를 증거했다고 합니다. 아마 이랬을는지도 모릅니다. "저는 12년 동안 혈루증으로 고생했습니다. 바로 이 고생 때문에 제가 예수님을 만났습니다. 많은 사람이 예수님을 좇았지만, 예수님께서 만나주신 사람은 바로 저입니다. 12년의 부끄러운 고생은 잊어버린 과거가 아닙니다. 이 과거는 은총의 계기였습니다. 이 슬픈 이야기가 저를 그리스도인으로 인도했습니다. 그리고 그리스도는 저를 만나주셨습니다." 이렇게 한평생 그리스도를 증거했다는 이야기가 있습니다. 아마도 그랬을 것입니다.

여러분, 지난날 어떤 고난이 있었습니까? 그 때문에 내가 오늘 여기에 있는 것입니다. 지난날 중한 병이 있었습니까? 그것 때문에 내가 여기 앉아 있는 것 아닙니까. 지난날의 고난도 다 이렇게 은총의 계기로 소화하게 되는 것입니다. 실패했기 때문에 믿음을 얻었고, 병들었기 때문에 오늘 내가 거룩해지고, 또 모든 것을 버리고 주를 따르게 되었습니다. 우리가 예수님의 제자가 되려면 자기를 부인하고, 자기 십자가를 지고 예수님을 좇아야 합니다. 하지만, 우리가 그렇게 주님을 따라갈 수 있도록 하나님께서는 내게 어떤 은총적 계기를 만들어주십니다. 주님만을 믿고 따를 수 있도록 믿음을 주십니다. 그리스도를 믿게 하십니다. 십자가 복음을 믿게 하십니다. 그래서 모든 사건을 통하여 나를 그리스도께로 인도하시고, 그리스도를 만나게 하시고, 예수님의 이름으로 구원받으며 하나님의 자녀가 되게 하십니다.

오늘 주님께서 말씀하십니다. "딸아 네 믿음이 너를 구원했으니 평안히 가라." 이제는 부끄러움이 없습니다. 이제는 지난날의 고난이 자랑스럽습니다. 지난날의 많은 슬픈 이야기가 이제는 자랑거리가 되고 있는 것입니다. "딸아 네 믿음이 너를 구원했으니 평안히 가라."   △

가까이 있는 말씀

내가 오늘 네게 명령한 이 명령은 네게 어려운 것도 아니요 먼 것도 아니라 하늘에 있는 것이 아니니 네가 이르기를 누가 우리를 위하여 하늘에 올라가 그의 명령을 우리에게로 가지고 와서 우리에게 들려 행하게 하랴 할 것이 아니요 이것이 바다 밖에 있는 것이 아니니 네가 이르기를 누가 우리를 위하여 바다를 건너가서 그의 명령을 우리에게로 가지고 와서 우리에게 들려 행하게 하랴 할 것도 아니라 오직 그 말씀이 네게 매우 가까워서 네 입에 있으며 네 마음에 있은즉 네가 이를 행할 수 있느니라 보라 내가 오늘 생명과 복과 사망과 화를 네 앞에 두었나니 곧 내가 오늘 네게 명령하여 네 하나님 여호와를 사랑하고 그 모든 길로 행하며 그의 명령과 규례와 법도를 지키라 하는 것이라 그리하면 네가 생존하며 번성할 것이요 또 네 하나님 여호와께서 네가 가서 차지할 땅에서 네게 복을 주실 것임이니라 그러나 네가 만일 마음을 돌이켜 듣지 아니하고 유혹을 받아 다른 신들에게 절하고 그를 섬기면 내가 오늘 너희에게 선언하노니 너희가 반드시 망할 것이라 너희가 요단을 건너가서 차지할 땅에서 너희의 날이 길지 못할 것이니라 내가 오늘 하늘과 땅을 불러 너희에게 증거를 삼노라 내가 생명과 사망과 복과 저주를 네 앞에 두었은즉 너와 네 자손이 살기 위하여 생명을 택하고 네 하나님 여호와를 사랑하고 그의 말씀을 청종하며 또 그를 의지하라 그는 네 생명이시요 네 장수이시니 여호와께서 네 조상 아브라함과 이삭과 야곱에게 주리라고 맹세하신 땅에 네가 거주하리라

(신명기 30 : 11 - 20)

가까이 있는 말씀

　예루살렘에 있는 어느 작은 유치원에서 어린아이들이 모여서 중요한 문제를 놓고 토론을 하고 있었습니다. 주제는 '하나님이 계시냐, 안 계시냐?'입니다. 유치원 아이들이 '하나님이 계시냐, 안 계시냐? 만나보았냐, 못 만났냐? 하나님의 음성을 들었냐, 못 들었냐?' 하는 주제를 가지고 토론을 하고 있었습니다. 그 가운데 한 아이가 대답합니다. "하나님은 분명히 계셔. 그리고 오늘도 우리와 함께 계셔. 그건 틀림없어." 그러자 다른 아이들이 묻습니다. "네가 만나보았니?" 이 질문에 아이가 하는 말입니다. "우리 어머니가 말했으니까. 그건 확실한 거야. 난 우리 어머니의 말을 믿어." 참 중요한 말씀입니다. 나는 우리 어머니의 말을 믿어―그런고로 하나님은 계시다, 이것입니다.

　오늘 우리의 믿음이 어디에 있습니까? 내가 직접 만나야 합니까? 만난다고 믿을 수 있나요? 들었다고 믿을 수 있나요? 아닙니다. 문제는 믿음입니다. 믿음으로 들을 때 들려지는 것이고, 믿음을 잃어버릴 때는 들어도 소용없고, 보아도 소용없습니다. 아니, 징계를 받아 죽어가면서도 하나님의 존재를 바로 믿을 수 없다는 것입니다. 다시 말하면, 선택받은 자의 특징은 믿음입니다. 버림받은 자의 가장 중요한 증거는 의심입니다. 바로 사탄이 우리를 유혹하는 핵심이 의심입니다. 에덴동산에서부터 의심이었습니다. 이걸 잊지 말아야 합니다. 그런고로 인격과 인격의 만남도 가장 중요한 요소는 믿음에 있습니다. 믿어질 때 사랑을 사랑으로 받을 수 있는 것이고, 믿어지지 않으면 어떠한 사랑도 통하지를 않습니다. 사랑의 소통이 이루어지지 않는 것입니다. 믿어지지 않으니까요. 믿음은 참으로 중요합니다.

오늘본문에는 아주 귀한 말씀 한 절이 있습니다. "내가 오늘 네게 명령한 이 명령은 네게 어려운 것도 아니요……(11절)" 나의 명령은 어려운 것이 아니다―하나님께서 하시는 말씀입니다. 중요한 것은 백성들이 하나님의 말씀을 어렵게 받아들이는 것입니다. 무겁게 받아들이고, 그 말씀을 지킬 수 없다고 생각합니다. 말씀을 지키는 것은 힘든 일이라고 하는 것입니다. 그러나 하나님께서 친히 말씀하십니다. "나의 명령은 어려운 것이 아니니라." 여러분, 어디에 문제가 있습니까? 문제는 믿음입니다. 율법 자체는 무거운 짐이 아닙니다.

사도 바울의 신학에 한 유명한 명제가 있습니다. 바로 '자유케 하는 법'입니다. 속박하는 법이 아니라, 자유케 하는 법―그것은 바로 믿음과 사랑 속에서 이루어집니다. 믿고 행하면 가벼워지지만, 의심하기 시작하면 점점 무거워지는 것이 율법이요, 생명의 말씀입니다. 예수님께서 마태복음 11장 28절 이하에서 말씀하십니다. 우리가 너무나 잘 아는 말씀입니다. "수고하고 무거운 짐 진 자들아 다 내게로 오라 내가 너희를 쉬게 하리라 나는 온유하고 겸손하니 나의 멍에를 메고 내게 배우라 그리하면 너희 마음이 쉼을 얻으리니 이는 내 멍에는 쉽고 내 짐은 가벼움이라 하시리라." 예수님께서 말씀하십니다. "내 멍에는 쉽다. 나와 같이 멍에를 메자. 그리고 내게 배우라. 그러면 모든 것이 쉬워지리라. 자유해지리라. 가벼워지리라." 요샛말로 하면 "행복해지리라" 말씀하시는 것입니다. "내가 너희에게 명하는 말씀은 다 가볍고, 너희를 자유케 하는 것이다." 이런 말씀을 하시는 것입니다.

여러분, 너무나 잘 아는 에덴동산의 이야기를 생각해보십시오. 하나님께서 아담과 하와에게 선악과를 먹지 말라고 말씀하십니다. 딱 하나의 계명입니다. 지금은 복잡하고 많습니다마는, 그때는 그거 딱 하나입니다. "이 열매만은 먹지 마라!"입니다. 이것 하나만 지키면 되는 것입니다. 이것 하나만 지키면 에덴동산에서 낙을 누릴 수 있는데, 이 한마디 계명을 지키지 않은 것입니다. 여기서부터 문제가 되는 것입니다. 그래, 지키지 않는 것이 어려운 일입니까? 얼마나 쉽습니까. 먹지 말라시면 안 먹으면 되잖아요? 그런데 그게 힘듭니까? 다시 말하면, 말씀을 주신 분을 사랑하고, 말씀을 주신 분을 믿어야지요. 먹지 말라—나를 위해서 주신 말씀입니다. 나의 행복을 위해서 주신 말씀인 줄로 받아들였더라면 얼마나 좋았겠습니까. 그러나 사람들은 먹지 말라 하시는 것을 꼭 먹어야겠다고 생각하거든요. 거기에 문제가 있지 않습니까. 계명은 어려운 것이 아닙니다.

저는 개인적으로 특별한 경험이 있습니다. 제가 어렸을 때 언젠가 주일에 교회 갔다가 돌아와서 친구들과 같이 집에서 놀면서 장기를 배우게 되었습니다. 처음부터 하나씩 배우는데, 재미있더라고요. 그런데 아버지께서 오후에 집에 들어오시더니 거기서 뭘 하고 있느냐고 물으십니다. 그래서 우리가 장기를 배우고 있다고 말씀드렸더니, 아버지가 저를 따로 부르시더니 앉혀놓고 딱 한마디 하셨습니다. "앞으로는 장기 두지 마라!" 왜인지 아십니까? 딱 둘이 마주 보고 앉아서 '저놈을 어떻게 해야 속여서 이길 수 있나?' 하는 것만을 궁리하는 것이 장기인데, 자꾸 그렇게 앉아 있다 보면 몹쓸 사람이 된다, 이것입니다. 장기나 도박이나, 사람을 앞에 놓고 속이겠다고 머리를 쓰는 게 좋지 않다는 말씀입니다. 그 뒤로부터 저는 장기를 안 둡니다. 도박도 할 줄 모릅니다. 얼마나 자유로운지 모릅니다. 저는 라스베이거스에 가도 걱정이 없습니다. 할 줄을 모르니까요. 그렇지 않습니까. 거기에 한 번 빠져들어 갔다가 패가망신하는 사람들, 얼마나 많습니까.

여러분, 하지 말라 하시면 안 하면 되잖아요? 뭘 그렇게 꼭 해야겠다고 마음을 먹는 것입니까? 먹지 말라고 하시면 안 먹으면 되잖아요? 요새도 보니까 그 몹쓸 담배를 끊지 못해서 얼마나 고생합니까. 아니, 그렇게 온몸이 썩어가고, 병원에서 고생하면서까지도 술 담배를 못 끊습니다. 왜 이 모양입니까. 간단하잖아요? 먹지 마라! 안 먹으면 되잖아요? 그런데, 이 하나를 그렇게 힘들어하는 것입니다. 오늘본문의 이 말씀, 얼마나 귀합니까. "이 명령은 네게 어려운 것도 아니요……(11절)" 율법은 무거운 것이 아닙니다. 어려운 것이 아니라는 말씀입니다.

아시다시피, 옛날 이스라엘 사람들은 율법의 노예가 되어 있었습니다. '이것도 하지 마라. 저것도 하지 마라. 뭐는 하지 마라.' 이렇게 율법에 얽매이다 보니, 율법이 무거운 짐이었습니다. 이걸 어떻게 다 지킬 수 있는 것입니까. 그래서 아예 포기한 사람도 많은 것입니다. 그리고 좀 지킨다 싶은 사람들은 도도하고 교만해집니다. 바리새인과 서기관들이 그렇지 않습니까. 특별히 이스라엘 사람들은 안식일을 지키는 것이 너무너무 힘들었습니다. 안식일에는 얼마의 거리를 가지 말아야 하고, 또 무엇을 먹지 말아야 하고, 무엇도 하지 말아야 하고…… 심지어는 바느질할 일이 있다면 세 바늘 이상

뜨면 안 되고, 지팡이를 짚고 다녀도 안 되고, 불을 켰다면 꺼도 안 되고, 껐다면 켜도 안 되고…… 이렇게 안식일의 법이 많습니다. 사람들이 율법에도 없는 것들을 다 만들어놓은 것입니다. 그래서 이걸 다 지키기가 힘든 것이지요. 그래서 예수님께서 안식일에 대하여 말씀하십니다. "사람이 안식일을 위해 있느냐, 안식일이 사람을 위해 있느냐?" 하나님께서 안식일을 축복으로 주신 것인데, 너희는 왜 이렇게 안식일을 무거운 짐이 되게 만들어놓았느냐고 하시는 것입니다. 이는 안식일을 주신 하나님의 의도에 어긋나는 것입니다. 여러분, 누구를 위해서 안식일을 지키는 것입니까? 누구를 위해서 주일을 지키는 것입니까? 이것은 자유요 축복입니다. 율법이 무거운 짐이 되어서는 안 된다고 말씀하십니다. 율법을 자유의 법으로 누리는 것이 하나님의 뜻이었던 것입니다.

종교개혁자 마르틴 루터는 십계명을 이렇게 해석했습니다. "살인하지 말라." 이것은 절대 무거운 짐이 아닙니다. 살인하지 말라는 법은 우리의 생명을 사랑하셔서 서로의 생명을 존귀하게 여기라고 주신 법이라는 것입니다. 또 마르틴 루터는 말합니다. "간음하지 말라." 이것이 무엇입니까? 우리의 순결을 지켜주시는 하나님의 사랑입니다. "도둑질하지 말라." 이것은 사유재산을 지켜주시는 하나님의 사랑입니다. "거짓증거 하지 말라." 이것도 우리 인격을 지켜주시는 하나님의 사랑입니다. 우리가 한번 속고 나면 얼마나 인격적으로 침해를 당하고, 큰 손해를 봅니까. 그런고로 하나님께서 거짓증거 하지 말라 말씀하신 것입니다. 그래서 마르틴 루터는 율법을 이렇게 해석합니다. "율법의 근본은 사랑이라." 그런고로 율법을 지킬 때 자유함으로, 감사함으로 지킬 것이지, 이걸 어렵게 무거운 짐으로 생각해서는 안 된다, 하는 말씀입니다. 여러분, 모름지기 하나님을 사랑하고, 그 말씀을 믿음으로 대할 때 그 말씀이 내게 자유의 법이 되는 것입니다. 그래서 시편 119편 103절은 말씀합니다. "주의 말씀의 맛이 내게 어찌 그리 단지요 내 입에 꿀보다 더 다니이다." 하나님의 말씀을 사랑하고, 그 말씀을 기뻐하고, 묵상하며, 지키는 가운데 말씀이 주시는 자유를 향유하는 그 사람이 그리스도인입니다.

저는 빌리 그레이엄 목사님을 개인적으로 존경합니다. 나이 백세가 다 되었을 때 그분은 책상 앞에 다른 책들은 다 치워버리고 성경책만 두었다고 합니다. 그래서 어떤 분이 물었습니다. "어떤 성경을 주로 읽으십니까?" 그랬더니 아침마다 시편 다섯 편과 잠언 한 장을 읽는다는 것입니다. 시편을 읽으면서 하나님과의 관계를 바르게 하고, 또 잠언을 읽으면서 사람들과 관계를 바르게 한다고 하는 것입니다. 매일 아침 시편 다섯 편과 잠언 한 장입니다. 그렇게 읽어 나가니까 영혼이 깨끗해진다는 것이지요. 우리에게도 귀한 교훈을 주는 대목입니다.

여러분, 우리는 하나님의 말씀을 늘 묵상하고 늘 배워야 합니다. 특별히 제가 잘 아는 변동일 목사님이라고 계십니다. 저의 친구인데, 먼저 세상을 떠났습니다. 그분이 은퇴한 다음에 75세쯤 되었을 때 갑자기 몸이 좋지 않아서 병원에 들어가 몇 달 동안 고생도 하고, 수술도 여러 번 받고 한 적이 있습니다. 그다음에 건강이 회복되었을 때 만나서 이런 이야기를 들었습니다. 그 친구가 저에게 "아, 요새 내 영혼이 하나님과 좋은 관계 안에서 참 행복하게 지낸다" 합니다. 그래서 왜 그러냐고 했더니, 재미있는 이야기를 합니다. "내가 목회할 때도 성경을 보았지만, 그때는 설교를 준비하는 마음으로 성경을 본 것이고, 이제는 은퇴하고 자유로운 마음으로 성경을 보니까 매일 내 영혼을 위해서만 성경을 보거든. 성경 보는 게 달라. 정말 다르더구먼." 그러면서 그다음 말이 너무나 재미있습니다. 성경에 이렇게 좋은 말씀이 많은 줄 몰랐답니다. 그래서 요즘은 성경을 읽으면서 행복한 마음으로 지낸다는 이야기였습니다. 그 소리를 제가 들었습니다.

여러분, 성경을 가까이해야 합니다. 나이가 들었습니까? 더욱 그러합니다. 제가 잘 아는 박헌식 장로님에게 이런 일이 있었습니다. 이분이 아흔이 넘었을 때입니다. 제가 이분의 집을 찾아갔더니 집을 깨끗하게 다 치워놓고 책상 앞에는 큰 성경책만 놓여 있습니다. 그 장로님 하시는 말씀이 이것입니다. "이제는 라디오를 들을 필요도 없고, 신문을 볼 필요도 없어. 나는 오직 성경, 오직 성경만 읽어." 계속 성경을 읽고 묵상하다 보니 어느 사이에 그만 시편, 잠언, 로마서, 요한복음을 다 외우게 되었다는 것입니다. 딸네 집에 갈 때도 버스 안에서 몇 시간 동안 잠언을 외우다 보면 어느새 도착해 있다는 것입니다. 여러분, 오직 성경입니다. 내 임종이 가까이 왔을 때 내가 들어야 할 말씀이 무엇이겠습니까? 성경말씀인 것입니다.

저는 어느 분이 임종을 앞두고 있을 때 그분을 찾아가 마지막으로 성경을 읽어드렸습니다. 시편 23편입니다. "여호와는 나의 목자시니 내게 부족함이 없으리로다 …… 여호와의 집에 영원히 거하리로다." 그 시편을 여러 번 읽어드렸습니다. 그런데 돌아가시지 않습니다. 그래서 지켜보다가 하는 수 없이 돌아오게 되었습니다. 그런데 바로 뒤에 전화가 왔습니다. "목사님, 저희 아버지께서 세상을 떠나셨는데요. 떠나시기 전에 딱 한마디 하셨습니다. 곽 목사님께 '여호와는 나의 목자시니' 그 성경말씀 읽어준 것, 고맙다고 인사해라."
그러더랍니다. 여러분, 마지막으로 들어야 할 말이 무엇입니까? 내
게 마지막으로 들려야 할 말씀이 무엇입니까? 성경입니다. 성경말
씀이 내 마음에 있어야 되는 것입니다.

저에게 드라마틱한 이야기가 하나 있습니다. 6·25 전쟁 무렵에
제가 배를 타고 백령도로 피난을 왔습니다. 그때가 한창 전쟁 때니
까 피난민들을 앞에 세워놓고 간첩을 색출했었습니다. 간첩이 많을
때니까요. 그 수색대에서 사람이 나와서 피난민들을 죽 줄 세워놓고
한 사람 한 사람 식별하는데 제 차례가 되었습니다. 제가 그 앞에서
"저는 기독교인입니다!" 했더니, 저에게 "그럼 성경 한 절 외워봐!"
하잖아요? 그때 제가 외웠던 성경구절이 지금도 잊히지 않습니다.
"내게 능력 주시는 자 안에서 내게 능치 못할 일이 없느니라." 그 성
경을 딱 외워서 합격했습니다. 여러분, 그때 제 입에서 그 성경구절
이 안 나왔으면 어떡합니까? 우리는 언젠가 반드시 주 앞에 가게 됩
니다. 그때 마지막으로 들어야 할 말씀이 무엇입니까? "내가 너를
사랑하노라." 이런 주님의 음성이 들려와야 합니다. 성경말씀이 들
려와야 합니다. 나를 위해서 그 누가 우는 소리, 세상의 소리, 다 소
용없습니다. 하나님의 말씀이 들려와야 합니다. 내가 평생에 읽었던
하나님의 말씀이 들려와야 됩니다. 아브라함은 75세에 하나님의 음
성을 들었습니다. 모세는 80세에 하나님의 음성을 들었습니다. 여러
분, 지금 연세가 얼마인지 알 수는 없지만, 점점 나이가 들어갈수록
이제는 세상과는 멀어지고, 하나님의 말씀이 많이 들려와야 됩니다.
하나님의 말씀으로 가득 차야 합니다. 생각을 해도 하나님의 말씀,
입을 열어도 하나님의 말씀, 그리고 마지막으로 요단강을 건너가는

순간에도 내게 주시는 하나님의 음성이 들려와야 됩니다. 그리할 때 마지막 요단강을 말씀에 의지해 건너가는 것입니다.   △

이 좋은 편을 택한 사람

그들이 길 갈 때에 예수께서 한 마을에 들어가시매 마르다라 이름하는 한 여자가 자기 집으로 영접하더라 그에게 마리아라 하는 동생이 있어 주의 발치에 앉아 그의 말씀을 듣더니 마르다는 준비하는 일이 많아 마음이 분주한지라 예수께 나아가 이르되 주여 내 동생이 나 혼자 일하게 두는 것을 생각하지 아니하시나이까 그를 명하사 나를 도와주라 하소서 주께서 대답하여 이르시되 마르다야 마르다야 네가 많은 일로 염려하고 근심하나 몇 가지만 하든지 혹은 한 가지만이라도 족하니라 마리아는 이 좋은 편을 택하였으니 빼앗기지 아니하리라 하시니라

(누가복음 10 : 38 - 42)

이 좋은 편을 택한 사람

꽤 오래전 이야기입니다마는, 1978년에 제가 이화여대에 초청을 받아서 특별한 강연을 하게 되었습니다. 제목은 '배우자 선택에 대하여'였습니다. 그때 이화여대에 다니던 학생들이 앞으로 결혼을 잘해야겠는데, 배우자 선택에 대한 주제로 강연을 해달라고 해서 제가 한 천 명쯤 모인 자리에서 강의를 하게 되었던 것입니다. 그 내용을 구체적으로는 말씀 안 드리겠습니다마는, 어떤 남자와 결혼을 해야 하겠는지, 또 남자를 알아보려면 어떻게 해야 하는지, 남자를 사랑한다는 것은 무엇인지, 등등 이런저런 내용을 두 시간 동안 강의했습니다. 강의가 끝난 다음에 질문 시간이 있었습니다. 그때 앞에 앉은 여학생 한 명이 이런 질문을 했습니다. "교수님, 만일에 교수님이 지금 총각이시라면 어떤 여자와 결혼 하시겠습니까?" 참 맹랑한 질문이지만, 구체적이고도 아주 명쾌한 질문이지요? 그래 제가 이렇게 대답했습니다. 일부러 심리학 용어를 써가면서요. "Receptivity가 좋은 여자하고 하겠어요." 그랬더니 그 여학생이 또 이렇게 물어봅니다. "Receptivity가 뭡니까?" 그래서 제가 이렇게 대답해주었습니다. "그건 '수용성'이라는 말입니다. 내가 무슨 말을 하면 잘 듣고, 나도 그리 생각합니다, 그것이 옳다고 생각합니다, 하고 받아들이는 마음, 그것이 수용성이지요. 저는 그런 여자가 좋습니다. 외모보다는 수용성이 좋은 여자가 좋습니다."

구약에서 솔로몬 왕은 하나님 앞에 특별한 기도를 합니다. 그는 스물한 살에 왕이 되었는데, 큰 걱정이 생겼습니다. 지금은 삼권

분립이지만, 옛날에는 삼권 통합이었습니다. 그래서 왕이 입법, 사법, 행정을 다 해야 합니다. 스물한 살 그 어린 나이에 그 많은 백성을 어떻게 재판하고 다스리겠습니까. 솔로몬은 너무나 답답해서 하나님 앞에 나아가 일천번제를 드리고 밤새 기도했습니다. 그러자 하나님께서 나타나시어 솔로몬에게 말씀하십니다. "너는 내게 고하라. 내가 네게 무엇을 줄까?" 참 귀한 시간입니다. 그야말로 절절한 시간 아닙니까. "너는 내게 고하라. 내가 네게 무엇을 줄까?" 벌써 허락을 받은 것입니다. 이제 구하기만 하면 됩니다. 그때 솔로몬은 구합니다. "지혜로운 마음을 주십시오." 딱 하나입니다. 이것이 중요합니다. 구할 것이 많을 텐데도 그는 딱 한 가지만 구했습니다. 하나님께서 그를 크게 칭찬하시면서 구하는 바를 주십니다. 그것이 바로 '지혜로운 마음'입니다. 히브리어로는 '레브 쉐미트'입니다. '레브'는 '마음'이라는 말이고, '쉐미트'는 '듣는다'는 말입니다. 그래서 옛날 영어 성경에서는 이 말이 'hearing heart'라고 되어 있었습니다. 직역하면 '듣는 마음'입니다.

지혜라고 하면 어딘가 모르게 잔꾀나 머리가 잘 돌아가는 것 따위를 생각하기 쉽지만, 아닙니다. 지혜란 무엇입니까? 듣는 마음입니다. 마음이 열려있어서 조금도 가감 없이 깨끗하게 진리를 받아들이는 마음, 이것이 지혜입니다. 이걸 구할 때 하나님께서 너무나 기뻐하시면서 전무후무하게 솔로몬에게 지혜를 주셨습니다. 오늘도 지혜 하면 솔로몬이고, 솔로몬 하면 지혜입니다. 솔로몬은 그야말로 지혜의 대명사가 되어 있지 않았습니까. 그래서 가장 귀한 지혜는 '듣는 마음'인 것입니다.

아브라함은 75세에 하나님의 음성을 듣습니다. 그리고 고향을 떠나라는 딱 한 마디 말씀을 듣고 그는 무작정 고향을 떠납니다. 히브리서는 말씀합니다. '아브라함은 갈 바를 알지 못하고 갔다.' 그는 어디로 가야 하느냐고 묻지 않았습니다. 떠나라고 하셔서 떠나는 것입니다. 떠나라고 하실 때 떠나는 것입니다. 하나님께서는 목적지도 말씀해주지 않으셨습니다. 아브라함이 말씀대로 길을 떠나고 나서 한참이 지난 뒤에야 하나님께서는 말씀하십니다. "이 땅을 너와 네 후손에게 주겠다." 떠났다는 사건이 먼저입니다. "어디로 갑니까? 가면 어떻게 됩니까?" 물어보는 게 아닙니다. 이것이 믿음입니다. 그대로 받아들이는 것입니다. 가장 극적인 일은 이 아브라함이 무려 100세에 아들을 하나 얻은 것입니다. 이삭이 바로 그 아들입니다. 하나님께서 아브라함에게 말씀하십니다. "아브라함아, 네 아들 이삭을 모리아 산에 데리고 가서 제물로 바쳐라." 이게 말이 되는 이야기입니까. 전설대로, 정말로 아브라함은 밤새 고민했답니다. "하나님, 약속이 틀리지 않습니까. 저 자식을 통하여 하늘의 별처럼, 바다의 모래처럼 자손을 주신다고 약속하지 않으셨습니다. 이삭은 언약의 자식입니다. 한데도 이 아이를 제물로 바치라고 하시다니요? 하나님, 약속이 틀리지 않습니까." 이렇게 당당히 할 말이 있습니다. 뿐인가요? "하나님께서는 어떤 일에도 사람의 생명을 제물로 요구한 바가 없으신데, 어찌 사람을 죽여서 제물로 바치라고 하시는 것입니까? 하나님답지 않으십니다." 이렇듯 마음속에는 얼마든지 의심이 있습니다. 아니, 반항도 있을 것입니다. 이렇게 밤새껏 고민하다가 아브라함은, 전설에 의하면, 새벽에 나가 이렇게 기도했다고 합니다. "하나님, 하나님께서 주신 자식인데, 하나님께서 원하신다면 바치겠습니다." 그리고 이삭을 데리고 모리아 산으로 갑니다. 그

때 아브라함은 이성적 비판, 인간적인 사고를 다 묻어버리고 하나님
의 말씀을 그대로 듣습니다. 깨끗하게 듣습니다. 가감 없이 듣습니
다. 그리고 순종합니다. 이것이 믿음이라는 것입니다.

　모세가 80세에 하나님의 음성을 듣습니다. 그는 애굽에서 40년,
광야에서 40년을 보냈습니다. 어찌 생각하면, 인생으로는 황혼기입
니다. 인생을 다 살았습니다. 80세 노인인데, 하나님께서 그를 부르
시어 말씀하십니다. "이 백성을 네가 구원하라." 모세는 말합니다.
"저는 못 합니다. 저는 애굽에서 사람을 죽였습니다. 애굽으로 돌아
갈 수가 없는 사람입니다. 또 나이도 제가 80세입니다. 못합니다."
그러나 하나님께서는 말씀하십니다. "사람의 입을 지은 자가 누구
냐? 내가 가라면 가는 거야. 너는 가라. 내가 너와 함께하리라." 모
세가 그 하나님의 말씀에 순종합니다. 사양하고, 거절하다가 그는
순종하기로 합니다. 그것이 믿음입니다. 말씀은 곧 능력입니다. 말
씀이 나타납니다. 말씀이 우리와 함께하십니다. 그러데, 이 말씀을
들어 순종할 때 능력이 됩니다. 말씀이 능력이 될 수 있는 것은 믿고
순종하는 자에게만 능력이 되기 때문입니다. 그점을 잊지 말아야 합
니다.

　예수 그리스도께서 하신 말씀 가운데 신비로운 말씀이 있습니
다. 요한복음 15장 7절은 말씀합니다. "너희가 내 안에 거하고 내 말
이 너희 안에 거하면 무엇이든지 원하는 대로 구하라 그리하면 이루
리라." 내 말이 너희 안에 거하면―아주 신비로운 말씀입니다. 헬라
어에 '로고스'라는 말이 있습니다. 그것은 '생명력'을 말합니다. 여기
서 '말'은 '레마타'입니다. 이것은 '말'입니다. 예수님께서 하시는 말
씀, 그 모든 것을 말하는 것입니다. 이것은 예수님의 생명력을 말하

는 것이 아니라, 예수님께서 하신 말씀을 말하는 것입니다. '하시는 말씀, 교훈. 그것을 너희가 온전히 받아들이고, 너희 안에 거하면 무엇이든지 구하라. 이제 주님께서 이루어주실 것이다.' 얼마나 신비로운 말씀입니까.

그뿐만이 아닙니다. 예수님께서는 요한복음 14장 26절에서 말씀하십니다. "보혜사 곧 아버지께서 내 이름으로 보내실 성령 그가 너희에게 모든 것을 가르치고 내가 너희에게 말한 모든 것을 생각나게 하리라." 내가 너희들에게 한 말이 기억나리라, 하십니다. 여러분, 많이 들어두십시오. 많이 들으십시오. 많이 기억하십시오. 꼭 필요한 때, 필요한 시간에 성령께서 임하시어 내가 들었던 그 말씀이 나에게 생명력이 되는 것입니다. 거기에 기적이 있는 것입니다. 이것이 하나님의 역사입니다.

오늘본문에서 마르다는 예수님을 영접하면서 음식을 분주히 준비했습니다. 당연히 그래야 할 것 아닙니까. 식사시간이 되었으니까 음식을 준비하는데, 그는 언니입니다. 그의 동생 마리아는 예수님의 발 앞에 딱 앉아서 조용히 예수님의 말씀을 듣고 있습니다. 여기 아주 재미있는 장면이 나옵니다. 언니는 음식으로 예수님을 영접했고, 동생은 예수님의 발 앞에 앉아서 말씀을 잘 들음으로 예수님을 영접했습니다. 그럼 둘 중 누가 예수님을 더 기쁘게 해드린 것 같습니까? 여러분은 어떻습니까? 음식을 대접할 때 기쁩니까? 물론 그럴 수 있지요. 그러나 더 중요한 것은 듣는 것입니다.

제가 아주 오래전에 인천에서 목회할 때입니다. 그때는 심방을 많이 했습니다. 하루에 스물네 집씩 심방을 했으니까요. 하루 종일 이 가정 저 가정 다니면서 예배를 드리는데, 어떤 가정에 가면 모처

럼 1년에 한 번 가는 그 시간에 음식을 준비하느라 그저 왔다 갔다
하는 것입니다. 지금 예배드리려고 하는데, 들락날락하면서 혼자 바
쁩니다. 그래서 "빨리 들어와서 예배봅시다!" 하면 이러는 것입니
다. 들어보십시오. "예배보세요. 저는 이거 준비할게요." 이게 뭐 하
는 것입니까? 예배를 드리는 것이 중요하지, 지금 음식이 중요합니
까? 그까짓 음식 좀 안 먹으면 어떻습니까. 중요한 것은 같이 앉아
서 말씀을 듣는 것 아니겠습니까. 말씀을 들어야지, 듣지 않으면 무
슨 소용이 있습니까.

　여러분, 대접이 무엇입니까? 어떻게 하는 것이 사랑이고, 어떻
게 하는 것이 대접입니까? 음식입니까? 아닙니다. 그것은 '듣는 것'
입니다. 잘 들으면 말하는 자의 마음을 기쁘게 하는 것입니다. 말하
는 자의 그 깊은 뜻이 내게 전달될 때 내게 기쁨이 있는 것입니다.
안 그렇습니까. 설교하는 자는 설교를 바로 알아듣고, 하나님의 말
씀의 능력이 나타나는 것을 보면 그게 기쁜 것이지요. 다시 말해, 말
하는 자의 마음을 기쁘게 하는 것은 깨끗한 마음으로 듣는 것입니
다. 'Total acceptance'입니다. 깨끗한 마음으로 가감 없이 수용하는
것입니다. 말하는 자의 말씀을 아멘으로 받아들일 때 기쁜 것이고,
이것이 하나님께 영광 돌리는 길입니다. 말하는 자를 기쁘게 하는
것이 바로 하나님을 기쁘시게 해드리고, 하나님께 영광 돌리는 가장
중요한 지름길이라는 것을 잊지 말아야 합니다.

　다시 오늘본문으로 돌아가서 보면, 언니 마르다는 음식을 준비
하느라고 분주하고, 동생은 조용히 예수님 발 앞에 앉아서 말씀을
들었습니다. 여기에서 문제가 생깁니다. 마르다가 마리아를 질투합
니다. 나는 이렇게 수고하는데, 동생은 저렇게 가만히 앉아서 말씀

만 듣는 것이 못마땅한 것입니다. 그렇게 속에서 끓어오르다가 마지막에는 예수님을 향해서까지 불평을 토로합니다. 아마도 이런 심정일 것입니다. "아니, 철없는 마리아는 잘 몰라서 예수님 앞에서 말씀만 듣고 있지만, 예수님께서는 저 혼자만 일하도록 내버려두시면 안되지 않습니까. 빨리 동생에게 언니를 도우라고 말씀하셔야 하지 않습니까." 이것이 그 순간 마르다의 마음인 것입니다.

선한 일에 질투가 있습니다. 아주 거룩한 역사에 언제나 많은 방해가 있는 것입니다. 오늘 마리아는 주의 음성을 잘 듣고 있습니다. 주님의 말씀 앞에 그렇습니다. 옳은 말씀입니다. 이렇게 마음을 열고 예수님의 말씀을 잘 받아들입니다. 예수님께서는 말씀하시면서 재미가 나셨습니다. 예수님께서는 기쁘셨습니다. 예수님께서 영광을 받으신 것입니다. 그래서 오늘본문을 보면 마르다가 여러 가지로 마리아를 괴롭힙니다마는, 예수님께서는 마리아의 편을 택하셨습니다. "이 좋은 편을 택했으니 빼앗기지 아니하리라." 마리아 편을 들어주십니다.

지금 드리는 말씀은 성경에는 없는 이야기입니다. 전해지는 이야기입니다. 지금 예수님께서 마리아에게 "이 좋은 편을 택했으니 빼앗기지 아니하리라" 하실 때 마리아는 기분이 아주 좋았습니다. 그런가 하면, 마르다는 화가 났습니다. '마리아야 철이 없어서 그렇다 치더라도 예수님께서 어떻게 그러실 수가 있나?' 마르다는 속이 너무나 불편합니다. 이렇게 되면 부엌에서 밥그릇 소리가 커집니다. 덜그럭, 덜그럭…… 그래서 이런 말이 있습니다. 심방 갔다가 부엌에서 밥그릇 소리가 크게 나거든 빨리 나오라고요. 기분이 나쁘면 밥그릇이 쨍강쨍강 깨지는 것입니다. 이렇게 속이 불편한 가운데서 마르다가 준비하는데, 밖에서 거지가 왔다는 것입니다. 거지가 와서 밥 좀 달라고 문을 두드립니다. "제가 배가 고픈데, 좀 도와 주십시오." 그러자 마르다가 뭐라고 했겠습니까? "예수님을 대접해 드리려고 내가 준비하는데, 부정하게 거지가 와서 감히 누구를 괴롭히느냐?" 그리고 꽝하고 소리를 질렀답니다. 그 말에 거지가 돌아섭니다. 원래 거지는 그러면 안 됩니다. 거지는 한 마디에 돌아서는 게 아닙니다. 하지만 그 한 마디에 "그렇습니까? 죄송합니다. 미안합니다" 하고 물러섰습니다. 마르다가 마음이 좀 이상해서 문을 열고 다시 보았더니 거지의 뒷모습이 예수님이더라는 것입니다. 그래서 무릎을 꿇고 통곡했다는 것입니다. 이런 이야기가 전해져옵니다. 여러분, 이걸 아셔야 합니다. 항상 우리 마음에 하나님의 말씀이 들려와야 됩니다.

사도 바울은 배를 타고 로마로 갑니다. 도중에 배가 파손될 지경이 됩니다. 열나흘을 굶었습니다. 모든 사람이 정신없이 혼돈 가운데 헤매고 있는데, 사도 바울이 말합니다. "여러분, 이제는 안심하세요. 안심하세요." 왜요? 어젯밤에 하나님의 음성이 들려왔습니다. "네가 가이사 앞에 서야 하겠다. 이 사람들을 다 네 손에 붙였느니라." 하나님의 음성이 들려왔습니다. 이제는 안심하세요—여러분, 하나님의 음성만 들리면 됩니다. 내 마음에 깨끗하게 하나님의 음성이 들려오고, 내가 그 하나님의 말씀을 그대로 수용합니다. 그 속에 하나님의 창조적 역사가 이루어지는 것입니다.

"마리아는 이 좋은 편을 택했으니 빼앗기지 아니하리라." 좋은 편은 말씀을 듣는 것입니다. 말씀을 받아들이고, 믿고, 순종하는 것입니다. 더 나아가 말씀을 사랑하고, 말씀이 들려지고, 말씀 앞에 행복해하고, 말씀 안에 거하며 순종할 때 거기에 하나님의 역사는 이루어지는 것입니다. 그 말씀이 곧 능력이요, 지혜가 될 것입니다. △

말씀대로 이루어지이다

　여섯째 달에 천사 가브리엘이 하나님의 보내심을
받아 갈릴리 나사렛이란 동네에 가서 다윗의 자손 요
셉이라 하는 사람과 약혼한 처녀에게 이르니 그 처녀
의 이름은 마리아라 그에게 들어가 이르되 은혜를 받
은 자여 평안할지어다 주께서 너와 함께 하시도다 하
니 처녀가 그 말을 듣고 놀라 이런 인사가 어찌함인
가 생각하매 천사가 이르되 마리아여 무서워하지 말
라 네가 하나님께 은혜를 입었느니라 보라 네가 잉태
하여 아들을 낳으리니 그 이름을 예수라 하라 그가
큰 자가 되고 지극히 높으신 이의 아들이라 일컬어질
것이요 주 하나님께서 그 조상 다윗의 왕위를 그에게
주시리니 영원히 야곱의 집을 왕으로 다스리실 것이
며 그 나라가 무궁하리라 마리아가 천사에게 말하되
나는 남자를 알지 못하니 어찌 이 일이 있으리이까
천사가 대답하여 이르되 성령이 네게 임하시고 지극
히 높으신 이의 능력이 너를 덮으시리니 이러므로 나
실 바 거룩한 이는 하나님의 아들이라 일컬어지리라
보라 네 친족 엘리사벳도 늙어서 아들을 배었느니라
본래 임신하지 못한다고 알려진 이가 이미 여섯 달이
되었나니 대저 하나님의 모든 말씀은 능하지 못하심
이 없느니라 마리아가 이르되 주의 여종이오니 말씀
대로 내게 이루어지이다 하매 천사가 떠나가니라
(누가복음 1 : 26 - 38)

말씀대로 이루어지이다

　여러분도 익히 아실 겁니다. 「성공한 사람들의 일곱 가지 습관」
이라는 책을 써서 아주 유명해진 스티븐 코비라는 분이 있습니다.
이 책은 전 세계적으로 무려 4천만 권이 팔린 베스트셀러입니다. 이
스티븐 코비가 그다음으로 내놓은 책이 「오늘 내 인생 최고의 날」입
니다. 이 책에서 그는 우리에게 이런 지혜를 말해줍니다. '사람은 한
평생을 살면서 세 가지 선택을 한다.' 사람은 항상 선택해야 하고,
선택의 기로에 서게 됩니다. 어떤 선택이냐 하면, 첫째가 행동의 선
택입니다. 주도적이냐 반사적이냐, 하는 것입니다. 내가 주도적으로
살아가고 있느냐, 아니면 홍수에 떠내려가는 뗏목처럼 그냥 물 흐르
는 대로 따라가는 생을 살아가고 있느냐, 하는 것입니다. 다시 말하
면, 자발적이냐 피동적이냐, 능동적이냐 수동적이냐, 또는 자유적이
냐 아니면 억압적이냐, 하는 것을 말하는 것입니다. 어떤 일을 하든
내가 하고 싶어서 해야 하는데, 하고 싶지 않은 일을 억지로 하는 것
입니다. 먹고 싶지 않은 음식을 억지로 먹는 것입니다. 만나고 싶지
않은 사람을 억지로 만나는 것입니다. 더 나아가, 생각하고 싶지도
않은 생각을 억지로 하고 사는 것입니다. 이는 잘못된 것입니다. 그
런고로 언제나 행동에서 스스로 자유로워야 하고, 선택적이어야 합
니다. 내가 선택하고, 내가 책임지는 생을 사는 것이 인생의 바른 길
이다, 이것입니다.
　둘째는 목적의 선택입니다. 우리가 무슨 일을 하든지 거기에는
목적이 따릅니다. 그것이 바로 인간적 가치입니다. 그런데 그것이

어떤 목적이냐, 이것입니다. 가장 중요한 문제는 궁극적 목적, 최종 목적이 무엇이냐, 하는 것입니다. 예를 들어, 공부를 한다고 하면, 그 공부의 목적이 뭐냐, 하는 것이지요. 돈을 번다고 하면, 그 목적이 뭐냐고 하는 것입니다. 결혼이라면 그 결혼의 궁극적 목적이 무엇이냐, 이것입니다. 목적을 바르게 선택해야 한다는 것입니다. 그 바른 목적이 내 삶의 의미를 결정해준다는 것입니다.

셋째는 원칙의 선택입니다. 그 목적으로 향하는 나의 방법이 뭐냐는 것입니다. 다시 말해서, 그 목적으로 향하는 길이 뭐냐는 것입니다. 흔히 말하는 수단과 방법의 문제입니다. 목적이 바로 되었으면 방법도 바로 되어야 한다는 말입니다. 목적은 바른데, 방법이 잘못되었다면 다 망가지는 것입니다. 그래서 순수한 목적을 세우고, 의의 진리와 선과 온유와 겸손과 믿음과 같은 바른 방법으로 바른 목적을 지향해야 합니다. 이것이 인생을 바로 사는 길이라는 것입니다.

오늘 본문에서 마리아는 인생의 가장 중요한 순간에 이르게 됩니다. '말씀이 육신이 되어 우리 가운데 거하신다.' 마리아는 바로 하나님께서 우리 인간을 구원하시기 위해 사람이 되시어 이 땅에 오신 그 성육신 사건 앞에 가장 먼저 직면하게 됩니다. 마리아는 하나님께서 사람이 되시어 이 땅에 오시는 그 현실화된 역사적 사건 앞에 서 있는 것입니다. 그리고 이 사건에는 그의 헌신이 필요합니다. 그의 믿음과 그의 전적인 헌신이 요구됩니다. 우리를 구원하시기 위해서 말씀이 육신이 되어 우리 가운데 오십니다. 말씀이 육신이 되어 우리 가운데 오시는 사건은 바로 사람이 되어 오시는 것이요, 사람이 되어 역사하시는 것이요, 사람이 되시어 십자가에 죽으시는 것입니다. 이 엄청난 역사 앞에 가장 첫 번째 사건이 뭐냐 하면, 마리아의 몸을 빌려 예수님께서 세상에 오시는 것입니다.

　이런 재미있는 이야기가 있습니다. 제가 신학 공부를 하다가 한 가지 사실을 발견하고 크게 깨달은 바가 있습니다. 칼 바르트라고 하는 유명한 신학자에 얽힌 이야기입니다. 이분이 많은 책을 쓰고, 신학을 가르치고 연구했는데, 늘 마음에 걸렸던 게 뭐냐 하면, 바로 동정녀 탄생입니다. 그게 마음에 걸리는 것입니다. 아니, 고난당하시는 것도 좋고, 불쌍한 사람을 도우시는 것도 좋고, 십자가에 죽으시는 것까지도 이해를 하겠고, 뿐만이 아니라, 부활 사건까지도 다 받아들일 수 있습니다. 부활이 없다면 기독교는 없는 것이니까 부활까지도 믿습니다. 그러나 이 학자의 마음속에 동정녀 탄생, 그 한 가지가 마음에 걸림돌이 되는 것입니다. 처녀가 남자 없이 애를 낳았다는 것, 그게 마음에 안 들고, 의심이 계속 드는 것입니다. 그렇게 누구한테 말도 못 하면서 속으로 앓고 있는데, 어느 날 그가 은혜를 받았습니다. 그리고 나서 보니까 천지를 창조하신 하나님을 믿고, 죽음에서 부활하신 예수님을 믿는데, 동정녀 탄생을 못 믿는다는 게 말이 되느냐, 하는 것입니다. 그리고 한 번 더 은혜를 받고 보니까 이렇게 생각했답니다. '당연히 그리하셔야지요. 우리 보통사람처럼 태어나셔서야 되겠습니까. 우리야 남녀의 결합으로 태어나지마는, 말씀이 육신이 되어 오시는 그 거룩한 사건이 우리 보통사람과 같아서야 되겠습니까. 동정녀 탄생이라는 표적은 마땅합니다.' 딱 한 마디로 말하면 '그러셔야지요. 당연히 그러셔야지요'라고 받아들이게 되었다는 것입니다. 이걸 제가 책에서 읽고 얼마나 통쾌했는지 모릅니다.

오늘본문에서 마리아에게는 정혼한 남자가 있었습니다. 그런데 이제 임신을 합니다. 이 사실을 마리아와 정혼한 남자 요셉이 어떻게 받아들이느냐가 문제입니다. 그가 "내 아이가 아닙니다!" 하고 딱 한 마디만 하면 마리아는 그대로 끌려나가 돌에 맞아 죽어야 합니다. 그런 절박한 시간입니다. 그러나 하나님께서는 오묘하게 역사하셔서 이 요셉이라는 사람을 선택하시어 마리아와 정혼하게 하셨습니다. 그리고 정혼한 관계에 있는 동안에 천사를 통해서 마리아에게 말씀하고 계시는 것입니다. 나와 정혼한 남자 요셉이 이 사실을 나처럼 받아들이지 못하면, 내가 천사를 만난 것처럼 받아들이지 못하면 나는 죽는 것입니다. 부정한 여자로 돌에 맞아 죽는 것입니다. 그런 절박한 시간인데, 내가 주님의 말씀을 받아들이고 수용할 뿐만 아니라, 나와 정혼한 저 요셉도 받아들이게 되리라고 믿는 것입니다. 정말 엄청난 사건입니다.

마태복음 1장 19절은 이렇게 말씀합니다. "요셉은 의로운 사람이라." 요셉은 이 엄청난 소식을 듣고 조용히 해결하려고 했습니다. 그래서 하나님께서 요셉에게도 큰 복을 주신 것 아닙니까. 이걸 잊지 말아야 합니다. 그러니까 마리아의 사건이지만, 사실은 요셉과 마리아, 두 사람의 사건이라고 보아야 합니다. 마리아는 남자를 몰랐지만, 성령의 역사로, 하나님의 창조적 역사로 아들을 낳았습니다. 여기서 우리가 생각해야 합니다. 신학적 논리입니다마는, 실은 말씀이 육신이 되어 오시는 그 사건도 남자가 있어서 낳을 수도 있는 것입니다. 그래도 되는 것입니다. 그런데 왜 굳이 동정녀를 통하여 이런 기적적인 사건을 만드신 것입니까? 이것이 바로 영육을 구원하시는 창조적 역사의 상징인 것입니다. 이걸 잊지 말아야 합니다. 얼마든지 보통의 방법을 통해서도 하실 수 있는 일입니다. 그러나 특별한 방법이 필요하셨던 것입니다. 왜요? 하나님의 역사니까요. 하나님의 창조적 역사이기 때문에 특별한 방법을 택하신 것이고, 그게 바로 동정녀의 몸을 택하신 것입니다. 이것이 성육신 역사의 가장 중요한 상징이며, 중요한 표적입니다. 이걸 잊지 말아야 합니다.

여기서 마리아는 특별한 믿음과 헌신을 고백합니다. 이 엄청난 사실을 앞에 놓고 하는 고백입니다. "주의 여종이오니 말씀대로 내게 이루어지이다." 자기의 운명을 그대로 하나님 앞에 바쳐버리고 맙니다. 이것이 마리아의 헌신입니다. 이 헌신과 이 귀한 믿음을 통해서 구원의 역사가 나타나게 됩니다. 마리아의 믿음은 특별한 헌신이었습니다. 오늘본문은 말씀합니다. "은혜를 받은 자여 평안할지어다……(28절)" 오늘본문에는 은혜라는 말이 두 번 나옵니다. 이 엄청나고도 위험한 사건을 가리켜 성경은 은혜라고 말씀합니다. 은혜란 언제나 우리가 이해할 수 없는 큰 사건을 동반합니다. 큰 사건 속에서 은혜를 말씀하고 있습니다. "은혜를 받은 자여!" 이 엄청난 운명의 사건을 은혜라고 말했고, 마리아는 이것을 은혜로 받아들이게 됩니다. 그래서 예수님의 어머니 마리아가 됩니다. 은혜가 은혜 되기 위해서는 특별한 헌신이 필요합니다. 바로 운명을 주께 위탁하는 믿음입니다. 그다음에 어떻게 되느냐는 묻지 않습니다. 그다음에는 어떤 일이 있습니까? 의심할 것도 없습니다. 모두가 다 은혜니까요. 시작도 끝도 은혜라고 받아들이게 됩니다.

죄인을 구원하시기 위해서는 말씀이 육신이 되어 죄인의 모습으로 오셔야 합니다. 죄인의 모습으로 오셔서 죄인의 모습으로 고난을 당하시고, 죄인의 모습으로 십자가에 죽으셔야 합니다. 죄인이 하나님의 자녀가 되기 위해서는 하나님의 아들이 죄인이 되셔야 합니다. 이와 같은 엄청난 사건이 아니고는 사람을 구원할 수 없습니다. 오늘도 가만히 보면 그런 일이 많습니다. 우리가 누구를 위로하고, 누구를 돕는다고 하지만, 그렇게 간단한 것이 아닙니다. 희생 없이 되는 일은 없습니다. 자기희생 없이는 그 어떤 조그마한 역사도 나타나지 않습니다. 이걸 잊지 말아야 합니다. 그래서 말씀이 육신이 되어 우리 가운데 오실 때 이 같은 큰 희생이 요구되는 것입니다.

오늘본문에서 마리아가 한 말을 다시 생각해보십시오. "나는 주의 계집종이오니 말씀대로 이루어지이다." 이것이 얼마나 큰 사건입니까. 내가 정혼한 저 요셉이라고 하는 남자가 이해 못 하면 나는 그대로 끌려나가서 돌에 맞아 죽는 것입니다. 문화적으로나 종교적으로나, 엄청난 오해가 여기에 있습니다. 그러나 마리아는 받아들입니다. "주의 계집종이오니 말씀대로 이루어지이다." 끝. 목적을 하나님께 위탁하는 것입니다. 내가 내 마음대로 살 것도 아니고, 나를 위해 살 것도 아닙니다. 내 삶의 목적이 하나님께 있는 것입니다. '하나님 마음대로 하십시오.' 나의 방법, 인간적 방법은 용납되지 않습니다. '하나님만이 아시는 방법, 그대로 하십시오. 저는 좌우를 묻지 않겠습니다. 결과도 다 하나님께 있습니다.' 내가 살지 죽을지, 오늘 고난을 당할지, 돌에 맞아 죽을지 알 수 없습니다마는, 내 운명, 내 결과를 다 하나님께 위탁하는 것입니다. 다시 말해, 마리아는 목적과 방법과 결과를 그대로 하나님 앞에 위탁해버립니다. 일절 이의를 제기하지 않습니다. 그 속에 하나님의 역사가 있는 것입니다. 이런 역사를 통하여 하나님께서는 역사하시는 것입니다. 이런 헌신을 통하여 하나님께서는 기적을 나타내시는 것입니다. 이걸 잊지 말아야 합니다.

온전한 은혜, 온전한 믿음, 온전한 헌신—여러분, 지금도 목적이 흔들리고 있습니까? 여러분은 무엇을 위해 지금까지 살아왔습니까? '나는 정말 바른 방법을 따라갔는가? 나는 정말 하나님께서 원하시는 길로 행했는가?' 물어야 하겠습니다. 가장 중요한 것은 결과에 대해서 이의를 제기하지 말아야 한다는 것입니다. 살든지 죽든지, 내 몸에서 그리스도의 이름이 존귀하게 되기를 바랄 뿐입니다. 사느냐 죽느냐, 성공하느냐 실패하느냐—이런 것이 아직도 머릿속에 있기 때문에 우리의 번민은 헤어날 길이 없는 것입니다. 모든 결과를 하나님께 맡기십시오. 그저 얼마를 살든지, 어떤 길로 가든지 하나님께 맡겨버리십시오. 이것이 마리아의 헌신입니다. 이 같은 깨끗한 마리아의 믿음과 헌신을 통해서 말씀이 육신이 되는 구원의 역사, 이 우주적 구원의 역사가 이루어지게 되는 것입니다. 다시 한번 생각하십시다. "주의 계집종이오니 말씀대로 이루어지이다." 말씀대로 이루어지이다, 아멘— △

더 지혜로운 자

또한 제자들에게 이르시되 어떤 부자에게 청지기가 있는데 그가 주인의 소유를 낭비한다는 말이 그 주인에게 들린지라 주인이 그를 불러 이르되 내가 네게 대하여 들은 이 말이 어찌 됨이냐 네가 보던 일을 셈하라 청지기 직무를 계속하지 못하리라 하니 청지기가 속으로 이르되 주인이 내 직분을 빼앗으니 내가 무엇을 할까 땅을 파자니 힘이 없고 빌어 먹자니 부끄럽구나 내가 할 일을 알았도다 이렇게 하면 직분을 빼앗긴 후에 사람들이 나를 자기 집으로 영접하리라 하고 주인에게 빚진 자를 일일이 불러다가 먼저 온 자에게 이르되 네가 내 주인에게 얼마나 빚졌느냐 말하되 기름 백 말이니이다 이르되 여기 네 증서를 가지고 빨리 앉아 오십이라 쓰라 하고 또 다른 이에게 이르되 너는 얼마나 빚졌느냐 이르되 밀 백 석이니이다 이르되 여기 네 증서를 가지고 팔십이라 쓰라 하였느니라 주인이 이 옳지 않은 청지기가 일을 지혜 있게 하였으므로 칭찬하였으니 이 세대의 아들들이 자기 시대에 있어서는 빛의 아들들보다 더 지혜로움이니라

(누가복음 16 : 1 - 8)

더 지혜로운 자

이런 유명한 전설이 있습니다. 다윗 왕이 어느 날 블레셋과 전쟁을 했습니다. 그래 크게 승리하고 돌아왔는데, 백성들이 "다윗 왕 만세!"라고 소리치며 크게 환영했습니다. 그걸 보고 다윗 왕의 마음 속에 교만함이 생겼습니다. "아하, 이제야 내 천하가 됐구나. 이제 모든 나라는 다 내 밑에 있다." 이런 교만한 마음이 생길 때 그는 다시 회개하는 마음으로 생각했습니다. "하나님, 죄송합니다. 제가 이렇게 교만해져서는 안되는데요." 잠깐 기도한 뒤에 그는 생각했습니다. 나라는 점점 부강해지고, 세상은 전부 자기 밑에 있고, 모든 백성들이 무릎을 꿇고 다윗 왕 만세를 부르니까 자꾸 교만해지려고 하는데, 큰일입니다. 그래서 이거 안 되겠다 싶어서 제자들을 불러 물어보았답니다. "내가 겸손해야 될 텐데, 자꾸 교만해지려고 하니, 어떻게 하면 되겠느냐?" 지혜자는 이렇게 가르쳐주었습니다. "커다란 반지를 하나 만들고, 그 반지에다가 좋은 글귀를 써두고 그 글귀를 볼 때마다 겸손한 마음을 품을 수 있게 하면 좋을 것 같습니다." 다윗 왕도 그것이 좋은 생각인 것 같아서 반지를 만들었습니다. 하지만 그 반지에 뭐라고 써야 될지가 문제였습니다. 어떤 지혜자도 겸손해질 수 있는 딱 한 마디 말을 떠올리지 못했습니다. 그때 나이 많은 한 지혜자가 이렇게 말했습니다. "비록 어리지만, 어린 솔로몬이 아주 지혜로우니 그에게 한번 물어보면 좋은 해답을 얻을 수 있을 것 같습니다." 그래서 들판에서 놀고 있는 솔로몬을 불러 "너희 아버지가 지금 이런 생각인데, 거기다가 뭐라고 써넣으면 좋겠느냐?" 하고 물었답니다. 그때 솔로몬이 뛰놀면서 하는 말이 이랬답니다. "모든 것은 지나간다." 그래서 다윗 왕이 그 반지에다가 '모든 것은 지나간다'라고 딱 써놓고 교만해지려고 할 때마다 '지나간다. 또 자랑하고 싶을 때 지나간다' 하면서 마음을 다스렸다고 하는 이야기입니다.

오늘본문에는 '지혜로운 자'라는 말이 있습니다. 그것도 그냥 지혜로운 게 아니고, '더 지혜로운 자'라고 말합니다. 오늘본문은 많은 사람들이 의문을 품고 있는, 또 신학적으로도 변론이 많은 말씀이기도 합니다. 이 지혜로운 자는 분명히 의롭지 않습니다. 나쁜 사람입니다. 주인의 재산을 갈취한 사람입니다. 여러 모로 볼 때 나쁜 사람인 것은 틀림없습니다. 그러나 지혜가 있는 사람입니다. 그 지혜로 말미암아 그 나쁜 것들이 다 상쇄됩니다. 정당화되는 것입니다. 굉장히 중요한 이야기입니다. 분명히 나쁜 사람입니다. 아무리 보아도 불의한 사람입니다. 그러나 그의 지혜가 다른 사람의 본보기가 되었습니다. 바로 이것이 오늘본문의 주제입니다.

여러분, 올해도 얼마 남지 않았습니다. 마지막 이 시간에 지혜에 대해서 생각해보십시다. 오늘 이 사람이 지혜롭다고 할 때 그 지혜의 특징이 무엇입니까? 오늘본문을 잘 생각해보면, 먼저는 모든 것은 끝난다는 것입니다. 모든 것은 끝이 있다는 것을 알았습니다. 끝이 있다는 것을 아는 것이 바로 지혜입니다. 제가 결혼주례를 많이 하지 않습니까. 저는 결혼주례를 할 때 꼭 이런 이야기를 해줍니다. "지금은 신랑 신부지만, 조금 있으면 아버지 어머니가 됩니다. 그리고 그 다음에는 할아버지 할머니가 될 것입니다. 그리고 그 다음에는 죽어야 합니다. 이걸 알아야 합니다." 지금 이 순간만 생각할

게 아니라, 이제 머지않아 할아버지 할머니가 될 테니, 손자 손녀
들에게 부끄럽지 않게 자랑스러울 수 있는 결혼생활을 하라는 당부
입니다. 조그마한 일 하나 잘못 되었다고 하여 이것저것 원망하면서
이혼하는 사람들, 많습니다. 이유는 당당합니다. 하지만 가정이 깨
지고 말았습니다. 나이 많아서 얼마나 후회가 됩니까. '그러지 말았
어야 했는데, 조금 더 참았으면 되었을 텐데, 어째서 내 생이 이렇게
되었지?' 이게 뭡니까? 끝이 있다는 걸 몰랐거든요. 이런 날이 있다
는 걸 몰랐거든요. 이런 때가 올 수 있다는 걸 잊어버렸거든요. 끝이
있다는 것, 참 중요합니다. 시작이 있으면 끝이 있지요. 젊음이 있으
면 늙음이 있지요. 살았으면 죽을 날이 있지요. 여러분, 끝이 있다는
걸 알아야 합니다.

흔히 요새 와서 '백 세 시대'라는 말을 많이 합니다마는, 저도 팔
십이 넘으니까 백 세 시대가 실감이 납니다. 그렇지만 보십시오. 백
세라도 죽는 것은 마찬가지입니다. 반드시 끝이 있는 것입니다. 백
세라는 것도 별것 아닙니다. 생각해보면 조금 더 살고 말고의 차이
지, 이게 뭐 대단한 것입니까? 백 세를 살아도 끝이 있습니다. 끝을
피할 수는 없습니다. 죽음을 준비해야 합니다. 다 잊어버리고 '이제
는 끝이 있다. 내 앞에는 끝이 있다. 내 앞에는 죽음이 있다'는 것을
생각하고 살아야 합니다. 하루도 이것을 잊어서는 안 됩니다.

오늘 여러분은 모르시겠지만, 제가 잘 때마다 시계를 맞추어놓
고 자는데, 오늘은 깜빡 잊어버렸습니다. 그래서 오늘 아침에 눈을
떠 보니까 벌써 일곱 시였습니다. 아, 이런 세상에! 일곱 시에 허겁
지겁 준비해가지고 왔는데, 여기에 5분 전에 도착했습니다. 그래가
지고 지금 여기 들어와서 선 것입니다. 인생이 그런 것입니다. 깜박

깜박합니다. 그냥 깜박하다가 꿈벅하고 마는 것이지요. 그러니까 끝이 있다는 것을 잠시도 잊어서는 안 된다, 이것입니다. 어느 사람에게 실수가 없습니까? 어느 사람의 생애가 무궁합니까? 다 젊음도 끝이 있고, 시간도 끝이 있고, 지혜도 끝이 있고, 권세도, 능력도, 화려함도 끝이 있습니다. 행복이라고 흔히 말하는 것도 끝이 있습니다. 끝이 있다는 것을 아는 것만으로도 지혜로운 사람이 되는 것입니다.

또 오늘본문에서 이 청지기는 생각합니다. 그는 처음부터 주인의 것이 다 자기 것이 아니라는 사실을 알고 있었습니다. 처음부터 그는 스스로 청지기임을 알고 있었던 것입니다. 청지기는 '오이코노모스'인데, 참 묘한 말입니다. '오이코스'라는 말은 '집'이라는 뜻이고, '노모스'는 '다스린다'는 뜻입니다. '집을 다스리는 자'입니다. 그러니까 자기 물건은 없고, 다 주인의 것입니다. 주인의 것이지만, 내 것처럼 사용할 수 있습니다. 위에는 주인이 있고, 밑에는 종들이 있습니다. 이 종들을 다스리는 권한이 청지기에게 있는 것입니다. 마치 주인처럼, 내 것처럼, 그렇게 많은 권한이 이 청지기에게 주어졌습니다. 이 청지기가 얼마나 이런 권한을 가지고 살았는지는 모르지만, 청지기는 생각한 것입니다. 이것은 내 것이 아니라, 주인의 것이라고 말입니다. 처음부터 내 것이 아닙니다. 그리고 언젠가는 끝이 있고, 나는 관리인일 뿐이라는 것을 생각했습니다. 잠깐 관리하는 것뿐이지, 내 것이 아니라는 것을 알고 있습니다. 이걸 아는 것이 중요합니다. 그게 바로 지혜인 것입니다. 건강도 내 것이 아닙니다. 재물도 내 것이 아닙니다. 자식도 내 자식이 아닙니다. 내 것이라고 할 때 모든 것이 잘못됩니다. 내 뜻대로 될 수가 없습니다. 어느 순간에는 내 마음과 달리 내려놓아야 합니다. 그리고 주인의 결산이 있습니다. 이걸 잊지 말아야 합니다.

오늘본문에서 그의 세 번째 지혜로운 점은 스스로 주인의 심판을 수용했다는 것입니다. 이 청지기가 잘못했다는 소식이 주인에게 들어갔습니다. 주인이 이것저것 다 참고하고 알아보니까 정말로 청지기가 잘못했습니다. 그래서 그를 불러 청지기 직분을 빼앗았습니다. 그때 이 청지기의 자세가 참 귀중합니다. 그는 즉시 잘못을 인정합니다. 이거 쉽지 않은 일입니다. 자기가 권세 있게 나름대로 잘 해나가다가 "너 잘못했다" 할 때 그 잘못을 인정한다는 것, 잘못을 잘못으로 인정한다는 것, 참 중요합니다. 오늘 이 청지기는 변명하지 않았습니다. 흔히 사람들의 죄가 어디에 있습니까? 죄를 짓는 것도 죄지만, 죄를 계속 범하고, 그 다음에는 죄를 변명하는 것입니다. "누구 때문입니다. 무엇 때문입니다. 나는 잘 하고 있는데 환경이 잘 못됐습니다. 세상이 잘못되어서 그런 것이지, 나도 할 말이 많습니다." 그러나 오늘 청지기는 일체 변명이 없습니다. 여러분, 이제 변명하지 맙시다. 잘못을 잘못으로 인정합시다. 특별히 내 잘못으로 인정합시다. 내 잘못을 내가 인정하고, 남의 잘못도 내 잘못으로 인정하는 것이 그리스도인의 마음입니다. 누구 때문입니까? 환경 때문입니까? 세상 때문입니까? 특별히 억울한 일이 있었기 때문입니까? 아닙니다. 오늘 청지기는 그대로 인정을 합니다. 빼앗기는 순간 변명하지 않았습니다. 구걸하지 않았습니다. 깨끗하게 인정했습니다.

저는 성경을 볼 때마다 늘 생각하는 사람이 있습니다. 다윗 왕은 크게 범죄한 일이 있습니다. 밧세바를 아내로 취한 것은 용서할 수 없는 죄입니다. 그런데 나단 선지자가 그에게 와서 "당신이 그 사람이요" 하고 책망할 때 다윗은 그 자리에서 아무 변명을 하지 않았습니다. "내가 죄를 지었나이다." 시편은 일곱 편이 다윗의 참회록입니다. 그걸 다 읽어봐도 다윗은 밧세바를 원망하는 일이 없습니다. 실은 그 여자가 엉큼하게 다윗이 볼 수 있는 곳에서 목욕을 했기 때문입니다. 하지만 다윗은 전혀 변명을 하지 않습니다. 그 밧세바를 원망하지 않습니다. 당시 상황을 탓하지도 않습니다. 그때 자기가 술이 취했던 것 같다고 하지도 않고, 그저 "내가 죄를 지었나이다" 합니다. 아주 깨끗한 회개입니다. 그 점이 훌륭한 것입니다. 사람들은 변명을 많이 합니다. 누구 때문이라느니, 환경 때문이라느니, 세상 때문이라느니…… 이유가 많습니다. 하지만 다윗은 "내가 죄를 지었습니다!" 합니다. 이것이 아주 큰 지혜입니다.

오늘본문에서 이 청지기가 보여주는 또 한 가지 지혜가 있습니다. 이 청지기에게는 이제 남은 시간이 있습니다. 자신이 청지기에서 내려올 때까지 짧지만 남은 시간이 있습니다. 이 마지막 찬스, 남은 기회를 그는 최대한도로 활용했다고 하는 것입니다. 이것이 중요합니다. 여러분, 지난날에 잘못 살았던 것을 후회하면 뭐하겠습니까. 중요한 것은 내게 남은 시간을 잘 생각해야 한다는 것입니다. 내가 가지고 있는 것이 얼마인가? 내가 지금 할 수 있는 것이 무엇인가? 할 수 있는 것, 충분히 할 수 있는 그 나머지 가능성을 생각해야 합니다. 그리고 그것을 통해서 나머지 일을 도모해야 하는 것입니다. 할 수 없는 것을 탓 할 것 없습니다. 잃어버린 것을 탓 할 것 없습니다. 지금 가지고 있는 것, 오늘 내가 할 수 있는 것, 그것을 통해서 선한 일을 해야 합니다. 그런데 이 청지기를 보니까 선한 일을 택했다는 것이지요. 비록 주인의 물건이지마는, 구제하는 일을 택했습니다. 어려운 사람들을 돕는 일을 택했습니다. 남의 어려움을 덜어주는 쪽을 택했습니다. 선한 일로 마지막을 마무리하려고 했습니다. 긍휼을 통해서 남은 생을 마감하려고 했습니다. 그 점이 선하고 지혜로운 것입니다. 주인은 이 사람의 도덕적 책임을 묻지 않았습니다. 다만 그 지혜를 칭찬했을 뿐입니다. 도덕적 부족함을 넘어서 이 사람의 지혜를 칭찬하고 있는 것입니다.

　여러분, 오늘이 이 해의 마지막 주일입니다. 우리는 무엇을 생각해야겠습니까? 감사할 일이 많습니다. 후회할 일도 많습니다. 사람마다 죽을 때가 되면 세 가지를 후회한다고 합니다. 하나가 '좀 더 참을 걸. 조금 더 참았으면 좋았을 걸' 하는 후회입니다. 또 하나는 '좀 더 즐길 걸' 하고 원망하고 불평하는 게 아니고, '충분히 행복할 수 있었는데' 하는 생각을 하게 된다는 것입니다. 그리고 세 번째는 '좀 더 베풀 걸' 하는 후회입니다. '그렇게 인색하지 말고, 좀 더 나누어주고, 좀 더 돌아보고, 좀 더 섬길 수 있었는데' 하는 후회 속에 생을 마감하는 것입니다. 여러분, 끝이 있다는 걸 아는 것이 지혜입니다. 잘못을 인정하는 것이 지혜입니다. 그리고 이 남은 마지막 기회를 어떻게 사용하느냐 하는 것이 지혜입니다. 우리는 지난 일을 후회하면서 답답하고 괴로워하고 원망하지만, 그럴 것이 아닙니다. 그 후회에만 머물러서는 안 되는 것입니다. 거기에서 더 나아가 지금 내가 할 수 있는 일, 거기에 초점을 맞추고, 남을 위한 선한 일이 무엇인가, 봉사할 일이 무엇인가를 생각할 때 지혜로운 자가 될 수 있는 것입니다.

　오늘본문은 '더 지혜로운 자'라고 말씀합니다. 하나님께서 우리에게 시간과 재물을 주셨습니다. 은사와 재능을 주셨습니다. 그리고 오늘 우리에게는 아직 기회가 있습니다. 오늘 우리는 우리의 남은 해를 지혜롭게 마감해야 할 것입니다.   △

한 지혜로운 자의 기도

　하나님의 말씀은 다 순전하며 하나님은 그를 의지
하는 자의 방패시니라 너는 그의 말씀에 더하지 말라
그가 너를 책망하시겠고 너는 거짓말하는 자가 될까
두려우니라 내가 두 가지 일을 주께 구하였사오니 내
가 죽기 전에 내게 거절하지 마시옵소서 곧 헛된 것
과 거짓말을 내게서 멀리 하옵시며 나를 가난하게도
마옵시고 부하게도 마옵시고 오직 필요한 양식으로
나를 먹이시옵소서 혹 내가 배불러서 하나님을 모른
다 여호와가 누구냐 할까 하오며 혹 내가 가난하여
도둑질하고 내 하나님의 이름을 욕되게 할까 두려워
함이니이다

(잠언 30 : 5 - 9)

한 지혜로운 자의 기도

한나 아렌트 교수가 쓴 「인간의 조건」이라는 유명한 책이 있습니다. 이 책에서 그는 이렇게 말합니다. '가장 큰 죄는 생각하지 않는 것이다. 인간의 조건은 생각하는 데 있는 것이다.' 존 맥스웰은 그의 저서인 「어떻게 배울 것인가」에서 이렇게 말합니다. '삶은 배움의 연속이다.' 우리는 계속 생각하고, 계속 배워가는 인생입니다. 여러분이 너무나 잘 아는 유명한 철학자 파스칼은 말합니다. '인간은 생각하는 갈대다.' 결국은 생각해야 하고, 배워야 합니다. 그리고 배움을 기피하면 안 됩니다. 계속 공부하고, 생각하고, 하나하나 다듬어가고, 고쳐가는 것이 바로 인간입니다.

요새 우리에게 만연해 있는 무서운 유행병이 하나 있습니다. 어느 사이에 다 그만 이것이 환자가 되어버려서 반성의 여지도 없는 것 같은, 그런 무서운 유행병입니다. 바로 '아니면 그만' 병입니다. 잊어버리셨지요? 이게 우리 유행어입니다. 아니면 그만─무슨 말입니까? 엉뚱한 거짓말을 유포해놓고 그것이 거짓이라는 사실이 밝혀질 때 무책임하게 "아니면 그만. 끝!" 하는 것입니다. 이것이 우리 사회입니다. 반성이 없습니다. 잘못된 것은 책임져야 하지 않습니까. 거짓말을 하면 벌을 받아야 하는 것 아닙니까. 하지만 무책임합니다. 이렇게 '아니면 그만'이 지금 만연되어 있습니다. 모든 사람의 마음이 아주 쉽게 '아니면 그만'입니다.

며칠 전 어느 일간지에서 소셜 미디어에 대한 문제를 다루었습니다. 우리가 접하는 모든 소셜 미디어 정보의 30퍼센트가 거짓말이라고 합니다. 이러고도 이 나라가 바로 설 수 있습니까? 온통 거짓말입니다. 위에 올라간 사람일수록 거짓말을 더 합니다. 점점 더, 그리고 아니면 그만입니다. 이러고 이 나라가 될 것 같습니까. 깜짝 놀랄 뉴스지만, 놀라는 사람도 없습니다. 이 정도의 뉴스라면 우리 교인들 가운데 누군가에게서는 저한테 전화가 와야 합니다. 하지만 전화 한 통도 없습니다. 제가 조용히 생각했습니다. '다 병자가 되었구나! 다 감염되어버렸구나!' '아니면 그만.' 모두가 다 이 무서운 병에 감염이 되어 무감각하게 살아가고 있는 것입니다. 마치 홍수에 떠내려가는 뗏목처럼 지금 무감각해진 상태에서 우리 모두가 새해를 맞고 있는 것입니다. 한 인격은 진실과 진리 위에 세워집니다. 나라도, 경제도, 정치도 정직함과 정의 위에 세워지는 것입니다. 눈에 보이지는 않지만, 진리와 공의가 무너지면 그대로 와르르 무너집니다. 지진처럼 무너지는 것입니다. 경제가 어디 있습니까? 거짓말 위에 정치가 어디 있습니까? 심지어 거짓말 위에는 국력도 국방도 없는 것입니다. 이미 다 무너진 것이나 마찬가지입니다. 이것이 오늘의 현실입니다.

　새해 첫 주일을 맞으면서 우리 마음에 소원이 어디 있습니까? 어떤 소원을 빌어야 하겠습니까? 흔히 번영, 자유, 평화, 평등, 통일과 같은 것을 많이들 구합니다. 그렇지 않습니까. 그저 "새해 소원이 무엇입니까?"라고 물으면 "잘 돼야지요" 합니다. "새해 소원이 무엇입니까?" "장사가 잘되어야지요." "새해 소원이 무엇입니까?" "남북통일이 되어야지요." 한데, 거저 되는 것입니까? 제가 정말로 이런 생각을 해보았습니다. 마이크를 들이대고 "올해 소원이 무엇입니까?" 할 때 다 하나같이 이럽니다. "장사가 잘되어야지요. 나라가 잘

되어야지요. 돈을 많이 벌어야지요." 전부 이런 이야기를 합니다. 하지만 누구 한 사람이라도 "아, 올해에는 거짓말 안 하고 살았으면 좋겠습니다"라고 말하는 사람이 하나라도 있으면 제가 따라가서 상을 주려고 했습니다. 그러나 없습니다. 하나도 없습니다. 가책도 없습니다. 번민도 없습니다. 이렇게 만연되어가고 있습니다. 여러분, 번영, 자유, 평등, 통일이 그렇게나 중요합니까. 이 모두가 거저 이루어지는 것이 아닙니다. 정의와 진실 위에서 이루어지는 것입니다. 정의, 공의, 진실, 진리 위에 세워지는 것입니다.

그래서 오늘본문에는 지혜자 아굴의 기도가 있습니다. 두 가지 소원입니다. 절절하게 구하고 있습니다. "죽기 전에 이루어 주옵소서." 정말 그 한마디가 가슴을 찌릅니다. "하나님이여, 내 한평생 바라고 있었지만, 이 소원을 이루지 못했습니다. 죽기 전에 이루어주시옵소서." 이렇게 구하고 있습니다. 절절한 기도입니다. 딱 두 가지입니다. 그것은 진실과 겸손입니다. "죽기 전에 이루어주시옵소서, 진실하게 하시고, 겸손하게 하시옵소서." 이렇게 기도하고 있습니다. "허탄한 말을 내게서 멀리하게 해주세요." 어떤 사람들은 선한 목적을 내세우고, 수단으로 거짓말을 한 허망한 미래의 약속을 말하고, 또 허망한 거짓말을 하고, 백성을 속입니다. 하나님 앞에 무책임합니다. 생활수단으로서의 거짓, 때로는 이것이 마치 지혜처럼 마치 똑똑한 사람처럼 통합니다. 그것이 망조입니다. 그래서 똑똑한 사람들이 다 망하는 것입니다. 딴에는 이래서 성공하는 줄 알지요. 하지만 다 하나님께서 심판하십니다.

우리가 존경하는 도산 안창호 선생님이 있습니다. 장로님이지요. 그분의 말 한마디가 제 마음에 있습니다. "내 평생 나라를 위해서 힘쓰고 있고, 온 생을 바쳤지만, 내가 한마디 거짓말을 해서 이 나라가 독립된다고 하더라도 나는 그 거짓말을 할 수 없노라." 왜요? 거짓말해서 세워지는 나라는 망하니까요. 그는 다시 말합니다. "꿈에라도 거짓말을 했거든 회개하라." 그의 외침입니다. 꿈에라도 거짓말을 했거든 깨어서 회개해야 합니다. '내가 어떤 사람이기에 이런 꿈을 꾸었나?' 이렇게 자기를 살피며 진실을 되물어야 합니다.

저는 중국에 있는 분들이라든가 여러 곳에서 강연해달라고 해서 여기저기 다니며 많은 이야기를 했습니다. 그럴 때 은근하고 은밀하게 공산주의를 이렇게 비판했습니다. 직접 공산주의라는 말은 하지 않고 그저 "이런 사회는 망하고, 이런 사회는 흥합니다" 하고 은유적인 말을 했습니다. 다들 나름 좋아했습니다. 무엇인지 아십니까? 공산당이 망한 이유, 공산주의 사회가 다 그렇게 가난한 이유는 딱 세 가지입니다. 복잡하지 않습니다.

첫 번째는 거짓말입니다. 공산주의자는 거짓말을 아주 쉽게 합니다. 이것은 생활의 수단이요 지혜입니다. 북한에서 남쪽으로 탈북한 분들이 공장에서 일하는 경우가 있습니다. 그런데 이분들 가운데 자꾸 거짓말을 하는 사람이 있었습니다. 그래 사장님이 그를 불러서 이야기했습니다. "당신, 내가 보니 뻔한 일을 가지고 거짓말을 하는데, 왜 그러는 거요?" 그러자 그분이 이렇게 대답하였습니다. "내가 거짓말을 안 했으면 지금 여기까지 올 수 있었겠습니까?" 공산 치하에서는 살아남는 길이 거짓말밖에 없습니다. 거짓말해야 살 수 있기 때문입니다. 공산 치하에서는 거짓말 잘하는 사람이 이깁니다. 그래서 이것이 체질이 되어버렸습니다. 이것이 잘못이라는 생각을 안 하니까 회개도 없고, 뉘우침도 없고, 가책도 없습니다. 그런데 어느 사이에 지금 우리 사회가 이렇게 되어버렸습니다.

두 번째는 게으름입니다. 공산주의자들의 세계는 게으릅니다. 사유재산이 없는 세계이다 보니 다들 게으른 것입니다.

세 번째가 무책임입니다. 공산주의자들은 책임을 남에게 전가합니다. 내가 잘못한 것, 남 때문입니다. 내가 가난한 것, 부한 사람 때문입니다. 심지어는 북한사람들끼리도 이렇게 이야기합니다. '우리가 못사는 것은 남한 때문이다.' 이렇게 당당하게 논리적으로 말합니다. 그 설명을 들으니까 또 그럴 듯도 합니다. 이걸 알아야 합니다. 다 남에게 책임을 돌리는 것입니다. "누구 때문, 누구 때문, 누구 때문, 그러나 나는 아니다." 다 거짓말입니다. 그렇기 때문에 그런 사회는 설 수가 없는 것입니다.

거짓말 가운데 가장 무서운 것은 하나님 앞에서 하는 거짓말입니다. 그리고 자기가 자기 자신에게 하는 거짓말입니다. 이것을 잊지 말아야 합니다. 말을 해야 거짓말이 되는 것이 아닙니다. 말을 안하고 마음속으로 거짓말할 수도 있습니다. 그래서 오늘본문은 허탄한 말을 가지지 않게 해달라고 말씀합니다. 마음속으로 거짓말합니다. 원망합니다. 책임은 나에게 있는데, 남을 원망합니다. 내가 할 일을 하지 않고 하나님을 원망합니다. 이것이 거짓말입니다. 그리고 책임을 전가합니다. 또 핑계합니다. 그럴 수밖에 없었노라고요. 마음에는 원이로되 육신이 약해서, 어쩌고저쩌고…… 이렇게 말합니다. 그런데 이것이 하나님 앞에 통합니까? 우리는 하나님 앞에 거짓말하지 않게 해달라고 말해야 합니다. 불평불만 하는 것도 거짓말입니다. 원망하는 것이 거짓말입니다. 하나님 앞에 정직해야 합니다. 마르틴 루터는 신앙을 정의 할 때 'Honest to God(하나님 앞에 정직하는 것)'이라고 이야기합니다. 바로 그것이 믿음입니다. 여러분, 하나님 앞에 정직해야 합니다. 마음속에서도 거짓말하지 말아야 합니다.

그런가 하면 아굴의 다음 기도는 이렇습니다. "겸손하게 하옵소서. 부하게도 마옵시고, 가난하게도 마옵시고, 아주 일용할 양식으로 먹이시옵소서." 그는 스스로를 잘 알고 있습니다. 조금 잘 되면 교만해서 '하나님이 어디 있느냐?' 할 것이고, 좀 어려우면 자기가 도둑질해서 하나님의 이름을 욕되게 할 것입니다. 그런고로 "가난하게도 마옵시고, 부하게도 마옵시고, 일용할 양식으로 만족하게 하옵소서" 하는 것입니다. 겸손한 마음, 이것이 진짜 실용적 겸손입니다. 사실적으로 그렇습니다.

제가 목회를 50년 하면서 보게 되는 것들이 있습니다. 사업하시는 분들 가운데서 가끔 교회 잘 나오다가 잘 안 나오는 경우가 있습니다. 왜 안 나옵니까? 너무 바빠서 그렇습니다. 그리고 그다음에 사업이 어렵게 됩니다. 그런가 하면, 또 조금 잘못되면 잘못되었다고 또 그다음에 하나님을 원망하는 것을 많이 봅니다. 그저 조금 잘 되면 교만합니다. 좀 안다고 교만하고, 성공했다고 교만하게 되는데, 아닙니다. 이 사실을 알아야 합니다. 정직한 자는 그것을 알고 있습니다. '내가 교만했다. 잘못 생각했다.' 깊이 생각해야 합니다. 그래서 '부하게도 마옵시고, 가난하게도 마옵시고' 하는데, 이 얼마나 귀한 기도입니까. 스스로 하나님 앞에 겸비하기를 바라고, 부하면서 교만할까 봐 걱정입니다. 가난해서 하나님의 이름을 욕되게 할까 봐 걱정입니다. 이것은 중요한 것입니다.

옛날에 인천에서 목회할 때 어느 장로님이 가게를 하나 하는데, 주일만 되면 꼭 문을 닫습니다. 그러니까 물건을 사러 왔던 사람들이 주일에는 물건을 못 삽니다. 그렇게 되면 사업에 손해가 오지 않겠습니까. 그 장로님이 제게 하시는 말씀을 늘 생각합니다. 주일에 물건 사러 왔다가 사지 못하는 사람들은 다음에 왔을 때 자기가 많이 깎아준다고 합니다. 주일에 왔던 분이기 때문에 후대한다는 것입니다. 그래서 그 장로님의 별명이 '예수 동생'입니다. 우리는 모두 다 그런 마음으로 살아야 합니다. 그 마음속에 하나님의 이름이 욕되게 되면 안 되지 않습니까. 나의 행동으로 말미암아 하나님의 이름에 누가 되어서는 안 되지 않습니까. 그것이 바로 겸손이라는 말입니다.

신학적으로 겸손의 세 가지 단계가 있습니다. 첫째는 무질서한 욕망에서 벗어나는 것이 겸손입니다. 욕심을 버리는 것입니다. 무질서한 욕심, 불의한 욕심, 한계를 넘어서는 욕심을 다 버리는 것, 그것이 겸손입니다. '저것은 내 것이 아닙니다. 내가 바랄 것이 아닙니다. 여기까지가 하나님께서 내게 주신 것입니다.' 그것이 겸손입니다. 둘째는 초연한 단계에서 항상 영적 자유를 누리는 것입니다. 세속적이고 물질적이고 찰나적인 것은 중요하지 않습니다. 영원한 하늘나라, 그 영적 세계를 바라볼 때 가치관이 달라지는 것입니다. 그밖에는 다 부질없는 것입니다. 셋째는 십자가의 길을 선택하는 겸손입니다. 반드시 주님과 함께 죽으면 주님과 함께 살 것이고, 주님 앞에 버리면 주님이 책임져주시는 것입니다. 은총에 대한 응답은 항상 겸손입니다. 왜 그렇습니까? 내가 한 일이 아니기 때문입니다. 내가 한 일은 아무것도 없기 때문입니다. 그저 뭐라고 할 수가 없습니다. 오직 겸손함입니다. 그런고로 겸손의 열매가 감사인 것입니다.

여러분, 오늘 새해 첫 주일을 당해서 하나님 앞에 어떤 기도를 드리고 있습니까? 잘되어야 할 것도 많고, 해야 할 일도 많고, 책임 질 일도 많습니다. 하지만 먼저 우리 영혼을 깨끗하게 해서 하나님 앞에 정직한 사람으로 겸손한 사람으로 나타나도록 해야 합니다. 마음의 중심을 하나님 앞에 바치고, 하나님 앞과 온 사람 앞에 거짓 없이 살게 하시고, 아니, 내가 나를 속이는 일이 금년에는 없게 해달라고 기도해야 합니다. 하나님 앞에 정직하고, 성실하게 하시고, 그저 항상 주신 은혜에 감사하면서 하루하루를 살게 해달라고 기도해야 합니다.

하나님이시여, 금년은 겸손하게 해주십시오. 이제 원망하지 않게 해주시고, 어떤 일에도 불평이 없게 해주시고, 어떤 일에도 마음속에 근심 걱정이 없는, 늘 감사하는 마음으로 겸손을 배워가며, 겸손을 더 깊이 실천해나갈 수 있는 그런 새해가 되게 하여주십시오. 하나님이시여, 죽기 전에 이 소원을 들어주십시오. 거짓말하지 않게 해주시고, 그리고 겸손한 마음으로 살게 하여주십시오. △

하나님이 하시는 일

    예수께서 길을 가실 때에 날 때부터 맹인 된 사람을 보신지라 제자들이 물어 이르되 랍비여 이 사람이 맹인으로 난 것이 누구의 죄로 인함이니이까 자기니이까 그의 부모니이까 예수께서 대답하시되 이 사람이나 그 부모의 죄로 인한 것이 아니라 그에게서 하나님이 하시는 일을 나타내고자 하심이라 때가 아직 낮이매 나를 보내신 이의 일을 우리가 하여야 하리라 밤이 오리니 그 때는 아무도 일할 수 없느니라 내가 세상에 있는 동안에는 세상의 빛이로라 이 말씀을 하시고 땅에 침을 뱉어 진흙을 이겨 그의 눈에 바르시고 이르시되 실로암 못에 가서 씻으라 하시니 (실로암은 번역하면 보냄을 받았다는 뜻이라) 이에 가서 씻고 밝은 눈으로 왔더라 이웃 사람들과 전에 그가 걸인인 것을 보았던 사람들이 이르되 이는 앉아서 구걸하던 자가 아니냐 어떤 사람은 그 사람이라 하며 어떤 사람은 아니라 그와 비슷하다 하거늘 자기 말은 내가 그라 하니 그들이 묻되 그러면 네 눈이 어떻게 떠졌느냐 대답하되 예수라 하는 그 사람이 진흙을 이겨 내 눈에 바르고 나더러 실로암에 가서 씻으라 하기에 가서 씻었더니 보게 되었노라 그들이 이르되 그가 어디 있느냐 이르되 알지 못하노라 하니라

(요한복음 9 : 1 - 12)

하나님이 하시는 일

일반적으로 알기에 유대인들의 특징 중 하나는 세상을 매우 낙관적 관점에서 본다는 것입니다. 유대인들은 유월절이 되면 온 국민이 모여서 똑같은 찬송을 반복해서 부릅니다. 그 찬송 가사는 '아니마민'입니다. 아니마민, 아니마민, 아니마민…… 이 찬송을 계속 부릅니다. '아니마민'이라는 말은 히브리말로 '나는 믿는다'라는 뜻입니다. 이 노래는 아우슈비츠의 감옥에서 작사 작곡된 것입니다. 6백만 명이나 되는 사람들이 억울하게 희생되는 그 엄청난 수난 속에서 생겨난 신앙고백입니다. '나는 믿노라. 나는 믿노라. 우리는 구세주가 오실 것을 확실히 믿노라. 다만 구세주가 나타나는 것이 조금 늦어질 따름이다. 구세주가 나타나는 것이 조금 늦어질 따름이다. 그러나 확실하게 구세주는 나타난다. 하나님은 우리와 함께하신다.' 이런 신앙고백을 그들은 찬송으로 부르고 있습니다.

폴 틸리히는 그가 쓴 「Dynamics of Faith」라는 책에서 다음과 같은 유명한 말을 합니다. '불확실성을 은혜로 받아들이는 믿음의 요소가 용기다.' 우리 이성을 가진 사람들, 이 부족한 사람들이 볼 때는 하나님께서 하시는 일이 확실하지 않습니다. 불확실합니다. 어딘가 모르게 내 마음에 안 듭니다. 그런 불확실성으로 가득합니다마는, 그것을 은혜로 받아들일 때, 그런 믿음을 가질 때, 불확실성을 은혜로 받아들이고 믿음을 가질 때, 거기에 용기가, 신앙적 삶에 용기가 솟아나는 것이라고 그는 말하고 있습니다.

데이빗 씨맨즈라는 신학자는 이렇게 말했습니다. '사탄이 인간

에게 주는 가장 치명적인 무기는 심리학적 무기다. 그중에 가장 심
각한 것은 바로 낮은 자존심이다.' 그는 이 낮은 자존심에 대해서 네
가지 영역을 말합니다. 하나는 자기 재능에 대해서 '나는 재능이 없
다'라고 생각하는 것입니다. 재능은 발굴해야 되는 것입니다. 재능
은 일을 해야 되는 것입니다. 모험도 해야 재능이 생기는 것입니다.
그런데 그냥 앉아서 '나는 재능이 없다. 나는 무능하다' 하고 스스로
평가합니다. '나는 미래가 없다. 이리 생각해도, 저리 생각해도 내게
는 미래가 없다.' 이것이 바로 자기 스스로를 파멸하는 낮은 자존심
입니다. 그런가 하면, 대인 관계에서도 '나는 모든 사람으로부터 소
외되고 있다. 나를 반기는 사람은 아무도 없다' 합니다. 이것이 불
신앙이라는 말입니다. 그런가 하면, 하나님의 사역에 대해서도 '하
나님께서 하시는 일은 멀리 있고, 나의 현실과는 아무 상관이 없다.'
이렇게 자기 자신을 소외시키고 있다는 것입니다. 이 낮은 자존심이
바로 불신앙이라는 말입니다. 이런 것들이 하나님의 은혜를 파괴한
다고 그는 말하고 있습니다.

　　오늘본문에는 완전히 소외되고 버려진 한 인간의 모습이 나옵
니다. 왜 그렇습니까? 그는 소경으로 태어나서 나이 사십 세가 될
때까지 구걸하며 거지로 살아왔습니다. 이 사람의 일생은 어떻게 평
가해야 합니까? 앞 못 보는 사람으로 태어나 사십 세가 될 때까지
배운 것도 없고, 아무 도움도 받지 못하고, 거리에 나서서 살기 위해
구걸하며 한평생을 살아왔습니다. 그는 이제 묻습니다. 이 책임이
누구에게 있습니까? 모르겠습니다. 왜 나는 이렇게 돼야 하는지, 그
운명도 알 수 없습니다. 부모의 죄입니까, 본인의 죄입니까? 그것도
모르겠습니다. 이 사람에게 어떤 미래가 있다고 생각하십니까? 그

는 아무 미래도 상상해볼 수 없습니다. 그런가 하면, 과거에 대한 후회도 없습니다. 이것이 이 사람의 모습입니다.

　그러나 오늘 본문에 나타나는 중요한 핵심은 하나님께서 하시는 일입니다. 이 사람을 통하여 하나님께서 하고자 하시는 일이 있었다는 것입니다. 특별히 이런 사람을 통해서도 하나님께서 하시는 일이 있다면 우리 모든 사람에게도 하나님께서 하고자 하시는 일이 어찌 없다고 하겠습니까. 이 사람을 통해서도 하고자 하시는 일이 별도로 준비되어 있다면 여러분 한 명 한 명이 하나님 앞에 얼마나 소중한 사명자인지를 잊어서는 안 됩니다. 하나님께 이 사람은 소중한 존재입니다. 하나님의 그 큰 경륜 속에, 하나님의 그 고귀한 구속의 역사와 목적 속에 이 사람은 소중하게 쓰이는 존재입니다. 하지만 이 모순되고 알 수 없는 고난 속에서 그는 스스로 하나님 앞에 쓰이는 귀한 존재임을 오늘까지 모르고 살아왔습니다.

　버려진 시간, 헛된 사건, 아무 의미도 없는 것 같은 이런 사건 속에 하나님의 역사는 별도로 준비된 바가 있었습니다. 이 사람은 이 많은 고통 속에서 고민하며 살았습니다. '나는 왜 이래야 할까? 나는 왜 이렇게 특별히 불행하게 살아야 할까? 왜 이렇게 어두운 생을 살아야 할까?' 그러나 이 사건 때문에 그리스도를 만납니다. 그가 예수님을 직접 찾아가서 만난 것도 아닙니다. 길거리에서 구걸하다가 예수님께서 이 사람을 만나주신 것입니다. 이 사람을 찾아주신 것입니다. 이 고난의 역사가 그리스도를 만나는 계기가 됩니다. 개인적으로 특별하게 예수님을 만나는 계기가 됩니다. 은총적 계기가 마련됩니다. 어쩌면 이 고난 때문에 그리스도를 만나고, 그리스도를 만날 만한 믿음과 마음가짐이 준비되었다고 생각합니다. 다른 모든 사람은 예수님을 랍비로 보고 있습니다. 그러나 이 사람에게 나타난 예수 그리스도는 하나님의 아들 됨을 계시하는 사건으로 이 사람의 만남의 관계가 쓰이게 됩니다. 하나님께서 하시는 일, 구원하고자 하시는 놀라운 역사가 이 사람을 통해서 이루어집니다.

하나님께서 하시는 일은 철학적 이론에 의한 것도 아니고, 도덕적 난제도 아닙니다. 율법적 관계도 아닙니다. 또한, 특별히 중요한 것은 이 사람의 과거 문제를 묻지 않으신다는 것입니다. 고난 속에서 새로운 미래가 이루어집니다. 새로운 의미의 창조적 삶이 전개됩니다. 이 사람의 삶은 계시적 사건으로, 큰 섭리 속에 신비로운 하나님의 역사로 나타나게 됩니다. 그리고 오늘본문에 기록되어 있지 않습니까. 하나님께서 하시는 일은 신비로운 것입니다. 하나님만이 아시는 것입니다. 그러나 중요한 것은 예수님과 이 사람이 만나게 됩니다. 이 만남의 사건에서 꼭 필요한 것이 있었습니다. 바로 믿음입니다. 오늘본문에 나타나는 이야기 가운데 보면, 믿음이 좀 더 다른 의미로 신비롭게 설명되고 있습니다. 하나님께서 하고자 하시는 일을 나타내시기 위하여 예수님께서 이 사람과 만나십니다.

그런데 예수님께서는 이 사람에게 좀 이상하게 하셨습니다. 아무리 봐도 좀 이상합니다. 손으로 눈을 만지든지 하셔야 하는데, 침을 땅에다 뱉으시고서 그 침과 흙을 이기셔서 눈에 바르셨습니다. 아니, 장님의 눈은 눈이 아닙니까. 그 눈이 얼마나 아프겠습니까. 먼지만 들어가도 아픈 게 눈인데, 진흙을 이겨서 눈에다 바르셨습니다. 이게 말이 됩니까. 저는 장님이 이 장면에서 가만히 서 있었다는 자체가 훌륭하다고 생각합니다. 저 같으면 안 합니다. 도대체 사람을 뭘로 보고요? 안 그렇습니까. 그런데 예수님께서는 이상하게도 땅에다 침을 뱉으셔서 진흙을 거기에 이기셔서 눈에다 바르셨습니다. 여러분, 제가 왜 이런 말씀을 드리는지 아십니까? 하나님의 일은 우리가 보기에 이상할 때가 있다는 것입니다. 내 뜻대로가 아니고, 내 상식도 아닙니다. 좀 이상한 방법으로 인도하실 때가 있는 것입니다. 이상한 방법으로 하나님의 역사는 나타날 때가 있습니다. 그것을 잘 참아야 합니다. 잘 참고 견뎌야 합니다. 그걸 아셔야 합니다.

저는 늘 생각합니다. '내가 목사 된 그 경로가 어디서 왔을까?' 여러 가지 생각을 합니다. 제가 1950년, 6·25가 일어나는 바로 그 시간에 광산에 끌려가서 8개월 동안 죽을 고생을 했습니다. 왜요? '왜 내가 그런 고생을 해야 했는가? 왜 내게 그런 일이 있어야 했는가?' 이것은 아무도 모릅니다. 그때는 그랬습니다. '왜 나만 이래야 합니까? 나만 왜 이렇게 고생을 해야 합니까? 내가 여기서 이렇게 죽을 것 같은데, 왜 이래야 합니까?' 그러나 그 사건은 그냥 흘려보낼 일이 아니었습니다. 그 때문에 목사가 되고, 그 때문에 여러분 앞에 섰습니다. 이걸 잊지 말아야 합니다. 우리가 때때로 상식에 어긋나는 고난을 당할 때가 있고, 상식에 어긋나는 손해를 볼 때가 있습니다. 말도 안 되는 일이 일어나거나, 내가 피해를 볼 때 시련을 당할 때가 있습니다. 그러나 다시 말합니다. 이런 불확실한 가운데 내가 이해할 수 없는 불확실 속에 있는 은총을 믿을 수 있어야 그것이 삶에 용기가 되는 것이라는 말입니다. 이 사람의 눈에 진흙을 발라놓으시고 예수님께서 말씀하십니다. "실로암에 가서 씻으라." 여러분, 생각해 보시기 바랍니다. 순종할 수 있는 이야기입니까? 아니, 눈을 치료하려면 "당장 눈을 떠라!" 하고 말씀하셔야 할 텐데, 왜 또 실로암까지

가라는 것입니까? 실로암까지는 상당히 먼 거리입니다. 그리고 이 장님으로서 이렇게 지팡이를 짚고 간다면 세 시간은 걸려야 갈 수 있습니다. 이 사람이 세 시간 동안 실로암까지 지팡이를 짚고 가면서 무슨 생각을 했을까요? 여러분, 한번 생각해보시기 바랍니다. 저는 이렇게 생각합니다. '일진 사납다. 내가 이거 뭐 하고 있는 것인가? 지금 내가 뭐 하는 짓인가? 이게 지금 어? 아니, 실로암에 가서 물로 씻는다고 해서 무슨 일이 생길 것인가?'

그러나 어쨌든 예수님께서 말씀하셨습니다. 누구인지는 모르지만, 그분이 말씀하셨습니다. "실로암에 가서 씻으라." 그러니 실로암까지 가야 합니다. 지팡이를 짚고 거기까지 가는 그 사람의 심정을 한번 생각해보시기 바랍니다. 이게 바로 불확실성 속에 있는 은총을 믿는 것입니다. 실로암까지 가서 자기 손으로 실로암 연못에서 물을 떠서 눈을 씻었더니 눈을 뜨는 것입니다. 여기서 이제야 비로소 왜 이런 일이 있어야 했는지 답이 되는 것입니다. 그 옛날의 슬픔, 옛날의 고통스러웠던 40년간의 고통이 그 많은 수수께끼가 풀리는 것입니다. '이 사건으로 내가 예수님을 만났다. 이 사건으로 내가 은총을 체험했다. 모든 사람이 경험할 수 없는 특별한 은혜를 나는 입었다.' 이렇게 깨닫게 됩니다.

뿐만이 아니라, 오늘분문에 또한 신비한 것은 그 후속 결과입니다. 당장 이루어지는 것이 아니고, 세 시간 뒤에 이루어지는 것입니다. 그가 믿음으로 순종하고 실로암까지 가야 합니다. 실로암까지 가서 씻어야 눈을 뜰 수 있는 것입니다. 후속 결과, 그것이 아주 중요합니다. 때때로 우리는 좀 조급할 때가 많습니다. 언젠가 한 번은 제게 이런 일이 있었습니다. 여러분 가정에 가서 서랍을 한번 열어

보시기 바랍니다. 먹다가 만 약봉지가 많을 것입니다. 여러분 의사가 항생제 약을 처방해줍니다. 하루하루 시간 맞춰서 사흘은 먹어야 합니다. 항생제는 사흘 뒤에야 효과가 나기 때문입니다. 오늘 먹는다고 당장 효과가 나는 것이 아닙니다. 그래서 사흘을 참지 못해서 안 먹고 서랍에 넣어놓은 약들이 수두룩하지 않습니까. 지금 이것이 잘못입니다. "실로암까지 가서 씻어라." 그 먼 길을 혼자서 지팡이를 짚고 가는 것입니다. 믿음이 대단한 것입니다. 씻고 나서 눈을 뜰 때 비로소 '내가 왜 이러해야 했는가?' 하고 모든 수수께끼가 풀리는 것입니다. 하나님 앞에 감사하게 됩니다. 이것이 바로 오늘본문의 주제입니다. 하나님께서 하고자 하시는 일은 예수님을 만나는 것이고, 또 말씀대로 순종하는 것입니다. 당장 효과가 없더라도 주시는 말씀대로 불확실성을 참고 순종하면 저 끝에 가서 내가 왜 이러해야 했는지, 내 현실이 왜 이러해야 했는지가 다 설명이 됩니다.

그는 오늘본문 36절에서 예수님을 만납니다. 눈 감았을 때 만난 예수님이기 때문에 그 예수님을 보고도 못 알아봅니다. 그는 예수님 앞에 와서 비로소 "주여, 그가 누구시오니까? 내가 믿고자 하나이다!" 합니다. 예수님을 앞에 놓고 "내가 그를 믿고자 하나이다!" 합니다. 예수님께서 말씀하십니다. "내가 그로라." 그때 이 사람이 간증합니다. "주여, 내가 믿나이다." 그 '믿나이다'라는 말 속에 무궁무진한 진리가 있습니다. 크고 놀라운 신앙 간증이 있습니다. '내가 믿나이다. 주님께서 나를 구속하심을 믿나이다. 내가 왜 그동안, 40년동안 장님으로 살아야 했는지를 믿나이다. 하나님께서 하시는 일이 나와 함께하심을 믿나이다.' 이 사건을 통해서 그는 주님 앞에 가고 있습니다. 신비로운 역사입니다.

여러분, 우리가 당한 현실이 어떻습니까? 왜 이렇게 해야 합니까? 왜 나만 이렇게 되어야 합니까? 왜 내게 이런 일이 있는 것입니까? 더는 묻지 마시기 바랍니다. 도덕적 책임도 묻지 않고, 누구라고, 누구 때문이라고 생각하지도 마시기 바랍니다. 모든 사건을 통해서 하나님께서 하고자 하시는 일이 그 속에 있습니다. 신비롭게 쌓여 있습니다. 그 일이 이루어지려면 우리는 주님을 만나야 하고, 그 일이 이루어지기 위해서 우리의 깨끗한 믿음, 불확실한 가운데 순종하는 믿음이 있을 때 하나님께서 하고자 하시는 일이 오늘 나타날 것입니다. 내게 나타날 것입니다. 그때 주님을 찬양하게 될 것입니다. △

네 나중은 창대하리라

수아 사람 빌닷이 대답하여 이르되 네가 어느 때까
지 이런 말을 하겠으며 어느 때까지 네 입의 말이 거
센 바람과 같겠는가 하나님이 어찌 정의를 굽게 하시
겠으며 전능하신 이가 어찌 공의를 굽게 하시겠는가
네 자녀들이 주께 죄를 지었으므로 주께서 그들을 그
죄에 버려두셨나니 네가 만일 하나님을 찾으며 전능
하신 이에게 간구하고 또 청결하고 정직하면 반드시
너를 돌보시고 네 의로운 처소를 평안하게 하실 것이
라 네 시작은 미약하였으나 네 나중은 심히 창대하리
라

(욥기 8 : 1 - 7)

네 나중은 창대하리라

심리학자 폴 투르니에의 저서에 「인생의 사계절」이라고 하는 유명한 책이 있습니다. 한평생을 살다 보면 인생도 마치 봄 여름 가을 겨울과 같은 사계절이 있다는 것입니다. 처음에는 봄과 같은 계절이 있습니다. 사랑받고 태어나서 사랑받고 사는 때가 있는 것입니다. 우리는 어린아이 때 많은 사랑을 받습니다. 모든 사람으로부터 사랑을 받습니다. 적어도 한 살에서 네 살까지는 제왕 같은 사랑을 받습니다. 모두가 다 그를 귀하게 보고, 또 이렇게 살뜰하게 볼 때마다 기쁨을 주고, 기쁨을 받는 사랑의 관계에 있습니다. 그리고 그 사랑의 영역을 점점 더 넓혀가게 됩니다. 어린아이들이 큰 충격을 받는 것이 무엇이냐 하면, 모두가 사랑하는 줄 알았는데, 어머니가 날 사랑하는 줄 알았는데, 어느 날 보니 아닌 것입니다. 어느 때는 꾸중하고, 어느 때는 때립니다. 아이들은 이것에 깜짝 놀랍니다. 나는 사랑받는 존재인 줄 알았는데, 어떻게 어머니가 나를 때릴 수 있을까? 어머니의 눈빛이 평소와는 다른 것을 느끼는 것입니다. 바로 그때 하늘이 무너지는 듯한 고통을 느낀다는 것입니다. '세상은 오직 사랑인 줄 알았는데, 아, 그게 아니구나!' 이런 충격을 받는다고 합니다. 사실 그렇지 않겠습니까. 결국은 어린아이들이 크면서 좋은 말도 하고, 좋은 눈빛으로 사랑해주기도 하고, 또 선물을 주기도 하고, 여러 가지로 돌보는, 그런 사랑을 받을 때도 있지만, 어느 순간에는 바뀝니다. 우리는 진노의 사랑을 이해해야 합니다. 어머니가 꾸중하시고, 아버지가 때리고 책망하실 때 그 속에 사랑이 있음을 깨달아야 합니다. 그 진노의 사랑을 이해하려면 그만큼의 성숙함이 있어야 합니다. 칭찬만 사랑이 아닙니다. 꾸중도 사랑입니다. 사랑스러운 말과 선물을 주고 위로하는 것만 사랑이 아닙니다. 때로는 진노하고, 징계하고, 채찍을 드는 것도 사랑이라는 사실을 깨달아야 그만큼 성숙하는 것입니다.

그런가 하면, 여름철과 같은 고난의 계절도 있습니다. 인간은 고난을 통해서 변화를 일으킵니다. 태도가 달라집니다. 아니, 지혜로운 자가 됩니다. 고난을 겪지 않고는 성장하지 못합니다. 정신력도 몸도 다 그렇습니다. 우리가 흔히 건강을 위해서 운동을 한다고 합니다. 운동이 무엇입니까? 한마디로 몸을 괴롭히는 것입니다. 결국은 몸을 이 모양 저 모양으로 괴롭히고 그것을 극복하면서 건강을 얻자는 것 아니겠습니까. 모든 고난 속에서 인간의 인격은, 영적 존재는 성숙해가는 것입니다.

그런가 하면, 가을과 같은 때가 있습니다. 이제는 절실하게 자기 행위에 대한 대가를 자기가 받아들여야 합니다. 수고를 많이 했으면 좋은 열매를, 수고가 없었으면 후회와 낙담밖에는 없을 것입니다. 인생의 가을이 온다는 것입니다. 뿐만이 아니라, 인생의 가을에서는 모방에 대해서 한번 생각해보아야 합니다. '내가 그동안 누구를 닮았나? 누구를 모방하고 살았나?' 결론은 인생의 가을에 가서야 나오는 것입니다. 좋은 본을 따라서 산 사람은 좋은 결과를 얻을 것입니다. 잘못된 본을 따라서 되는대로 살았다면 가을에 가서 엄청난 후회와 낙담 밖에는 남지 않을 것입니다. '그러지 말았어야 했는데, 내가 그것을 따르지 말았어야 했는데……' 이렇게 후회해도 이미 늦습니다. 그러니 그것이 얼마나 중요합니까.

저는 언젠가 평양에 갔을 때 그곳의 고려호텔 커피숍에서 한국에서 알던 유명한 목사님을 만난 적이 있습니다. 한국에서도 가까이 지냈고, 미국에서도 가까이 지내던 목사님이었는데, 어느 날 그분이 그만 사회주의에 빠지고, 공산주의에 매혹되어서 공산주의 신학을 연구하고 가르치면서 목회도 못 하고 참 어려웠습니다. 그분을 거기에서 만난 것입니다. 장소가 장소인지라 긴 이야기는 나누지 못했지만, 그분이 저를 보자마자 제 손을 딱 잡고 아무 말 없이 그냥 눈물을 주르륵 흘렸습니다. 그리고 이렇게 말했습니다. "목사님, 저는 인생을 잘못 살았습니다. 제가 목사님 설교를 많이 듣고, 목사님이 쓰신 책도 보면서 목사님처럼 살 수 있었는데, 어쩌다가 제가 이렇게 공산주의에 매혹되어서 인생이 망가졌는지 모르겠습니다." 그리고 딱 한 마디 한 것을 제가 지금도 기억합니다. "제가 미국의 유니온 신학교에 가서 공부할 때 폴 히만이라는 교수를 만났는데, 그 교수를 만난 것이 제 일생일대의 잘못이었습니다. 그 교수를 만나면서부터 제 사상이 확 돌아버리고 말았습니다." 여러분, 스승 한 분을 만난다는 것이 얼마나 중요합니까. 좋은 책 한 권을 본다는 것이 얼마나 중요합니까. 생의 모델, 생의 모본을 잘못 따라가면 마지막 가을에 가서 추수할 때 아무것도 없습니다. 이걸 알아야 합니다. 그래서 사도 바울은 갈라디아서 2장 20절에서 말합니다. "그런즉 이제는 내가 사는 것이 아니요 오직 내 안에 그리스도께서 사시는 것이라." 나는 그리스도만 본받고, 내 안에 그리스도께서 계시므로 그렇게 나는 살아왔노라, 이것입니다. 여러분, 이렇게 살 때 후회가 없습니다. 그러나 인생의 가을 추수 때 가서 "그동안 종자를 잘못 뿌렸어요. 그동안 게을렀어요. 그동안 잘못 가꾸었어요" 하고 지난 생을 끝없이 후회하는 실패한 사람들을 많이 볼 수 있습니다. 그런가 하면, 인생의 겨울이 옵니다. 이것은 적응입니다. 자기 자신의 습관을 넘어서야 하고, 어차피 이제는 내려놓아야 합니다. 겨울이 되면 다 접어야 합니다. 그리고 모든 관계를 끊어야 합니다. 인생의 사계절을 폴 투르니에는 이렇게 설명하고 있습니다.

오늘 본문은 이렇게 말씀합니다. "네 시작은 미약하였으나 네 나중은 심히 창대하리라(7절)." 시작은 미약하나 그 끝은 창대하리라—이것은 욥이 말할 수 없는 시련을 겪고 있을 때 그 친구 되는 빌닷이라는 사람이 와서 충고하는 말입니다. "네가 지금 고생을 많이 하고 있으나, 장차는 잘 될 것이다. 시작은 미약하나, 끝은 창대할 것이다." 이런 말입니다. 현재 욥은 큰 시련을 겪고 있습니다. 상상할 수도 없는 많은 고난을 당하고 있지만, 이 시련의 시작은 미약하나 그 끝은 창대하리라는 것이 그 친구가 욥에게 하는 위로의 말입니다. 이 한마디 말고는 다른 위로가 있을 수 없습니다. 큰 시련은 큰 믿음을 줍니다. 큰 시련, 그 속에 신비로운 큰 은총이 감추어져 있습니다. 문제는 시련의 시작과 나중, 그 구별이 있다는 것입니다. 시작은 미미합니다. 그러나 끝은 창대할 것입니다. 시작과 끝을 생각해야 합니다. 하나님께서 아브라함을 부르십니다. 아브라함이 75세 때 하나님의 음성을 듣습니다. 하나님의 음성은 아주 간결합니다. "고향과 친척을 떠나라." 아브라함의 고향은 갈대아 우르로서, 우상으로 가득한 곳입니다. 하나님께서 말씀하십니다. "고향과 친척을 떠나라." 그런데 어디로 가라는 말씀이 없으십니다. 가면 어떻게 된다는 말씀도 없으십니다. "떠나라." 이 한마디 말씀에 75세가 된 아브라함은 온 가문과 온 문중을 이끌고 조카까지 데리고 고향을 떠납니다. 이것이 믿음입니다.

　히브리서는 말씀합니다. "아브라함이 갈 바를 알지 못하고 떠났다." 갈 바를 알지 못하고 떠나라고 하시니 떠난 것입니다. 떠나서 며칠 동안을 갔는데, 그다음에 하나님께서 아브라함이 순종하는 것을 보시고 아브라함에게 말씀하십니다. "이 땅을 너와 네 후손에게 주마." 제 생각은 이렇습니다. '좀 미리 말씀하시면 안 됩니까?' 동으로 가라, 서로 가라, 어느 마을로 가라, 어느 지방으로 가라…… 왜 이런 말씀을 안 하셨을까요? 그저 떠나라 하시니 믿음으로 떠난 그 모습을 보시고 나서야 "이 땅을 너와 네 후손에게 주마" 하고 축복하십니다. 여기에 굉장한 의미가 있습니다. 결과를 모르고 말씀만 믿고 순종했다는 것입니다. 순종 뒤에 하나님께서는 축복하시고, 순종하고 나서 저만큼 가서야 아브라함이 그 축복의 뜻을, 하나님 말씀의 뜻을 깨닫게 되었다는 것입니다.

　욥기 23장 10절에서 욥은 말합니다. "내가 가는 길을 그가 아시나니 그가 나를 단련하신 후에는 내가 순금 같이 되어 나오리라." 귀한 신앙고백입니다. 나의 가는 길을 그가 아시나니 ─ 반대로 말하면, 나는 모른다는 것입니다. 나의 가는 길을 그가 아십니다. 말씀하신 그만이 알고 계십니다. 그만이 책임을 지십니다. 나는 그 말씀을 믿고 따르는 것뿐입니다. 그런데 이 과정을 통해서 정금 같이 나올 것입니다. 점점 발전하고 훈련받아서 정금 같이 나오리라는 믿음, 이 믿음을 가지고 그 많은 시련을 겪고 승리하는 것입니다. 그 마지막은 하나님만이 아십니다. 그러므로 마지막에는 우리의 믿음만이 필요합니다.

　하나님의 교과 과정이 있습니다. 하나님의 커리큘럼이 있습니다. 이것을 잊지 말아야 합니다. 하나님께서 이스라엘 백성을 애굽에서 인도해내셨습니다. 40년 동안을 광야에 두십니다. 이것은 하나님의 커다란 교과 과정입니다. 하나님의 커리큘럼 가운데 그들이 있는 것입니다. 우리는 이것을 믿고 따라가야 합니다. 여러분, 다들 학교에서 공부해보셨지요? 초등학교든 중학교든 대학교든, 필요한 교과서와 교재가 있고, 교수님이 주시는 교과 과정이 있습니다. 왜 이 책을 보아야만 하느냐고 따져서는 안 됩니다. 반드시 읽어야 합니다. 제가 본 시험들 가운데에는 이런 것도 있었습니다. 책 한 권을 떡하니 주고 나서 그걸 일주일 동안 보라고 합니다. 그리고 일주일 뒤에 그 책에 대해서 시험을 보겠다는 것입니다. "이 책을 일주일 동안 열심히 읽어라." "왜 이래야 합니까?" "읽으라면 읽어라. 읽어야 하기 때문에 읽으라는 것이다." 하나님의 커리큘럼이며, 하나님의 교과 과정입니다. 토를 달지 마십시오. 이의를 제기하지 마십시오. 하나님께서 내게 주시는 시련과 많은 어려움이 있지만, 그 속에는 하나님만이 아시는 확실한 계획이 있습니다. 하나님의 섭리가 있습니다. 이걸 잊지 말아야 합니다.

　욥기 42장 5절, 6절에서 욥은 이런 고백을 합니다. "내가 주께 대하여 귀로 듣기만 하였사오나 이제는 눈으로 주를 뵈옵나이다 그러므로 내가 스스로 거두어들이고 티끌과 재 가운데에서 회개하나이다." 귀로 듣기만 하더니 지금은 봅니다. 전에는 듣기만 하더니 지금은 봅니다. 왜요? 많은 환란과 고통과 시련을 통해서 주를 보게 되었습니다. 오늘도 우리가 경험하지 않습니까. 기도하기도 하고, 예배하기도 하지만, 안 됩니다. 시련을 겪어야 합니다. 내가 겪고 나야 비로소 하나님의 뜻이 보입니다. 그전에는 듣기만 합니다. 그저 느끼기만 합니다. 그러나 시련을 통해서 하나님을 봅니다. 하나님의 손길을 봅니다. 그런데 욥은 하나님 앞에 이것을 생각하고 회개한다고 했습니다. 왜요? 깊은 의미가 있습니다. 전에 듣기만 할 때는 불평이 많았었기 때문입니다.

그러나 이제 보고 나니까 그것이 은총이었습니다. 그래서 지난날 마음속으로 원망한 것, 불평한 것을 오늘 다 회개합니다. 이 마지막 딱 한 마디입니다. 욥은 회개라는 말을 그 긴 욥기에서 딱 한 번 합니다. 이 회개는 징계 가운데 있는 것이 아닙니다. 하나님의 큰 은총을 깨닫고, 귀한 섭리를 깨닫고 난 다음에 이렇게 회개하는 것입니다. '전에는 듣더니 지금은 봅니다. 하나님의 은총을 봅니다. 체험하며 확신합니다. 지난날 후회한 것, 하나님을 의심한 것, 여러 가지로 불충실한 것을 회개합니다.' 이것이야말로 참으로 아름다운 회개입니다. 우리는 끝을 모르고 삽니다. 그러나 하나님께서 예비하신 최종결과가 있습니다. 시작은 모르겠습니다. 그러나 나중은 확실합니다. 이 믿음으로 살 때 지혜도 얻고, 성장도 얻고, 성숙함도 얻고, 능력도 얻게 되는 것입니다.

우리는 큰 시련을 통해서 불확실한 가운데 확실함을 얻게 됩니다. 모르고 따라가고, 모르고 살지만, 시련을 통해서 하나님의 섭리를 알게 됩니다. 우리는 항상 나약한 존재입니다. 여러 가지로 의지도 생각도 믿음도 나약하지만, 어려운 시련을, 나만이 겪는 시련을 통해서 강한 믿음의 사람이 됩니다. 항상 우리는 이기적인 존재이기 쉽습니다. 나밖에 모릅니다. 그러나 시련을 통해서 비로소 사랑할 줄 아는 사람이 됩니다. 때로는 내 뜻에만 집착합니다. 그러나 이제는 하나님의 뜻을 앞세우는 사람, 그의 나라와 그의 의를 구하는 사람이 됩니다. 우리는 쓸모없는 존재입니다. 그러나 많은 시련을 통해서 쓸모 있는 사람으로 양육되는 것을 봅니다. 미약하게, 불확실하게, 초라하게 시작하는 것 같습니다. 그러나 하나님의 은총 속에서 우리는 강해지고, 성숙해지고, 온전함에 이르게 됩니다. 이것이 하나님의 뜻이요, 이 사실을 아는 것이 하나님의 사람의 모습입니다.

저는 종종 미국에 가서 부흥회를 많이 인도했습니다. 그러면 미국에서 사는 교포들을 만납니다. 그 교포들 가운데 이런 간증을 하는 사람들이 제일 많습니다. "제가 이 어려운 곳에, 이 낯선 곳에 왜 왔겠습니까?" 한국에서 사업하다가 실패해서 미국에 가신 어떤 분은 이런 말을 합니다. "제가 친구의 사업에 보증을 잘못 섰다가 그만 전 재산을 홀랑 다 날렸습니다. 할 수 없이 달랑 돈 2백 불만 가지고 온 집안 식구가 미국으로 건너왔습니다. 그동안 안 해본 일이 없습니다. 구두수선에서부터 청소까지, 심지어 남의 집 부엌일과 빨래까지 해가면서 그 고생을 했습니다. 그렇게 많은 시련을 겪어서 이만큼이나마 살게 되었습니다." 그러면서 자기 집을 보여주고, 살림도 보여주었습니다. 그다음 말이 이렇습니다. "그때 제가 그대로 한국에 있었더라면 지금도 그 모양일 텐데, 그 많은 시련을 통해서 제가 이만큼의 신앙으로 이만큼의 사업을 이루었습니다. 그리고 이렇게 아이들도 다 잘됐습니다." 그래서 제가 한마디 했습니다. "그렇다면 당신을 괴롭힌 그 사람, 당신에게 손해를 입힌 그 사람을 이제는 원망하면 안 되지." 그러자 이렇게 답합니다. "아 물론이지요. 제가 한국에 가서 큰 잔치를 했습니다. 자네 덕에 내가 이 만큼 됐노라고 하면서요."

여러분, 혹시 밤에 운동경기하는 것을 본 적이 있으십니까? 야

간에 하는 축구경기, 야구경기 본 적 있으십니까? 외국 사람들과 경
기를 하게 되면 새벽까지 운동경기가 이어지는 경우가 있습니다. 그
러면 잠도 못 자고 흥분해가면서 응원하지 않습니까. 이 경기를 보
는 방법은 두 가지가 있습니다. 하나는 실시간으로 보는 것이고, 다
른 하나는 다음 날 아침 재방송으로 보는 것입니다. 실시간 방송을
보는 사람과 재방송을 보는 사람, 어느 쪽이 행복하겠습니까? 실시
간으로 보는 사람은 질 것인가, 이길 것인가 정신이 없습니다. 자칫
하다가는 심장마비로 죽을 수도 있습니다. 실제로 그렇게 죽는 사람
을 보았습니다. 어느 분이 한국 선수와 일본 선수가 권투시합 하는
것을 실시간으로 보면서 소리를 지르며 응원하다가 갑자기 아내에
게 두통을 호소하더니 결국 죽고 말았습니다. 그러니 어떻습니까?
실시간으로 봐야겠습니까? 다음 날 아침에 봐야겠습니까? 다음 날
아침에는 이겼는지 졌는지, 다 알고 보는 것입니다. 결과를 알고 보
는 것입니다. 그러니까 상관없습니다. 그러니 웬만하면 재방송을 보
시는 것이 좋습니다. 왜요? 결과를 알고 보는 것이기 때문입니다.
이것이 신앙적으로 중요합니다. 결과를 알고 오늘을 보는 것입니다.
이것이 신앙생활입니다. 오늘본문은 말씀합니다. "시작은 미미하나
장차 창대할 것이다." 창대하게 된다—이 약속을 받고 오늘을 사는
것입니다.

　시작은 미미하고 미숙합니다. 그러나 지금은 어리석고 미련하
지만, 나중은 하나님께서 예비하신 것을 받게 될 것입니다. 창대하
리라—그러므로 내가 지금 할 일은 본문대로 청결함과 정직함으로
사는 것입니다. 그럴 때 하나님께서 주시는 창대함의 삶을 살게 될
것입니다.　△

긍휼을 배우라

　예수께서 그 곳을 떠나 지나가시다가 마태라 하는 사람이 세관에 앉아 있는 것을 보시고 이르시되 나를 따르라 하시니 일어나 따르니라 예수께서 마태의 집에서 앉아 음식을 잡수실 때에 많은 세리와 죄인들이 와서 예수와 그의 제자들과 함께 앉았더니 바리새인들이 보고 그의 제자들에게 이르되 어찌하여 너희 선생은 세리와 죄인들과 함께 잡수시느냐 예수께서 들으시고 이르시되 건강한 자에게는 의사가 쓸 데 없고 병든 자에게라야 쓸 데 있느니라 너희는 가서 내가 긍휼을 원하고 제사를 원하지 아니하노라 하신 뜻이 무엇인지 배우라 나는 의인을 부르러 온 것이 아니요 죄인을 부르러 왔노라 하시니라

(마태복음 9 : 9 - 13)

긍휼을 배우라

　명절 때가 되면 가끔 다시 생각나는 사건이 있습니다. 1960년 초 그때는 아직도 거지가 많았습니다. 집에서 밥때가 되면 거지들이 문 앞에 와서 밥을 동냥하는 일이 많았습니다. 그래 밥을 조금씩 덜어주면 고맙다고 하면서 받아갔습니다. 어떤 때는 받은 그 자리에서 바로 먹기도 했습니다. 그때는 그런 일들이 많았습니다. 그래서 식사 때만 되면 문 앞에 거지들이 밥을 동냥하기 위해 줄줄이 왔습니다. 어떤 집에서는 그들을 긍휼히 여겨서 도와주었지만, 어떤 집에서는 아침부터 거지를 만나 재수 없다며 아주 박절하게 문도 열어주지도 않고 그들을 내쫓았습니다. 그러던 어느 명절 때였습니다. 명절에는 어떤 집에 구걸해 들어가면 재수 없다고 사람들이 받아주지 않습니다. 그래서 제가 우리 집에 늘 찾아오는 거지들에게 이렇게 말했습니다. "명절 때가 되면 다른 집에 가지 마라. 별로 좋아하지 않으니, 우리 집으로 와라. 우리가 명절 때 잘 대접할 테니까 와라." 그래서 명절 때면 거지들이 몇 사람 우리 집에 찾아오곤 했습니다. 그러면 우리 집에서는 아이들과 거지가 다 같이 둥근 상에 모여 앉아 식사했습니다. 그런데 그중에 특별한 한 사람이 있었습니다. 제가 이름도 지어주었습니다. 나사로, 성경에 나오는 거지 나사로입니다. 이 사람은 겉으로는 괜찮아 보이지만, 뇌성마비로 말을 할 수 없고, 또 손발이 마음대로 움직이지 않는 사람이었습니다. 이런 사람이 교회 가까이 있는 움막집에 살면서 구걸하고 다녔습니다. 그래도 그는 교회에 늘 출석하였습니다. 교회에 폐를 끼치지 않기 위해서 맨 뒤에 앉았다가 예배 마치면 나가곤 했습니다. 아주 똑똑한 분입니다. 그래서 제가 성경에 있는 대로 이름을 나사로라고 지어 주었습니다. 우리 집에 오는 분들 가운데 아주 주도자입니다. 자기 혼자 오는 것이 아니라, 몇 사람 더 데리고 와서 같이 식사합니다. 애들하고 같이 식사하면서 여러 가지를 느껴보았습니다. 걸인에게 돈을 주는 것은 긍휼입니다. 그러나 걸인과 함께 식사하는 것은 사랑입니다. 그 뜻을 깊이 알아야 합니다. 구제는 긍휼입니다. 그러나 회식은 사랑입니다. 얘기가 다릅니다.

예수께서 세관에 앉아 세금을 받으면서 모름지기 많이 고민하는 한 사람을 보셨습니다. 거기에 앉아 있는 마태라는 사람의 중심을 보시고 그 세금 받는 현장에서 마태를 부르십니다. "나를 따르라." 딱 이 한 마디에 마태는 마치 평소 준비하고 있던 사람처럼 벌떡 일어나 다짜고짜 예수님을 따릅니다. 뿐만이 아니라, 그날 자기 집에서 잔치를 베풀었습니다. 그가 베푼 잔치 자리에 온 친구라고 해봐야 다 세리들입니다. 세상에서 제일 천대받고 멸시받는 세리들이 모여서 함께 잔치를 벌입니다. 바로 그 자리에 지금 예수님께서 계시는 것입니다.

그런데 문제가 있습니다. 예수님께서 이제 제자들과 함께 세리의 집에서 융숭한 대접을 받으십니다. 그리스도께서 마태라는 사람을 구제하신 것이 아닙니다. 오히려 마태한테서 융숭한 대접을 받으시는 시간입니다. 예수님께서는 대접을 받으셨습니다. 이것이 사랑입니다. 구제는 긍휼이고, 회식은 사랑입니다. 함께 밥을 먹는다는 것에는 대단히 중요한 의미가 있습니다.

사랑에는 자기희생이 따릅니다. 긍휼은 종종 구제하고, 선한 일을 하면 칭찬을 받기도 하고, 자기 기분도 좋아질 수 있습니다. 그러나 이것은 긍휼에 속하는 것입니다. 하지만 사랑에서는 자기 의를 내버려야 합니다. 그리고 자기희생이 따릅니다. 그래 오늘본문에서 예수님께서는 이렇게 말씀합니다. "긍휼을 배우라." '구제를 배우라'가 아닙니다. 긍휼을 배우라—이 말씀의 깊은 의미를 생각해야 합니다. 배우라는 말씀은 곧 깨달으라는 말씀입니다. 새로운 세계를 느끼라는 말씀이며, 새로운 감격을 얻으라는 말씀입니다. 새로운 결단을 하고, 새로운 일을 실천하라는 말씀입니다. 이것은 교육학적으로 말할 때 지적으로 받아들이고, 가슴으로 받고, 의지로 행동하게 되는 과정입니다. 이 긍휼이라는 말은 헬라어로는 '엘레에'라고도 하고 '엘레오스'라고도 합니다.

오늘본문은 호세아 6장 6절 말씀을 인용합니다. 이것은 히브리 말로 '헤세드'인데, '높은 의미의 사랑'을 뜻합니다. 그 '헤세드'의 어원은 '레켐'으로, '여자의 자궁'이라는 뜻입니다. 여자 몸의 자궁에서 어린아이가 자라지요? 그야말로 무궁무진한 사랑입니다. 무조건적 사랑입니다. 그뿐만 아니라, 이 속에서 생명이 성장하고, 이 속에서 창조적 역사가 나타납니다. 자궁 속에는 창조적 생명이 있습니다. 그것이 긍휼입니다. '긍휼을 배우라.' '내가 먼저 긍휼을 받아야 할 사람이라는 것을 배우라.' 내가 긍휼을 베푸는 자가 아니라, 먼저 긍휼을 받아야 할 존재라는 것을 깨달아야 합니다. 긍휼의 대상은 바로 남이 아닌 바로 나 자신이라는 것을 알아야 합니다. 긍휼의 주체는 하나님이시며, 우리 모두 나 자신도 긍휼을 받아야 살아남을 수 있는 존재라는 것을 잊지 말아야 합니다.

예수님께서는 한때 달란트 탕감 비유에서 구체적으로 말씀하셨습니다. 일만 데나리온을 빚진 자가 있었습니다. 그는 어마어마한 돈을 빚졌습니다. 이것이 지금 돈으로 환산해보면 천만 불에 해당한다고 합니다. 상당한 돈입니다. 그런데 그가 빚진 만 달란트를 갚지 못하고 있을 때 너무 힘들어하고 어려워하면서 사정을 하니까 그 주인이 만 달란트를 탕감해줍니다. 엄청난 축복 아닙니까. 한평생 갚아도 갚을 수 없는 돈을 빚졌다가 이제 탕감받았습니다. 그 감격, 그 기쁨, 그 행복을 가지고 나가다가 자기에게도 일백 데나리온 빚진 사람을 만났습니다. 그리고 그 사람에게 돈을 갚으라고 하였습니다. 그런데 그도 사정합니다. "지금 사정이 어려우니까 조금만 더 기다려주시면 제가 꼭 갚겠습니다." 이렇게 말하는데도 막무가내입니다. 당장 갚으라고 하고는 감옥에 집어넣었습니다. 이 소식을 일만 달란트 탕감해준 주인이 들었습니다. 그리고 그를 불러왔습니다. 다시 불러다 놓고 "내가 네게 만 달란트를 탕감해주었는데, 너도 네게 빚진 사람의 일백 데나리온을 탕감해주는 것이 마땅하지 아니하냐." 주인의 대답은 마땅하다는 것입니다. 이것이 바로 기독교 윤리의 핵심입니다. '하는 것에 따라서 벌을 받거나 복을 받는다.' 이런 보상 심리가 아닙니다. 이것은 당연하고 마땅한 것입니다. 탕감받은 자가 탕감해주는 것, 당연합니다. 일백 데나리온은 현대적으로 보면 20불 정도에 해당합니다. 이것은 일만 달란트의 50만분의 1입니다. "너는 만 달란트를 탕감받았으면서 그래, 고작 일백 데나리온을 탕감해줄 수 없더냐?" 주인은 그를 다시 불러서 감옥에 집어넣으라고 했습니다.

여러분, 이것은 무엇을 의미하는 것입니까? 우리는 많은 것을 탕감받았습니다. 아니, 용서받고 사는 것입니다. 구제받고 사는 것입니다. 은총을 입고 사는 것입니다. 긍휼을 입고 사는 것입니다. 하나님께서 우리를 불쌍히 여기시는 그 큰 긍휼을 힘입어서 오늘을 사는 것입니다. 우리 의로 사는 것이 아닙니다. 그렇다면 우리의 삶에서 일백 데나리온 같은 작은 것들은 탕감해주는 것이 마땅하지 않습니까. 이것은 율법적인 문제가 아닙니다. 조건이 아닙니다. 당연한 것입니다. 용서받은 자가 용서하고, 탕감받은 자가 탕감하는 것입니다. 더구나 큰 은총을 입은 자가 은총을 베푸는 것은 당연한 일입니다. 그래서 예수님께서 말씀하십니다. "긍휼을 배우라. 긍휼을 생각하라. 긍휼을 깨달아라. 실천하라." 예수님께서 말씀하십니다.

예수님께서 십자가에 돌아가실 때 마지막으로 하신 말씀을 우리는 기억합니다. 십자가에 못박으면서 소리소리 지르며 저주하는 그 사람들을 내려다보시면서 십자가를 지신 예수님께서는 그대로 말씀하십니다. "하나님이시여, 저들의 죄를 사하소서. 저들이 하는 것을 모르기 때문입니다." 여기에는 아주 중요한 의미가 있습니다. 물질적이고, 경제적이고, 정치적인 의미가 아닙니다. 의식의 문제입니다. 생각과 사상의 문제입니다. 모르기 때문이라 생각하시고 불쌍히 여기십니다. 경제, 정치, 문화가 다 중요합니다. 그러나 가장 중요한 것은 사상의 문제입니다. 영적인 문제입니다. 모르는데 어떻게 하겠습니까. 알고 하는 일이 아닙니다. 모르기 때문입니다. 사실 그렇습니다. 알고 보면 좀 더 깊이 영적으로 모르기 때문에 범죄를 저지르고, 모르기 때문에 죄에서 헤어나지 못하는 것입니다. 그렇기에 그것을 아시는 예수님께서 말씀하십니다. "하나님, 저들의 죄를 사하소서. 모르기 때문입니다." 이것이 긍휼의 극치입니다.

예수님께서 세리 마태의 집에 들어가시어 대접을 받으십니다.

184

그들과 함께 식사하십니다. 당시에 세리는 사람으로 취급받지 못했습니다. 그들은 로마사람들을 위해서 세금을 받았습니다. 그래서 그들은 유대인들에게는 반민족주의자로 여겨졌습니다. 결국, 그들은 하는 수 없이 똘똘 뭉쳐서 그들끼리 결혼하고, 그들끼리 친구하고, 다른 사람하고는 거리를 두었습니다. 심지어는 이런 말도 있었습니다. 거지가 지나가다가 어디에 구걸해서 돈을 받았습니다. 그런데 누가 이렇게 말합니다. "이보시오. 지금 그 돈 준 사람이 세리라오." 그러면 그 거지는 '내가 죽어도 세리의 돈은 안 받는다!' 하면서 돈을 도로 내던졌다고 합니다. 세리는 그만큼 천대받았던 것입니다. 그런 시대적 상황에서 예수님께서는 세리의 집에 가서 그들과 함께 식사하십니다. 책임을 함께 지시는 것입니다. 같은 운명을 경험하시는 것입니다. 여기에는 자기희생이 있습니다. 예수님의 거룩한 이름, 거룩한 의입니다. 희생하는 것입니다. 그렇기에 구속사적인 사랑이 여기에 있습니다. 사람을 구원하는 창조적 사랑이 여기에 계시된 것입니다. 세리와 함께 음식을 나누셨습니다. 예수님께서 말씀하십니다. "긍휼을 배우라. 여기에 엄청난 긍휼의 의미가 있느니라. 긍휼을 배우라."

얼마 전에 치매에 대한 책을 한 권 보았습니다. 치매에 걸린 사람은 건망증이 있습니다. 밥을 먹고도 먹었다는 사실을 모릅니다. 기억을 못 하기 때문입니다. 어느 가정에서 저녁 식사를 마치고 상을 다 치운 다음 그 집의 주인 되는 아들이 들어왔습니다. 그러니까 부인이 따로 남편을 위한 저녁을 차렸습니다. 그때 그 아들의 어머니가 하는 말입니다. 어머니는 조금 전에 분명히 다 함께 식사했습니다. 그런데도 이 순간 하는 말이 엉뚱합니다. "애야, 네 아내가 밥

을 안 줘서 난 하루종일 굶었다." 이렇게 말을 해버렸습니다. 이 일
을 어떻게 하면 좋겠습니까? 그런데 이때 지혜로운 며느리의 말을
보십시오. "어머니, 얼마나 시장하셨어요?" 그리고 다시 밥상을 차
렸습니다. 며느리가 차려놓은 밥상을 보더니 그 시어머니가 그제야
말합니다. "이제 보니 먹었네." 밥 먹은 것이 생각 안 나는데 어떻
게 하겠습니까. 생각 안 나면 안 먹은 것으로 생각해야 합니다. 이
것을 놓고 "방금 잡수지 않았습니까?" 하고 심판하시겠습니까? 있
는 대로 받아줘야 합니다. 부족한 것은 부족한 대로, 죄인은 죄인대
로, 실패한 자는 실패한 대로, 세리는 세리의 모습 그대로 받아줘야
합니다. 이것이 긍휼이고 사랑입니다. 여러분, 깊이 생각해야 합니
다. 예수님께서는 마태복음 5장 7절에서 산상보훈을 통해 말씀하십
니다. "긍휼히 여기는 자는 복이 있나니 그가 긍휼히 여김을 받을 것
임이요." 여기서 '긍휼히 여김을 받는다'라는 축복 조건이 있습니다.
내가 긍휼히 여겨야 합니다. 긍휼히 여기는 사람만이 긍휼히 여김
을 받을 자격이 있는 것입니다. 이 엄청난 의미를 깊이 생각해야 합
니다.

제가 아는 분 가운데 어느 여전도사님이 있었습니다. 그분은 조
그마한 시골교회 바로 옆의 움막집에서 살았는데, 거기에 폐결핵 환
자가 있었습니다. 당시에는 폐결핵이 무서운 시절이었습니다. 그래
온 집안 식구가 다 도망가고 없고, 사람들에게 쫓겨 와서 이 움막집
에서 혼자 사는 불쌍한 청년이 있었습니다. 그는 폐결핵으로 말미암
아 가족들에게도 버림받고, 피를 토하면서 죽어갈 날만 기다리고 있
었습니다. 여전도사님이 그 사실을 알고 날마다 그를 위해서 봉사했
습니다. 떡이 생기면 갖다주고, 사과도 생기면 갖다주었습니다. 그

저 뭔가 먹을거리가 생기면 갖다주고, 거기 잠시 앉아서 함께 기도하고 위로하고 왔습니다. 그런데도 이 청년은 위로받지 못했습니다. 얼마 뒤 이 청년은 이렇게 말했습니다. "전도사님, 저를 위해서 날마다 수고해주시는 것, 고맙습니다. 하지만 저는 곧 죽을 사람입니다. 그런 저한테 이렇게 정성을 들이실 필요가 없습니다. 그런데도 늘 오시는데, 제가 전도사님을 한 번도 대접한 일이 없습니다." 그러더니 자기가 이불 속에 감추어놓은 사과 하나를 꺼냈습니다. 사실은 그것도 오래전에 전도사님이 갖다준 것이었습니다. 다 시들시들해지고 말라빠진 사과 하나를 이불 속에서 꺼내어 전도사님에게 주면서 "그저 이거라도 한번 잡숴보시면 좋겠습니다" 하였습니다. 여전도사님은 그때 그 사과를 씻거나 깎지도 않고 "감사합니다" 하고는 그의 앞에서 그 사과를 먹었습니다. 전도사님이 사과를 다 먹은 다음 이 청년이 하는 말입니다. "이것이 그리스도의 사랑입니까? 그러면 제가 예수를 믿겠습니다." 그때 그 청년이 예수님께 돌아왔는데, 당장에 그 병이 나았습니다. 이런 기적이 있었습니다. 그렇게 뜨거운 사랑, 그 엄청난 긍휼을 체험하는 순간 그는 오랫동안 앓던 폐결핵으로부터 자유할 수 있었습니다. 이것을 잊지 말아야 합니다. "긍휼을 배우라." 기다리라는 것이 아닙니다. 긍휼을 배우라라는 것입니다. "긍휼만 가지고는 모자란다. 긍휼 위에 사랑이 있다. 긍휼을 배우라. 그리고 사랑을 배우라. 사랑을 실천하라. 네가 긍휼을 입었고, 네가 사랑을 입었으니, 그 엄청난 감격 속에 그 은혜의 응답으로 살라."

여러분, 남은 해를 긍휼을 배우고, 사랑을 배우고, 사랑으로부터 오는 엄청난 창조적 능력을 체험하며 살아야 할 것입니다. 한 생

명을 중생시키기 위해서 먼저 긍휼을 배워야 합니다. 긍휼의 응답을
하는 사람이 되고, 사랑에 감동하고 감격하는 사람이 될 때 하나님
의 놀라운 역사는 이루어지는 것입니다.   △

원초적 믿음의 속성

그러므로 상속자가 되는 그것이 은혜에 속하기 위하여 믿음으로 되나니 이는 그 약속을 그 모든 후손에게 굳게 하려 하심이라 율법에 속한 자에게뿐만 아니라 아브라함의 믿음에 속한 자에게도 그러하니 아브라함은 우리 모든 사람의 조상이라 기록된 바 내가 너를 많은 민족의 조상으로 세웠다 하심과 같으니 그가 믿은 바 하나님은 죽은 자를 살리시며 없는 것을 있는 것으로 부르시는 이시니라 아브라함이 바랄 수 없는 중에 바라고 믿었으니 이는 네 후손이 이같으리라 하신 말씀대로 많은 민족의 조상이 되게 하려 하심이라 그가 백 세나 되어 자기 몸이 죽은 것 같고 사라의 태가 죽은 것 같음을 알고도 믿음이 약하여지지 아니하고 믿음이 없어 하나님의 약속을 의심하지 않고 믿음으로 견고하여져서 하나님께 영광을 돌리며 약속하신 그것을 또한 능히 이루실 줄을 확신하였으니 그러므로 그것이 그에게 의로 여겨졌느니라 그에게 의로 여겨졌다 기록된 것은 아브라함만 위한 것이 아니요 의로 여기심을 받을 우리도 위함이니 곧 예수 우리 주를 죽은 자 가운데서 살리신 이를 믿는 자니라 예수는 우리가 범죄한 것 때문에 내줌이 되고 또한 우리를 의롭다 하시기 위하여 살아나셨느니라

(로마서 4 : 16 - 25)

원초적 믿음의 속성

15세기에 있었던 유명한 영성가인 '십자가의 요한'은 그의 저서
인 「어두운 밤」에서 영적 여정에 대하여 아주 깊은 진리를 우리에게
말해주고 있습니다. '모든 것이 어둡고, 더는 보이지 않은 단계에 빠
졌을 때 가장 중요하고 필요한 것은 오직 믿음이다.' 생명의 출산을
위한 사건을 가만히 보면 우리가 상상할 수 없는 엄청난 시련이 두
번 있습니다. 첫 번째 단계는 어머니의 배에서 나올 때입니다. 어머
니의 배에서 나올 때 우리는 상상을 못 합니다마는, 어린아이가 얼
마나 고생을 합니까. 사느냐 죽느냐, 하는 것입니다. 아이는 그런 고
통을 치르면서 세상에 나옵니다. 두 번째 단계는 따뜻한 어머니의
품에서 자랄 때입니다. 어머니의 맛있고 달콤한 젖을 빨면서 살다가
어느 순간에 어머니가 젖을 뗍니다. 맛있고 달콤한 어머니의 젖에다
가 쓴 약을 바르는 것입니다. 그만큼 아이를 덜 돌보고, 더는 어머니
의 몸에 가까이하지 못하도록 아이를 멀리합니다. 이때 아이는 하늘
이 무너지는 것 같은 고통을 느낍니다. 심리학적으로도 젖뗄 때 얼
마나 충격을 주고받았느냐에 따라서 그 정신세계가 바뀐다는 것입
니다.

그렇게 어머니가 자기만을 사랑하고, 아무 때나 그 어머니를 찾
아가서 맛있게 먹던 젖을 못 먹게 만드니까 그때 어린아이의 그 순
수한 마음으로는 하늘이 무너지는 것 같은 고통을 느낀다는 것입니
다. 그러나 중요한 것은 어머니의 생각에 이 아이가 유치한 습성을
버리고, 더 근본적이고 더 성숙한 인격으로, 더 강인하게 자라도록

이렇게 한다는 것입니다. 문제는 이 아이가 이 일을 어떻게 감당하느냐 하는 것입니다. 만일 어머니의 사랑에 대한 이 아이의 믿음에 금이 가면 그것은 일생을 간다는 것입니다. 일생토록 그 상처를 치유하기 어려울 만한 강한 충격이 그 속에 있게 됩니다.

그러므로 아이가 어머니의 젖을 뗄 때 계속해서 어머니의 사랑을 또 다른 차원에서 느껴야 하는데, 그것을 느끼지 못할 때 어머니는 무서운 배신자가 됩니다. 어머니는 원수 같은 사람으로 인식되고 만다는 것입니다. 그런고로 점점 자라면서 따뜻하게 품에 안아주고 젖을 먹이는 그런 어머니만이 아니고, 때로는 엄하게 책망하고, 엄하게 거절하고, 어떤 때는 진노의 사랑이 나타납니다. 그 사랑에서 어머니는 사랑하는 아들을 때리기도 합니다. 때로는 박절하게 거절합니다. 이때 가장 중요한 것은 어머니에 대한 믿음입니다. 어머니 또한 이렇게 하더라도 믿음에 손상이 가지 않도록 그 한계 안에서 어린아이를 징계하고 사랑해야 하는 것입니다. 그래서 그 사랑을 잃지 않을 때 순종하게 되고, 기뻐하게 되고, 부모님께 감사하게 되는 것입니다. 어린아이는 성숙한 믿음에 도달하기 위해서 어린 시절부터 어려운 시련을 겪고 있는 것입니다. 그 시련을 어떻게 넘어서느냐가 중요합니다. 아니, 시련 속에 있는 깊은 사랑과 높은 사랑을 의심하지 않고 깨달을 수 있고, 느낄 수 있도록, 항상 느낄 수 있도록 양육되어야 합니다. 믿음을 세우면 고통 속에서, 시련 속에서 더 큰 사랑을 배우게 됩니다.

오늘 본문말씀의 핵심은 '의롭다 함을 얻은 믿음'입니다. Justification, 디카이오쉬네, 의롭다 함을 얻는다―이것이 기독교 교리의 핵심입니다. 우리 한 사람 한 사람에게 깊숙이 관계된 가장 근

본적인 신앙의 원초적 의미가 되는 것입니다. 이것을 잊지 말아야
합니다. 사도 바울은 로마서 4장에서 믿음을 정의합니다. "그리스도
인의 믿음이 무엇인가?"라고 할 때 그는 아브라함의 믿음을 말합니
다. 이것은 추상적인 것이 아닙니다. 철학적인 것도 아닙니다. 역사
적인 사건입니다. 이 사건을 통해서, 아브라함의 생애에 나타난 사
건을 통해서 "믿음이 무엇인가?", "우리 구원은 어디에서 오는가?"
하는 것을 증명하고 있습니다. 아브라함의 믿음은 아무리 보아도 특
별한 믿음입니다. 모든 하나님의 사람의 대표적 믿음입니다. 믿음의
속성, 그 속에 구원론이 있습니다. 이 믿음을 어떻게 아느냐, 어떻게
받아들이느냐에 따라서 자기 구원의 문제에 대한 해답을 얻을 수 있
는 것입니다.

　가끔 우리는 믿음과 신념에 대해서 혼란을 일으킬 때가 있습니
다. 우리는 우리 자신이 가지는 신념을 믿음으로 착각할 때가 있습
니다. 내가 믿는다, 내가 믿습니다…… 그것은 신념입니다. 그것은
믿음이 아닙니다. 요란하게 소리를 질러도 그것은 신념입니다. 신념
은 인간 의지의 발로입니다. 믿음은 하나님의 말씀에 응답하며 생기
는 것입니다. 하나님의 말씀에 응답하는 자세입니다. 그것이 믿음입
니다. 성경은 좀 더 깊이 말씀합니다. 이 믿음은 하나님의 선물이라
고요. 하나님의 말씀이 전파되는 것도 귀중하지만, 하나님의 말씀에
대해서 응답하는 것도 귀한 선물입니다. 목회를 오랫동안 하면서 이
런 사례를 많이 보았습니다. 믿음 얻을 만한 사람인데, 믿음이 생기
지를 않습니다. 영영 믿음이 생기지 않습니다. 이것을 어떻게 하겠
습니까? 칼뱅은 목회신학적으로 설명합니다. '믿음은 하나님의 선
물이다.' 이것은 '하나님의 선택적 은총의 결과'라고까지 풀이합니

다. 믿음은 선물이다―하나님의 말씀에 응답하는 믿음은 아무나 응답할 수 있는 것이 아닙니다. 말씀이 전해지는 것도 은혜요, 말씀에 응답하는 자세도 은혜입니다. 말씀이 전해지는 것은 객관적 은혜요, 말씀에 응답하는 것은 주관적 은혜라고 설명하고 있습니다.

　오늘 아브라함은 아무리 봐도 의인이 아닙니다. 그러나 믿음의 사람입니다. 그러므로 의롭다 함을 얻었습니다. 루터의 말로는 '의롭다 함을 얻은 의인'입니다. 내가 의인이 아니고, 의롭다 함을 얻은 의인, 여기서 우리 믿음의 근본 속성이 나타나는 것입니다. 이것을 오늘 아브라함의 이야기에서 잘 설명해주고 있습니다. 아브라함은 하나님의 말씀을 듣고 갈대아 우르를 떠납니다. 갈대아 우르 고향을 떠날 때 벌써 나이 75세입니다. 그래서 아브라함은 하나님께서 정하신 곳으로 갔는데, 그곳에서 하나님께서 말씀하십니다. "이 땅을 너와 네 후손에게 주마." 그러면 틀림없지 않습니까. 하나님께서는 아브라함에게 그 땅을 주셨습니다. 아브라함은 "하나님 감사합니다" 하고 그 땅에 우거하지만, 그만 거기에 흉년이 들고 말았습니다. 여러 해 동안 흉년이 들 때 그는 그 땅을 지키지 못하고 애굽으로 피난 갑니다. 이것은 결정적으로 잘못한 일입니다. 그 때문에 이스라엘 백성이 애굽으로 가서 노예 생활을 해야 했다고 해석하는 자도 있습니다. 어쨌든 아브라함이 약속의 땅을 버리고 애굽으로 갑니다. 사실 애굽에 가서 일어난 일도 보면, 그저 죽을 뻔했습니다. 여러 번 아내도 잃어버릴 뻔했고, 여러 가지로 어려움을 당했지만, 하나님의 특별한 배려와 은혜로 그는 살아서 무사히 돌아오게 됩니다. 이것이 아브라함의 믿음입니다. "이 땅을 너와 네 후손에게 준다." 이랬으면 살든지 죽든지 사수해야 할 것입니다. 하지만 아브라함은 그 약속의 땅을 버리고 애굽으로 갑니다. 그만큼 그는 나약한 사람이었습니다. 나약한 인간의 대표자입니다.

그런가 하면, 또다시 두 번째 축복이 나타납니다. 그것은 자식을 주신다고 하신 것입니다. 첫째는 땅을 주신다. 둘째는 자식을 주신다. "하늘의 별처럼, 바다의 모래처럼 네 후손이 충만하게 할 것이다." 이렇게 약속하셨습니다. 아브라함은 약속을 믿고 살았으나, 이것 보십시오. 그때 벌써 75세입니다. 10년을 기다렸습니다. 이제 85세가 되었습니다. 벌써 늙어갑니다. 자기가 늙어가는 것은 그렇다 쳐도 아내마저 늙어갑니다. 그도 벌써 단산할 때가 되었고, 아마 인간적인 상식으로는 단산한 것 같습니다. 10년을 기다리는 가운데 자녀가 없습니다. 그래서 그는 이건 안 되겠다 싶어서 편법을 취합니다. 몸종인 하갈을 통해서 이스마엘을 얻습니다. 이것은 정말 역사적으로 큰 실수입니다. 이렇게 그는 믿음이 약합니다. 믿음이 흔들렸습니다. 그리고 이스마엘로 만족하려고 했습니다. 심지어는 이스마엘을 위하여 하나님 앞에 기도합니다. "이스마엘이 살게 하여주십시오." 하지만 하나님께서는 아니셨습니다. 하나님께서 친히 나타나십니다. 실패한 아브라함, 아주 부끄러워하는 아브라함에게 나타나신 결정적인 시간입니다. "내년 이맘때 아들을 낳으리라." 이것이 지금 25년 전에 듣던 음성입니다. 그리고 아내는 벌써 단산한 것 같은데, 이 시간에 와서 "내년 이맘때 아들을 낳으리라" 하신 것입니다. 아브라함은 그동안 너무나 실수를 많이 했고, 휘청거렸습니다. 그래서 하나님께서 말씀하십니다. "아브라함아, 너는 내 앞에서 완전하라! 왜 휘청거리고 있느냐? 왜 믿음이 흔들리느냐?" 그리고 "내년 이맘때 아들을 낳으리라" 하십니다. 여러분, 이 순간 어찌해야 하

194

겠습니까? 결정적인 시간입니다. 인간적으로 말하면 "하나님, 그만 합시다. 저 이제 지쳐서 다 포기했습니다" 할 것 같은데, 아브라함은 그 순간 "내년 이맘때 아들을 낳으리라" 하시는 말씀을 믿습니다. 대단한 일입니다. 대단한 사건입니다. 이에 대해 성경은 말씀합니다. "아브라함이 하나님을 믿으매, 이것을 의로 여기시고." 굉장한 사건입니다. 이것이 바로 믿음으로 의롭다 함을 얻은 그 믿음입니다. 그 순간이 중요합니다. 아브라함은 자기 나약함도 압니다. 자기가 늙은 것도 압니다. 아내가 단산한 것도 알지만, 하나님의 말씀을 믿은 것입니다. 사람으로는 아니지만, 하나님께서 말씀하시면 그대로 되는 것이라고 믿었습니다. 특별히 중요한 것은 실패한 과거입니다. 애굽으로 피난 갔지요? 또, 이스마엘을 만들었지요? 휘청거리는 이 부끄러운 몸, 이 시간에 설사 말씀이 전해진다고 하더라도 "저는 죄인입니다. 저는 허물이 많습니다. 저는 이미 실패한 사람입니다" 할 수밖에 없고, 자책할 수밖에 없습니다. 그러나 이 엄청나게 부끄러운 과거, 이 실패한 자기 자신을 그대로 놓고, 이 시간 오늘 주시는 말씀을 듣고 그는 과거를 잃어버립니다. 지난날의 실패를 다 불식해버립니다. 그동안에 휘청거렸던 일, 부끄러운 이야기들을 하나님 앞에 늘어놓지 않습니다. "내년 이맘때 아들을 낳으리라" 하실 때 그는 그대로 믿었습니다.

　이 장면을 연극으로 한 것이 있습니다. 제가 미국 필라델피아에 있는 큰 극장에서 이것을 연극으로 연출한 것을 보았는데, 너무나 재미있었습니다. 이 장면이 이렇습니다. 하나님께서 아브라함에게 "내년 이맘때 아들을 낳으리라" 하시니 아브라함이 고민합니다. '그럴 수 없는데, 인간의 상식으로도 아니고, 내 자격을 봐도 안 되고,

내 믿음이 약하고, 벌써, 이미 실패했는데……' 이렇게 한참 걱정을
하다가 아브라함이 하나님을 믿습니다. 그리고 "내년 이맘때 아들
을 낳으리라" 말씀하시고 천사가 가버립니다. 그 천사를 향해서 아
브라함이 땅 앞에 엎드려 경배합니다. 그다음에 일어서서 아주 밝은
얼굴로 "여보!" 하고 사라를 부릅니다. 사라가 저쪽 천막에서 이쪽
으로 오고 있는데, 그 장면이 그렇습니다. 저쪽에서 오는데 보니까
머리가 하얀 할머니입니다. 그 할머니 어깨에다 손을 딱 얹고 아브
라함이 말합니다. "오늘 밤은 내 천막에 가서 쉽시다." 그리고 사라
를 자신의 천막으로 데리고 갑니다. 저는 그 장면을 보면서 정말 한
참 울었습니다. 이 위대한 믿음, 이 확실한 믿음, 이 현실적인 믿음.
그래서 성경은 말씀합니다. "아브라함이 하나님을 믿으매 이를 의로
여기시고." 이 믿음이 오늘 우리에게 전해지는 믿음입니다. 믿음의
본질입니다.

아브라함은 실수를 많이 했습니다. 부끄러워서 고개를 들 수가
없습니다. 지금 축복이 있다 하더라도 받을 자격도 없습니다. 하나
님의 말씀을 받아들일 자격도 없는 사람입니다. 그러나 하나님께서
오늘 내게 주시는 말씀 속에 나를 향한 하나님의 은총이 있습니다.
그 은총으로 나를 덮습니다. 모든 나약함을 다 버리고, 모든 실수,
모든 부끄러움을 깨끗이 잊어버리고, 오늘 주시는 말씀에 대해서 깨
끗하게 응답합니다.

오늘 본문 24절에 보면 이것이 부활신앙의 뿌리라고까지 높이
평가하고 있습니다. 이것이 믿음의 속성입니다. 아브라함은 이제 순
수한 믿음으로 생각합니다. 하나님을 보고, 나 자신을 봅니다. 하나
님을 보고, 이웃을 봅니다. 하나님을 보고, 사라를 봅니다. 새로운

세계가 이루어집니다. 아브라함의 믿음은 추상적인 지식이 아닙니다. 역사적인 사건에서 나옵니다. 그리고 모든 믿는 자의 대표가 됩니다. 그것이 바로 믿음으로 의롭다 함을 얻는다고 하는 것입니다. 이것은 행위가 아닙니다. 믿음으로 의롭다 함을 얻는 바로 그 사람에게 자기 자신은 아무 자격이 없습니다. 하나님의 은총을 받을 만한 자격이 있어서 받는 것이 아닙니다. 그 자격까지, 아니, 그 믿음까지도 하나님께서 은사로 주시는 것입니다. 이 믿음은 아무에게나 있는 것이 아닙니다. 모든 부끄러운 과거를 다 불식하고, 오늘 주시는 은총, 오늘 주시는 말씀을 그대로 받아들입니다. 아브라함은 이래서 믿음의 조상이 됩니다. 과거에 매인, 그 부끄러운 과거를 깨끗이 잊어버립니다. 자기 자신의 나약함에 대해 여기 성경이 이렇게 말씀합니다. "죽은 자와 같은 줄 알면서……" 여자로서 단산했다면 생식기능으로서는 죽은 것입니다. 죽은 자와 같음을 알고도 믿음이 흔들리지 않았습니다. 그 믿음 말입니다. 나의 나약함을 알고도 오직 하나님의 말씀만 믿고 말씀대로 될 것이라고 믿는 것입니다. "말씀대로 이루어지이다." 그런 믿음입니다.

오늘 우리는 깊이 생각해야 합니다. 때때로 우리는 우리 자신의 의로 하나님께 나아가려고 합니다. 우리 자신의 거룩함, 우리 자신의 경건함이 중요합니다. 그러나 그것은 너무너무나 초라한 것이고, 너무나 허물이 많습니다. 너무나 많은 시간 휘청거렸습니다. 믿음에서 떠난 일이 너무나 많습니다. 부끄럽지만, 오늘 내게 주신 말씀, 이 시간에 내게 주신 말씀을 믿고 따라야 합니다. "오직 믿음으로 아브라함이 하나님을 믿으매 이를 의로 여기시고……" 여기서 '의로 여겼다'라는 말은 무슨 뜻이냐면, 의인이 아닌데 의인으로 봐주셨다는 것입니다. 의인으로 인정해주신다는 것입니다. 그리고 과거를 묻지 않으신다는 것입니다. 이것이 의롭다 함을 얻는 믿음입니다.

오늘 하나님께서 우리에게 주시는 말씀을 깊이 생각하십시오. 우리에게도 휘청거리는 과거가 있습니다. 믿음대로, 말씀대로 살지 못한 부끄러운 일들이 있습니다. 그러나 부끄러운 나 자신을 볼 것이 아닙니다. 오늘 내게 주시는 하나님의 말씀을 아브라함처럼 받아들일 것입니다. 아브라함이 하나님을 믿으매 하나님께서 이것을 의롭다 하십니다. 아브라함은 의롭다 하심을 받은 의인입니다. 오늘 우리는 하나님께 의롭다 함을 받은 아브라함의 후예로 살아가는 것입니다. 그 믿음이 우리에게 필요합니다. 그리고 항상 그 믿음 안에서 자기 자신을 보아야 합니다. 이것이 바로 신앙인의 정체성입니다. △

네 자신을 확증하라

내가 이제 세 번째 너희에게 가리니 두세 증인의 입으로 말마다 확정하리라 내가 이미 말하였거니와 지금 떠나 있으나 두 번째 대면하였을 때와 같이 전에 죄 지은 자들과 그 남은 모든 사람에게 미리 말하노니 내가 다시 가면 용서하지 아니하리라 이는 그리스도께서 내 안에서 말씀하시는 증거를 너희가 구함이니 그는 너희에게 대하여 약하지 않고 도리어 너희 안에서 강하시니라 그리스도께서 약하심으로 십자가에 못 박히셨으나 하나님의 능력으로 살아 계시니 우리도 그 안에서 약하나 너희에게 대하여 하나님의 능력으로 그와 함께 살리라 너희는 믿음 안에 있는가 너희 자신을 시험하고 너희 자신을 확증하라 예수 그리스도께서 너희 안에 계신 줄을 너희가 스스로 알지 못하느냐 그렇지 않으면 너희는 버림 받은 자니라
(고린도후서 13 : 1 - 5)

네 자신을 확증하라

어떤 사람이 하루는 동네의 붕어빵 노점을 지나가다가 이상한 광경을 보았다고 합니다. 거기에 간판이 하나 있었는데 '붕어빵 세 개에 천 원'이라고 씌어 있었고, 그다음에는 '한 개에 삼백 원'이라고 씌어 있었습니다. 아니, 말이 안 되지 않습니까. 보통은 박리다매인데, 이 집은 그 반대인 것입니다. 많이 사면 천 원, 하나만 사면 삼백 원이라니, 너무 이상해서 이 사람이 지나가다가 다시 돌아와서 붕어빵 노점주인에게 물었습니다. "제가 간판을 보고 지나가는데, 아무리 봐도 이상합니다. '세 개에는 천 원, 한 개에는 삼백 원'이라니요? 많이 사는 사람에게는 싸게 주고, 하나만 사는 사람에게는 비싸게 받은 것이 당연한데, 어째서 당신은 이렇게 장사를 하십니까?" 그때 주인이 하는 말입니다. "하나만 사 먹는 사람은 가난한 사람이거든요." 이 말에 이 사람이 깊이 감동을 받았습니다. 돈이 없어 붕어빵을 하나밖에 못 사 먹는 사람에게 거저 주지는 못하지만, 조금이라도 더 싸게 주고 싶었다는 것 아닙니까. 어려운 사람을 생각하는 그 마음, 얼마나 어질고 귀합니까. 그래서 이것을 물어보았던 사람이 오히려 스스로를 부끄럽게 여기면서 깊이 자기 자신을 반성했다는 이야기입니다.

이 세상에서 가장 큰 괴로움, 비극이 어디에 있느냐 하면, 바로 속는 데 있습니다. 속고 속이는 것이 문제입니다. 그때 인격의 침해를 받는 것입니다. '살인하지 말라'는 우리 생명을 보호하시는 하나님의 사랑입니다. '간음하지 말라'는 우리 순결을 지켜주시는 하나님의 사랑입니다. '도둑질하지 말라'는 사유재산을 지켜주시는 하나님의 사랑입니다. 이것이 계명입니다. 그런데 '거짓증거 하지 말라'는 무엇을 말합니까? 인격을 지켜주시는 것입니다. 물질보다 더 중요한 우리 인격입니다. 우리는 남에게 한 번 속고 나면 그만 인격에 큰 상처를 입습니다. 어린아이들이 어머니에게 속았을 때, 어머니가 거짓말을 했다는 것을 아는 순간을 심리학에서는 이렇게 설명합니다. '하늘이 무너지는 것 같은 고통을 느낀다.' 우리 어머니의 말은 전부 진실해야 하는데, 그리고 진실했는데, 지금 거짓말이 나왔다니, 충격을 받는 것입니다.

속는다는 것은 참 괴로운 일입니다. 왜 그렇습니까? 인격의 침해를 받기 때문입니다. 그래서 모든 사람이 여러 가지로 괴로워하지만, 그 괴로움의 근본, 인격적으로 괴로워하는 것은 거짓말에 있습니다. 어떤 부부가 부부싸움을 하고 나서 저를 찾아와 상담하고 돌아갔습니다. 그들은 서로에게 "남편이 나쁘다", "아내가 나쁘다" 하면서 한바탕 다투었습니다. 그 모습을 제가 한 30분 동안 보고 있다가 이렇게 이야기했습니다. "그만합시다. 어차피 끝이 안 날 것 같은데, 그만합시다. 다만 한 가지 물어봅시다. 어떻게 하면 좋겠습니까? 이 시점에서 헤어지겠다는 것입니까, 같이 살겠다는 것입니까? 도대체 어떻게 하면 좋겠습니까?" 그때 그 부인이 이렇게 말했습니다. "한마디만 들어주세요. 이 사람이, 거짓말만 안 하면 살겠습니다." 이 얼마나 중요한 이야기입니까. 잘하고 못하고는 중요하지 않습니다. 거짓말을 하면 그때마다 내 인격이 무너지고, 내 가슴이 무너진다는 것입니다.

진실이라는 것이 이렇게 중요합니다. 진실 위에 다 서 있는 것

입니다. 거짓말하면 다 무너지는 것 아닙니까. 인격의 손해, 인격의
침해를 당하는 것입니다. 이것을 잊지 말아야 합니다. 그런데 다른
사람으로부터 속을 때, 속았다는 걸 알 때가 너무나 괴롭습니다. 인
격이 침해를 당했기 때문에 그렇습니다. 그러나 더 중요한 것은 내
가 스스로 속는 것입니다. 내가 나를 속였습니다. 내가 나 스스로에
게 속았습니다. 그것을 깨닫게 될 때 엄청난 절망감을 느끼게 됩니
다. 갈라디아서 6장 7절은 말씀합니다. "스스로 속이지 말라 하나님
은 업신여김을 받지 아니하시나니……" 귀한 말씀입니다. 스스로 속
인다ㅡ내가 스스로 속이는 것은, 먼저는 하나님을 속이는 것이고,
다음으로는 이웃을 속이는 것이 된다는 말입니다. 때때로 우리는 자
유를 주장합니다. 자유의지를 주장하고, 내 자유대로 살고 싶다고
외치지만, 깊이 생각해보시기 바랍니다. 이것이 진짜 자유의지입니
까? 그것은 방종입니다. 자유인 줄 알았는데, 방종이었습니다. 자유
대로 해보는 순간 그냥 무너지는 것을 봅니다. 타락한 인간의 이성
에서 오는 자유의지 자체가 속임수임을 알아야 합니다. 아주 중요한
이야기입니다. 스스로 속인다ㅡ문제는 하나님을 속이고 하나님께
서 주신 양심을 속이는 것입니다. 그런데 더 큰 문제가 여기에 있습
니다. 이 스스로 속인다는 말의 깊은 심리학적 의미를 자신도 모른
다는 것입니다. 자기가 스스로 남을 속일 때는 생각하는 바가 있지
만, 자기가 스스로 속을 때는 내가 스스로 속이고 있다는 것을 나 자
신도 의식하지 못합니다.

그러면 왜 거짓말을 하겠습니까? '왜 스스로 속았을까? 왜 남을
속이고 나를 속일까?' 그 근본은 심리적으로 깊이 파고 들어가면 교
만에 있습니다. 교만하기 때문입니다. 겸손한 자는 거짓말 할 필요

가 없습니다. 왜 그렇습니까? 잘못했다고 하면 그만이기 때문입니다. '나는 실수하는 사람이다. 나는 이런 사람이다' 하면 그만입니다. 하지만 사람이 교만하면 자기의 실수를 인정하고 싶지 않습니다. 잘못했다고 생각하고 싶지도 않습니다. 그래서 거짓이 되는 것입니다. 거짓말하게 되는 근본 원인은 깊이 숨어 있는 원죄적 교만입니다. 그래서 유명한 라인홀드 니부어라고 하는 신학자는 말합니다. '인간의 마음속에 뿌리박은 깊은 악은 교만이다. 자기도 모르는 교만이다. 모르는 사이에 스스로 속고 있는 깊은 교만이 있다.' 첫째, 권력의 교만입니다. 자기가 권력을 가졌다고 생각합니다. 가진 것은 아무것도 없는데요. 둘째, 지식의 교만입니다. 무엇을 안다고 생각합니다. 사실 아는 것이 뭐 있습니까. 알고 있더라도 그것이 무슨 소용이 있습니까. '난 남보다 좀 더 안다. 또 내가 아는 것은 확실하다.' 아닙니다. 지식의 교만, 여기서부터 거짓말을 하게 됩니다. 셋째, 도덕적 교만입니다. 이것이 가장 무섭습니다. '나는 남보다 깨끗하다. 남보다 정직하다. 남보다 진실하다. 도덕적으로 남보다 더 우월하다.' 이런 생각에서 거짓말을 하게 되는 것입니다. 반대로 생각해 봅시다. '나는 다른 사람보다 부족하다. 다른 사람보다 아는 것이 없다.' 이렇게 겸손하게 자기를 낮추면 거짓말할 필요가 없습니다. 거짓말의 뿌리는 나도 모르는 내 안의 교만에 있다는 것을 잊지 말아야 합니다. 따라서 성경은 "스스로 속이지 말라"고 말씀합니다. 내가 아는 줄 알았는데, 모릅니다. 할 수 있는 줄 알았는데, 이제 보니까 할 수 없습니다. 내가 믿음이 있는 줄 알았는데, 조금 지나고 보니까 믿음도 없습니다. 초라하기 짝이 없습니다. 그런 자신을 발견할 때 큰 절망감을 느끼게 됩니다.

오늘 본문은 우리에게 가르쳐줍니다. "너희 자신을 확증하라……(5절)" '확증하라'는 헬라어로 '독키마제테'입니다. '자기 스스로를 증거하라'는 뜻입니다. 무엇을 확증하겠습니까? '내 속에 믿음이 있는가?' 이것을 확증하라는 것입니다. 내가 믿음이 있는지 없는지를 확증하라는 것입니다. 나는 믿음이 있는 줄 알았는데, 이제 보니 믿음이 없습니다. 내가 하나님 앞에 성실한 줄 알았는데, 아닙니다. 하나님 앞에 진실하지 못했습니다. '믿음이 있는가?' 이것은 내가 정말 하나님을 믿는지, 그 믿음을 확증해야 한다는 말입니다. 믿음의 진실, 믿음의 속성을 확증해야 하는 것입니다.

인격 의학의 개척자라고 불리는 폴 투르니에는 그의 대표적인 작품 「서로 이해하기 위하여」라는 책에서 이렇게 말합니다. "사랑은 서로 이해하려는 마음입니다. 먼저, 이해하기 위하여는 이해하고 싶은 마음이 있어야 합니다. 이해하고 싶은 마음이 있는가? 내가 남을 이해하고 싶은 마음이 정말 있는가? 이것이 문제입니다. 둘째, 이해하기 위하여는 자신을 표현하는 용기가 있어야 합니다. 이해하는 용기, 이해하는 의지가 있어야 합니다. 셋째가 중요합니다. '자신과 타인의 차이점을 인정했는가?' 나와 너는 다릅니다. 나는 남자고, 너는 여자입니다. 나는 몇 살이고, 너는 몇 살입니다. 이것이 같을 수는 없습니다. '이 차이를 인정했는가?' 깊이 물어보아야 됩니다. 가장 중요한 질문은 이것입니다. '이 모든 생각 속에 그리스도가 있었는가? 그리스도의 마음이 있었는가? 그리스도의 뜻이 있었는가?' 이걸 물어보고, 한번 확증해야 될 것 입니다." 그렇습니다. 믿음을 확증해야 됩니다. '내 행동하는 것이 믿음으로 말미암았는가? 믿음에 뿌리를 두었는가? 믿음의 능력으로 살았는가?'

오늘 우리가 생각하는 모든 근심, 걱정, 문제들은 다 믿음 없는 생각입니다. 하나님을 믿는 사람에게는 그런 일이 있을 수 없습니다. 믿음 없음으로 오는 근심, 믿음 없음으로 오는 불안, 이 모든 일을 우리는 확증해야 합니다. 다시 말하면, 인정해야 하는 것입니다. '나 자신을 시험하고 확증하라!' 이것은 좀 더 적극적인 말씀입니다. 우리가 자신을 알기 위해서 불에 뛰어 들어가거나 물에 뛰어 들어가는 것이 아닙니다. 내가 미처 생각지 못한 사건 속에서 내 믿음을 확증해야 합니다. 내가 들을 수 없었던 말을 들었습니다. 생각지 못했던 사건을 만났습니다. '홀연한 사건을 만날 때 내가 어떤 모습으로 나타나는가?' 여기에서 자기 자신을 확증해야 합니다.

예수님께서는 마태복음 4장에서 시험을 받으시기 위하여 광야로 나가십니다. 그래 40일 동안 금식기도를 하시고, 마귀로부터 시험을 받으셨습니다. 성경을 자세히 보면, 성령에 이끌리어 광야로 가셔서 시험받으셨습니다. 시험을 받으시기 위하여 일부러 가셨습니다. 왜 그러신 것입니까? 확증하시기 위해서입니다. 스스로 하나님의 아들이심을 확증하시기 위해서입니다. 그래 도전적으로 그렇게 광야로 가셔서 시험을 받으신 것입니다. 자기 믿음의 확증을 위해서 일부러 광야로 가시고, 일부러 사건을 만나시고…… 이런 것이 아닙니다. 여러분, 내가 얼마나 믿음이 있는지 없는지를 시험해보기 위해서 사창가에 한번 들어가보시겠습니까? 아니면, 술집에 한번 들어가보시겠습니까? 그런 이야기가 아닙니다. '믿음을 확증하라. 너희가 당하는 모든 사건 속에서 믿음이 있었는가 없었는가, 믿음으로 말미암았는가 아닌가, 하고 스스로 확증하라. 내가 병 걸릴 때, 사업에 실패할 때, 내가 고독할 때, 심지어 이웃으로부터 비난받을 때, 혹은 멸시받을 때 내가 어떻게 반응했는가? 그 시간에 내가 어떤 마음으로 이를 해석했는가? 믿음이 있었나? 이 사건 속에 믿음이 있었나, 없었나? 스스로 시험하고 확증하라.' 시험당할 때 그 속에서 자기 자신을 살펴보아야 합니다. '내가 누군가에게 어떤 것을 바라고 살았는가? 내 마음 깊은 곳에 내 삶의 목적이 무엇인가? 나는 어떤 방법으로, 어떤 생활 철학으로 살아왔는가? 어떤 가치관을 가지고 살았는가?' 이제 물어야 합니다. 대단히 중요한 시간입니다. 이걸 잊지 말아야 합니다. 그런데, 제일 중요한 것은 '믿음이 있었는가?'이고, 그다음은 '그 속에 사랑이 있었는가? 깊은 사랑이 있었는가?'입니다.

유명한 성자 아우구스티누스는 말합니다. '사랑이 있는 믿음은 그리스도인의 믿음이요, 사랑이 없는 믿음은 귀신의 믿음이다.' 우리는 스스로에게 물어야 합니다. '우리의 믿음 속에 사랑이 있는가? 우리가 어떤 행동을 해도 그것이 정말 사랑의 일인가? 진실한 사랑이 있어서 한 일인가?' 믿음과 사랑을 확증해야 합니다. 수시로 점검해야 합니다. 우리의 말, 우리의 생각을 말입니다. 그래서 나의 나됨을 확증하고 재정비해야 할 때가 되었습니다.

성경을 보면 예수님의 제자 베드로가 예수님과 함께 십자가 전야의 성만찬 예식을 행할 때 예수님께서 말씀하십니다. "너희가 다나를 버리리라." 예언입니다. 그때 베드로가 장담하여 말합니다. "모든 사람이 다 버릴지라도 저는 아닙니다. 제가 누구입니까. 베드로입니다. 저는 아닙니다. 모든 사람이 버릴지라도 죽을지언정 저는 주를 버리지 않겠습니다." 그런데, 겟세마네 동산에 올라갔을 때 예수님께서 말씀하십니다. "네가 결심한 것은 좋으나, 그 결심을 지키려면 기도해야 하느니라. 그런고로 깨어 기도하라." 하지만 그는 기도하지 않았습니다. 자기가 얼마나 나약한지를 몰랐던 것입니다. 기도 없이는 이길 수 없다는 것을 모르고 그냥 잤습니다. 그런 그를 예수님께서 흔들어 깨우셨습니다.

이제 예수님께서 체포되시는 순간에 그는 도망가게 되었고, 예수님께서 재판을 받으시는 시간에는 저 멀리서 세 번이나 예수님을 모른다고 부인합니다. 이것을 흔히 신학적으로 말할 때 '삼중부인'이라고 합니다. 처음에는 예수를 모른다고 했습니다. 그다음에는 아니라고 부인합니다. 세 번째에는 저주까지 합니다. 이렇게까지 비참해졌을 때 예수님께서 예언하신 대로 닭 우는 소리가 들립니다. 예수님께서 말씀하시기를 "닭 울기 전에 네가 나를 세 번 모른다고 하리라" 하고 예언하셨기 때문입니다. 닭 우는 소리가 들릴 때 그는 밖에 나가서 통곡했습니다. "내가 어찌 이럴 수 있느냐? 내가 어찌 이 모양일 수가 있느냐?"

여러분, 나의 나 됨을 다시 생각해봅시다. 내가 생각지 않았던 일을 당할 때, 내가 병들 때, 내가 실패할 때, 내가 모욕을 느낄 때, 내가 불명예스러워질 때 이 모든 사건 속에서 내 믿음을 확증해야 합니다. '이 시간에 믿음이 어디에 있는가? 나는 무엇을 믿었는가? 내가 누구를 믿었고, 그리고 그 속에 사랑이 있었는가?' 이렇게 나 자신을 시험하고 확증하라는 것입니다. '내 안에 그리스도께서 계셨는가?' 그리스도의 말씀을 따라서 살아왔는가를 물어야 할 것입니다.

여러분, 역경 앞에 나의 실패한 모습을 볼 것입니다. 질병에 걸릴 때, 비난을 받을 때, 초라한 모습으로 나타난 자기 자신을 발견할 때가 있습니다. 내가 이렇게 믿음이 없었는가, 하고 스스로 반성할 때도 있을 것입니다. 그런고로 십자가 앞에 서신 예수님을 바라보며, 예수님과 함께하면서 내 믿음을 재정비해야 합니다. 사도 바울처럼 말입니다. "사는 것이 그리스도니, 죽는 것도 유익함이니라. 내 옛사람은 십자가에 못 박아서 죽었다. 지금 내가 사는 것은 그리스도께서 내 안에 사신 것이니라." 믿음을 재확인해야 할 것입니다. 만일에 내가 내 믿음이 있다 하더라도, 아니, 믿음이 없다 하더라도 이제 내가 해야 할 일은 깨어 기도하는 것입니다. 믿음을 시험하고 확증함과 함께 무릎을 꿇고 '하나님, 제게 새로운 믿음을 주시옵소서. 믿음으로 살게 하시고, 믿음으로 생각하게 하시고, 믿음으로 느끼게 하시고, 오직 주님만을 믿는 확실한 믿음으로 말하고 행하게 하시옵소서.' 깨어 기도해야겠습니다.

예수님께서 말씀하십니다. "믿음 외에 이런 능력이 나타난 일이 없느니라." 기도 외에는 이런 일이 나타날 일이 없습니다. 믿음을 믿음 되게 하고, 믿음을 확실하게 하는 것은 기도입니다. 깨어 기도함으로써 우리의 믿음을 다시 정비해서 오늘 이 어려운 세대, 혼란스러운 가운데서도 확실한 믿음을 스스로 지켜가는 귀한 축복이 있기를 바랍니다. △

어찌하여 믿음이 없느냐

그 날 저물 때에 제자들에게 이르시되 우리가 저편으로 건너가자 하시니 그들이 무리를 떠나 예수를 배에 계신 그대로 모시고 가매 다른 배들도 함께 하더니 큰 광풍이 일어나며 물결이 배에 부딪쳐 들어와 배에 가득하게 되었더라 예수께서는 고물에서 베개를 베고 주무시더니 제자들이 깨우며 이르되 선생님이여 우리가 죽게 된 것을 돌보지 아니하시나이까 하니 예수께서 깨어 바람을 꾸짖으시며 바다더러 이르시되 잠잠하라 고요하라 하시니 바람이 그치고 아주 잔잔하여지더라 이에 제자들에게 이르시되 어찌하여 이렇게 무서워하느냐 너희가 어찌 믿음이 없느냐 하시니 그들이 심히 두려워하여 서로 말하되 그가 누구이기에 바람과 바다도 순종하는가 하였더라
(마가복음 4 : 35 - 41)

어찌하여 믿음이 없느냐

여러분이 너무나 잘 아시는 종교개혁자 마르틴 루터에 관한 유명한 이야기가 있습니다. 그가 종교개혁을 시작하고 진행하던 중에 너무나 박해가 많고, 너무나 핍박이 많아서 너무나 어려웠다고 합니다. 그렇다고 도중에 멈출 수도 없습니다. '계속해야 하나, 그만해야 하나?' 이럴 만큼 피곤하고 지친 어느 날이었습니다. 루터는 그날도 종교개혁을 위해서 많은 수고를 하고, 여러 가지 핍박과 비난을 듣다가 매우 지치고 피곤한 몸으로 집에 돌아왔습니다. 그 마르틴 루터를 그의 아내는 검은 상복을 입고 맞았습니다. 그때 마르틴 루터가 "누가 죽었나? 어째서 상복을 입었나?" 하니까 그의 부인이 이렇게 말했습니다. "하나님께서 돌아가셨어요. 하나님께서 돌아가시지 않고서야 당신이 그렇게 낙심할 수가 있습니까. 하나님께서 살아 계시고, 하나님께서 당신 편인데, 어째서 당신은 지쳐서 이렇게 피곤해하고 있습니까." 이 말을 듣고 마르틴 루터는 용기를 내어 종교개혁을 완성할 수 있었다는 것입니다.

에드워드 M. 할로웰의 「창조적 단절」이라는 책은 현대인의 생활양식이나 의식구조를 여러 가지로 분석해서 우리에게 설명해줍니다. 그 가운데 인상적인 말이 두 가지 있습니다. 하나는 이것입니다. '현대인들은 너무 빨리 서두른다. 기다림을 잃어버렸다. 기다림을 상실했다. 깊이 생각하지 못한다. 그래서 조금 뒤에 있을 일, 그다음 날 있을 일까지도 생각하지 못한다.' 요새 우리가 많이 쓰는 말 아닙니까. '호들갑 떤다. 그래서 본의 아닌 실수를 많이 한다. 그래놓고는 후회한다.” 그렇습니다. 급하게 서둘러 행동해놓고는, 그때는 그 것밖에 길이 없었던 것처럼 반사작용으로 일을 터뜨려놓고는 뒤에 죽을 때까지 후회하는 것입니다.

사람은 죽을 때 세 가지를 후회한다고 합니다. 하나는 ‘조금 더 참을 걸, 조금만 더 참았으면 되는걸’ 하고 후회하는 것이고, 또 하나는 ‘조금만 더 베풀걸’ 하고 후회하는 것이고, 마지막은 ‘좀 더 즐 길걸. 충분히 즐길 수 있었는데 잘못했다’ 하고 후회하는 것입니다. 이렇게 사람은 죽을 때 세 가지를 후회한다는 것입니다. 조금 더 참 아야 하는데, 인내가 부족합니다. 인내하면서 깊이 생각해야 합니 다. ‘이것이 어디서 말미암았는가? 무엇 때문인가?’ 이렇게 하나님 앞에서 생각할 줄 알아야 하는 것입니다.

오늘본문말씀은 한 마디로 난센스입니다. 왜요? 예수님께서 지 금 배를 타시고 갈릴리 바다를 건너가고 계시는데, 도중에 좀 피곤 하셨습니다. 그래 고물에서 베개를 베고 쉬셨습니다. 배 위에서 잠 시 낮잠을 주무신 것입니다. 그때 갑자기 풍랑이 일었습니다. 물이 배 안에 들이칠 정도로 풍랑이 크게 이니까 제자들이 겁에 질려 문 자 그대로 호들갑을 떨었습니다. 그들이 실수하는 것을 보십시오. “예수님, 우리가 죽게 된 것을 안 돌아보십니까?” 이거 난센스 아 닙니까. 한 사람은 자고 있고, 한 사람은 깨어 있는데, 배 안에 물이 들어오면 누가 먼저 죽겠습니까? 어떻게 이런 말을 합니까. “예수 님, 이러시다가는 돌아가십다!” 하면서 먼저 예수님 생각부터 해 야지, 이 사람들이 한다는 소리가 이게 뭡니까. “우리가 죽게 된 것 을 안 돌아보십니까?”라니요? 이거 난센스 아닙니까? 어떻게 생각 이 이 정도밖에 안 되는 것입니까. “예수님, 이렇게 주무시다가는 돌아가십니다!" 하고 예수님을 생각해야지, 기껏 한다는 소리가 "예수님, 우리가 죽게 된 것을 안 돌아보십니까?"라니요? 저는 이 제자들이 참 못마땅합니다. 예수님께서는 어쩌자고 이런 사람들을 데리고 다니셨나 싶습니다. 아무튼, 제자들이 그렇게 호들갑을 떨었습니다. 그러나 예수님께서 잠을 깨시어 말씀하시는 것은 딱 한 마디입니다. "어찌하여 믿음이 없느냐? 너희들이 호들갑 떠는 것은 믿음이 없기 때문이다." 여러분, 믿음이란 무엇입니까? 하나님과의 관계입니다. "하나님과의 관계를 생각했어야지, 풍랑이 문제가 아니지 않느냐?" 믿음의 문제로 돌리시어 근본적인 문제에 대한 해답을 주십니다.

여러분, 잊지 말아야 합니다. 어떤 사건 앞에서든지 믿음이 먼저입니다. 창조주 하나님을 믿습니다. 이 자연은 하나님의 손에 있습니다. 그렇다면, 창조주 하나님을 믿는 사람이 왜 호들갑을 떠는 것입니까? 하나님을 생각해야 합니다. 이 순간에도 하나님을 생각해야 합니다. "하나님과 나와의 관계를 생각했어야지, 우리가 죽게 되었다는 생각밖에는 안 한다." 이것이 바로 문제이며, 우리 현대인의 결정적인 약점입니다. 또한, 조금 더 생각하면 구속사적인 입장에서 생각해야 합니다. 예수님께서는 만백성을 구원하시기 위하여 이 땅에 오셨습니다. 하나님께서 이 땅을 이처럼 사랑하사 독생자를 주셨고, 예수님께서는 만민의 구주가 되시기 위하여 이 땅에 오셨습니다. 그런데 그까짓 풍랑 때문에 예수님께서 잘못되실 것 같습니까? 이렇게 큰 구속사적인 역사 앞에 이 풍랑 사건이 뭐 그렇게 대수로운 것이냐는 말입니다. 또한, 자기들도 그렇습니다. 예수님의 택하심을 받고 제자가 되었습니다. 앞으로 해야 할 큰일이 있습니다. 그것을 바라보고, 지금 제자 훈련을 받는 중인데, 선택을 받은 자기 자신들이 여기서 끝날 것 같습니까? 이렇게 초라하게 끝날 것 같습니까? 왜 그 생각을 못 했을까요? 또한, 내가 당하는 현실 속에 하나님의 계시적 말씀이 있습니다. 우연한 일은 없습니다. '하나님께서는 이 사건을 통해서, 이 풍랑을 통해서 내게 무엇을 말씀하고 계시는가?' 이렇게 귀를 기울였어야 한다는 말입니다.

아인슈타인 박사는 그의 명석한 두뇌로 우리에게 이렇게 가르쳐줍니다. "이 세상에는 두 가지 사람이 있다. 하나는 그저 언제나 기적이란 없다고 생각하는 사람이다. '기적 같은 것은 없다. 모든 것은 과학적이다. 자연과학적으로 변화해 나가고 진화해 나가는 것뿐이다.' 이렇게 생각하고 사는 사람이다. 또 하나는 '모든 것은 기적이다. 하나님의 큰 역사 앞에 인간은 초라하기 짝이 없는 것이다. 사람은 아무것도 아니다. 기적 속에 살고, 기적의 은총 속에 사는 것뿐이다' 하고 생각하는 사람이다." 이렇게 두 가지 사람으로 나누어 설명하고 있습니다. 여러분, 큰 풍랑이 일어났습니다. 비로소 믿음을 시험합니다. 우리가 죽게 되었습니다. 그럴까요? 죽을까요? 하나님 앞에서 생각합시다.

저의 개인 간증입니다. 1950년, 제가 북한에 있을 때 저는 어느 수요일 저녁, 교회에 갔다 오다가 공산당원에게 붙들렸습니다. 그대로 끌려가서 유치장에 들어갔습니다. 그러고 있다가 바로 신천의 아우라지 광산으로 끌려갔습니다. 그 강제노동 수용소에서 8개월 동안 그야말로 죽을 고생을 했습니다. 그런데 중요한 것은, 제가 끌려가기는 했지만, 제 마음에는 한 번도 걱정이 없었다는 사실입니다. 왜요? 그동안에는 자꾸 저를 잡으러 다니니까 잡히지 않으려고 도망 다녔습니다. 그래서 우리 집에서 잠을 자지 못하고 친구 집에서 자거나, 친척집에 가서도 자면서 여기저기 피해 다녔습니다. 그렇게 도망 다니는 것, 매우 힘들었습니다. '언제 잡힐까?' 하면서 하도 두려워했던 나머지 나중에 딱 잡히고 나니까 오히려 마음이 편안해졌습니다. '드디어 끝났구나!' 또, 광산에까지 가게 되니까 제 양심은 더 자유로워졌습니다. 더더욱 중요한 것은 '내가 여기서 죽으면 천당은 바로 갈 것'이라는 생각이 들었다는 것입니다. 그러니 그 8개월 동안 제 마음은 편안했습니다. 아무 걱정도 없었습니다. 오히려 '우리 어머니가 평생 나를 위해 기도하셨는데, 내가 여기서 죽을 사람이 아니야! 절대로 여기서 죽지 않는다!' 하는 자신감이 있었습니다. 그렇게 제 마음은 평안했던 것을 기억합니다. 여러분, 꼭 잊지 말아야 합니다. '나를 향하신 하나님의 거룩한 뜻, 큰 경륜을 믿을진대 내가 이런 일을 당하나?' 나는 여기서 쓰러질 사람이 아닙니다. 이렇게 끝날 일이 아니라는 말입니다. '우리가 죽게 되었다!' 이렇게 죽을 사람들이 아닙니다. '왜 그것을 생각하지 못 했을까?' 하는 생각입니다.

예수님께서 말씀하십니다. "어찌하여 믿음이 없느냐?" 성경 어디를 보아도 결론은 간단합니다. 풍랑, 지진, 질병, 홍수…… 이 모두가 다 하나님의 손에 있습니다. 모든 재난은 하나님의 손에 있습니다. 하나님 심판의 소리입니다. 하나님의 메시지가 그 속에 있습니다. 죄 없이 망한 민족이 없습니다. 이것을 잊지 말아야 합니다. 이 사건들은 전부 하나님께서 회개를 재촉하시는 것입니다. "내게로 돌아오라. 회개하라. 우상을 버려라. 쓸데없는 허황한 세상의 욕심을 버려라." 하나님의 강한 메시지가 그 속에 있는 것입니다. 요새도 우리가 아는 대로 과학, 기술, 문명을 자랑하다가 '꽝!' 하니까 꼼짝 못 하지 않습니까. 하나님의 역사 앞에서 누가 감히 설 수 있다는 말입니까. 우리는 겸손히 무릎을 꿇어야 합니다. 그것을 재촉하고 계시지 않습니까.

모든 것이 다 하나님의 손에 있다―이것은 성경 전체가 증거합니다. 모든 재난은 하나님의 손에 있는 메시지입니다. 말씀입니다. 회개를 재촉하는 것입니다. 역사적으로 보면, 하나님께서 이렇게 진노하셨다가 우리가 회개하면 또 바로 용서하시고 풀어주십니다. 이것이 하나님께서 하시는 일이고, 성경 전체가 말씀해주는 문맥입니다. 그러므로 하나님에 대한 믿음을 다시 세워야 합니다. 그래 예수님께서는 마태복음 6장 33절에서 이렇게 말씀하십니다. "그의 나라와 그의 의를 구하라 그리하면 이 모든 것을 너희에게 더하시리라." 이것은 재난의 문제가 아닙니다. 이것은 바로 회개의 문제입니다.

사도 바울이 예루살렘에서 체포되어 로마로 갑니다. 그 장면이 사도행전 27장에 기록되어 있습니다. 굉장히 상징적이고 계시적인 중요한 사건입니다. 사도 바울이라는 사람이 예루살렘에서 죄 없이 체포됩니다. 그래 가이샤라 빌립보에서 재판도 없이 2년 동안이나 억울하게 갇혀 있게 됩니다. 그런 다음 로마에 상소하여 그곳에서 재판을 받기 위해 바야흐로 배를 타고 가고 있습니다. 이 배가 놀랍습니다. 2천 년 전 그 시절에 무려 276명이 배 한 척에 수많은 짐과 함께 승선합니다. 그 정도로 큰 배였습니다. 그런 배를 타고 사도 바울이 로마로 갑니다. 출발할 때는 세 사람이 주도합니다. 선장과 선주와 군인을 대표하는 백부장, 이 세 사람이 주도합니다. "출발합시다. 갑시다. 머무릅시다." 이 사람들이 마음대로 합니다. 바울은 초라한 죄수로 쇠사슬에 묶여서 배의 아래 칸 지하실 한 구석에 묶인

채 갇혀 있습니다. 이런 관계로 미항에서 떠납니다. 그래 로마로 가다가 풍랑을 만납니다. 성경은 열나흘 동안 표류했다고 말씀합니다. 굉장한 사건입니다. 열나흘 동안 먹지도 못하고, 배는 출렁거리고, 모두가 토하고 정신이 나갔습니다. 이렇게 열나흘 동안을 표류하다 보니 모두가 죽게 되었습니다. 바로 그때 사도 바울, 그 조그마한 사람이 나섭니다. "여러분, 안심하세요. 어젯밤에 하나님께서 제게 나타나셨습니다. 우리는 다 무사할 것입니다. 하나님께서는 제게 '네가 반드시 가이사 앞에 서야 할 것이다. 네 주위에 있는 모든 사람을 네 손에 맡기노라. 그런고로 안심하라' 하셨습니다. 배는 파손되겠지만, 우리는 다 살 것입니다. 걱정하지 마세요." 왜요? "제가 로마로 가야 하니까, 내가 가이사 앞에 가야 하니까, 그것이 반드시 이루어져야 할 사건이니까 여러분은 다 무사할 겁니다. 안심하세요. 이제 식사하세요." 식사 기도를 하고 그들에게 떡을 떼주십니다. 모두가 순종합니다. 고요하게 순종합니다. 정말 배는 파손되었습니다마는, 사람들은 다 무사했습니다. 그리고 로마까지 갑니다. 여러분, 그 다음 일을 생각해보십시오. 276명이 다 사도 바울에 대한 전도사입니다. 어땠을 것 같습니까? 로마에 가서 온통 소문을 냅니다. "이번에 오는 죄수로 사도 바울이라는 사람이 있는데, 이는 하나님의 사람이요, 그 사람 덕분에 우리가 살았습니다." 온통 소문을 내서 사도 바울은 거기 가서 비록 셋방을 얻어가지고 있었고, 자유는 없었지만, 마음대로 사람을 만나고, 복음을 전할 수 있었습니다.

　이 풍랑이라는 사건, 배가 파손되었다는 이 사건이 왜 있어야 했습니까? 반드시 이것이 있어야만 했습니다. 그래야만 사도 바울의 위대한 역사가 나타납니다. 오늘본문도 자세히 보면 맨 끝에서 뭐라고 합니까? 예수님께서 "고요하라. 조용하라" 하고 꾸짖으실 때 바다가 조용해집니다. 많은 사람이 말합니다. "저가 뉘기에, 저 사람이 누군데 바다를 명하니 조용하고, 바람도 순종하는가?" 이것이 무엇입니까? 예수님께서 하나님의 아들이 되신 그 권세를 여기서 시인하는 것입니다. 이 풍랑 때문에 그리스도가 클로즈업 됩니다. 하나님의 아들의 권세가 나타나게 됩니다. 그러기 위해서 이 사건은 있어야 했습니다. 종종 우리는 많은 사건에 접합니다마는, "왜 이런 일이 있어야 할까?" 합니다. 하지만 끝에 가서 보면 압니다. 바로 하나님께서 그런 경륜과 뜻이 있으셔서 이 사건은 있어야 했습니다. 이 풍랑도 있어야 했습니다.

문제는 믿음입니다. 큰 풍랑 속에서 내가 얼마나 초라한가를 드러내게 됩니다. 그리고 생명을 위한 기도를 합니다. "주여, 우리가 죽게 된 것을 안 돌아보십니까." 그것이 우연하고 쉬운 이야기같이 보이지만, 이것은 생명을 위한 기도입니다. 부귀영화도 아닙니다. 건강과 축복도 아닙니다. 명예도 아닙니다. 풍랑을 만난 사람의 소원은 딱 하나입니다. "죽게 된 것을 안 돌아보십니까?" 영원한 생명 중심의 세계관이 있어야 합니다. 영혼 구원, 그 하나에 목적이 있습니다. 영원한 하늘나라를 가는 그 목적 하나, 지금 이 세상에서 잘 살고, 못 살고가 중요한 것은 아닙니다. 그런 것들은 풍랑 한 번 겪으면 다 없어집니다. 그런 가치관이라는 것은 오직 생명입니다. "죽게 된 것을 안 돌아보십니까? 살려주세요."

이 기도가 필요합니다. 기도가 단순화되어야 합니다. 우리는 너무나 복잡합니다. 사업도 잘되어야겠고, 명예도 잘 되어야겠고, 자식도 잘되어야겠고, 하다가 절박한 시간이 되면 내 영혼과 생명을 위한 기도가 나옵니다. "죽게 된 것을 안 돌아보십니까?" 참 중요합니다. 기도가 단순해집니다. "하나님이여, 내 영혼을 구원해주시옵소서." 큰 고난을 통해서 기도가 열립니다. 기도하게 만드십니다. 그리고 나의 무력함을 깨끗하게 고백하게 됩니다. 하나님만 의지하게되고, 단순화됩니다. 소원과 생각이 단순화됩니다. 오직 주를 향한 믿음을 재정비하고, 오늘 이 현실을 보아야 할 것입니다. 하나님께서는 지금도 우리에게 말씀하고 계십니다. 강하게 말씀하십니다. 하나님의 말씀을 듣고, 믿음을 새롭게 하고, 기도가 순수해지고, 하나님의 영광을 찬양하게 되어야 할 것입니다.   △

두려워 말라 놀라지 말라

그러나 나의 종 너 이스라엘아 내가 택한 야곱아
나의 벗 아브라함의 자손아 내가 땅 끝에서부터 너를
붙들며 땅 모퉁이에서부터 너를 부르고 네게 이르기
를 너는 나의 종이라 내가 너를 택하고 싫어하여 버
리지 아니하였다 하였노라 두려워하지 말라 내가 너
와 함께 함이라 놀라지 말라 나는 네 하나님이 됨이
라 내가 너를 굳세게 하리라 참으로 너를 도와주리라
참으로 나의 의로운 오른손으로 너를 붙들리라 보라
네게 노하던 자들이 수치와 욕을 당할 것이요 너와
다투는 자들이 아무것도 아닌 것 같이 될 것이며 멸
망할 것이라 네가 찾아도 너와 싸우던 자들을 만나지
못할 것이요 너를 치는 자들은 아무것도 아닌 것 같
고 허무한 것 같이 되리니 이는 나 여호와 너의 하나
님이 네 오른손을 붙들고 네게 이르기를 두려워하지
말라 내가 너를 도우리라 할 것임이니라 버러지 같은
너 야곱아, 너희 이스라엘 사람들아 두려워하지 말라
나 여호와가 말하노니 내가 너를 도울 것이라 네 구
속자는 이스라엘의 거룩한 이이니라 보라 내가 너를
이가 날카로운 새 타작기로 삼으리니 네가 산들을 쳐
서 부스러기를 만들 것이며 작은 산들을 겨 같이 만
들 것이라 네가 그들을 까부른즉 바람이 그들을 날리
겠고 회오리바람이 그들을 흩어 버릴 것이로되 너는
여호와로 말미암아 즐거워하겠고 이스라엘의 거룩한
이로 말미암아 자랑하리라

(이사야 41 : 8 - 16)

두려워 말라 놀라지 말라

저는 아주 오래전에 북한을 방문했을 때 있었던 특별한 경험을 잊을 수가 없습니다. 그래서 종종 이야기하며 깊이 생각하고, 기도할 때가 있습니다. 어느 날 제가 만찬에 초대되었습니다. 그 만찬에 김일성대학 철학과 교수 두 사람도 초대받아서 왔습니다. 식사 뒤에 김일성대학 교수가 제게 질문을 해왔습니다. "목사 동무, 내가 하나 물어볼 일이 있습니다." "그러세요." "목사 동무는 하나님을 믿으신다면서요?" "믿지요." "하나님, 만나보았어요?" "못 봤지요." "못 본 걸 왜 믿으세요?" 그리고 하는 말이 이랬습니다. "우리는 유물론적 세계관을 가지고 있기 때문에 모든 것이 물질이라고 생각하고, 물질로 말미암았다고 생각해서 볼 수 없는 것, 경험할 수 없는 것은 믿지 않습니다." 그래서 제가 이랬지요. "잘 알았습니다. 교수 동무, 나도 하나 물어봅시다." 그러면서 제가 이렇게 반문했습니다. "사람에게는 볼 수 있는 것이 있고, 볼 수 없는 것이 있는데, 그럼 볼 수 있는 것은 있는 것이고, 볼 수 없는 것은 없는 겁니까?" 그랬더니 대답을 못 합니다. 그래서 제가 다시 물었습니다. "볼 수 없는 것은 볼 수 없는 것뿐이지, 없는 것은 아닙니다. 그렇지 않습니까?" 그랬더니 또 대답을 못합니다. "교수 동무, 또 한 가지 물어봅시다. 동무 할아버지가 있어요, 없어요? 보았어요, 못 봤어요?" "못 봤어요." "그럼 그분이 있어요, 없어요?" "있었겠죠." 그래서 제가 변증학적으로 말했습니다. "교수 동무, 내가 못 봤다고 없는 것 아니에요. 내가 경험할 수 없다고 해서 그게 없다고 생각하는 것은 잘못된 생각이지요."

그랬더니 대답이 없었습니다. "기왕에 말이 났으니 한마디 더 합시다." 그리고 제가 이랬습니다. "볼 수 있는 것이 있고, 볼 수 없는 것이 있습니다. 그러면 볼 수 있는 것은 아주 적은 것이고, 볼 수 없는 것은 무궁무진한 것입니다. 그렇다면 볼 수 있는 것에 의해서 볼 수 없는 것이 있습니까? 볼 수 없는 것에 의해서 볼 수 있는 것이 있습니까?" 이 교수가 쩔쩔매면서 대답을 못 합니다. 그래서 제가 이랬습니다. "그럼 제가 대답하지요. 볼 수 있는 것, 경험할 수 있는 것은 아주 작은 것이고요, 볼 수 없는 것, 그 신령하고 영적인 세계, 그 생명력에 의해서 볼 수 있는 것이 있는 것입니다. 그러니까 원인으로 말하면 볼 수 없는 것이 원인이고, 볼 수 있는 것은 그 결과일 뿐입니다. 철학적으로 말하면 '제1차 원인'이라고 하는 것은 볼 수 있는 것이 아닙니다. 이걸 우리가 철학적인 말로 '아르케'라고 합니다. '아르케'는 볼 수 있는 것이 아닙니다. 볼 수 없는 것에 의해서 볼 수 있는 것이 존재하는 것입니다." 이렇게 한참 설명을 했더니, 이 교수가 땀을 뻘뻘 흘리면서 서 있습니다. 옆에 있던 교관이 한마디 합니다. "동무, 뭐라고 대답 좀 하라우!" 그날 그 교수님, 아주 혼쭐이 났을 것입니다.

　여러분, 다시 한번 생각해보시기 바랍니다. 볼 수 있는 것과 볼 수 없는 것, 우리가 접촉 할 수 있는 것은 아주 적습니다. 이 우주만 보아도 그렇습니다. 무궁무진한, 크고 놀라운 세계 속에 우리가 있는 것이고, 그 제1의 원인이 되는 영적 존재를 우리는 하나님이라고 부릅니다. 그리고 하나님 아버지라고 부릅니다. 왜 그렇습니까? 그분은 인격이시기 때문입니다. 그분은 물질이 아니십니다. 그분은 인격적 존재이십니다. 그분께로부터 파생된 작은 인격이 바로 우리 사람입니다. 그래서 그분의 능력, 그분의 지혜, 그분의 사랑을 믿고 사는 것이 우리 그리스도인입니다. 오늘도 마찬가지입니다. 우리 눈에 보이는 현상이 여기에 많이 있습니다. 복잡한 일들이 많이 있으나, 그 뒤에 보이지 않는 하나님의 영, 그 뒤에 하나님의 크신 능력이 섭리하신다는 것을 잊어서는 안 됩니다. 세상에 우연한 일은 없습니다. 이 모든 사건 속에 도덕성이 있고, 영성이 있다는 것을 기억해야 합니다.

우리는 하나님을 창조주로 믿습니다. 창조주 하나님을 아버지 하나님으로 소개하신 분이 바로 예수님이십니다. 예수님께서는 시종일관 "하늘에 계신 우리 아버지"라고 말씀하시는데, 이것은 무엇을 말합니까? 하나님께서는 생명의 근원이시요 창조주시요 능력이시요 지혜시요 사랑이심을 예수님께서는 계속해서 우리에게 가르쳐 주고 계십니다. 역사는 하나님의 경륜입니다. 여러분이 너무나 잘 아시는 다윗 왕은 아주 소년 때에 골리앗 대장을 향해 나아가서 전쟁에 이깁니다. 그 어린소년이 골리앗 대장을 향해 나아가면서 하는 유명한 말이 있습니다. "전쟁은 하나님께 속한 것이니, 내가 힘이 있다고 이기는 것도 아니고, 무력이 있다고 이기는 것도 아니다. 하나님께서는 나와 함께 계신다. 그래서 내가 이길 것이다." 따라서 걱정하지 말라고 그는 말합니다. 전쟁은 하나님께 속한 것이니 ─ 유명한 명언입니다. 역사관에서 참으로 중요한 말입니다.

우리는 늘 겪습니다. 재난, 질병, 우환, 환란, 고통…… 다 하나님께 속한 것입니다. 하나님께서 알고 계십니다. 하나님께서 실수하신 것이 아닙니다. 하나님의 경륜 속에 있다는 것을 잊지 말아야 합니다. 역사는 하나님의 심판임을 분명히 알아야 합니다. 우리 인간들이 뭐라고 뭐라고 하지만, 아닙니다. 하나님께서는 역사 속에서 우리 인간을 심판하십니다. 정확하게 심판하십니다. 조금 더디신 것 같지만, 나라도 심판하시고, 역사를 심판하시고, 개인을 심판하시고, 한 사람 한 사람의 양심을 심판하십니다. 이 심판의 역사를 분명히 알아야겠고, 그런가 하면, 하나님께서는 심판하시면서 당신의 백성을 구원하십니다.

우리는 심판과 구원이 함께 있다는 것을 알아야 합니다. 하나님께서는 심판하시면서 구원하십니다. 심판하시면서 구원을 계시하십니다. 이것은 동시적인 사건입니다. 많은 문학가가 자신들의 글을 쓸 때마다 이것을 말합니다. 그들은 역사 속에 사랑이 있고, 고난 속에 지혜가 있다는 것을 발견하고, 그것을 우리에게 말해주는 것 아니겠습니까. 하나님께서는 구원하십니다. 많은 환난과 질병과 고통을 통해서 당신의 백성에게 구원을 계시하십니다. 그런가 하면, 사랑을 나타내십니다. 역사 속에 사랑이 있습니다. 숨어 있는 사랑이 있습니다. 고난 속에 사랑이 있습니다. 질병 속에 사랑이 있습니다. 모든 환난 속에 신비한 사랑이 있습니다. 이상하게도 참사랑은 형통함이나 잘 사는 것 속에 나타나지 않습니다. 고난 속에, 가난 속에, 질병 속에 사랑의 본질은 나타납니다. 이것을 잊지 말아야 합니다.

그래서 흔히들 이런 말을 합니다. '부잣집에 상속자는 있어도 아들은 없다.' 이것이 무슨 말인지 아십니까? 부잣집의 자녀들은 편안하게 좋은 환경 가운데서 잘 삽니다. 하지만, 부모의 사랑을 모릅니다. 끝내 모릅니다. 그런가 하면, 가난하게 살고, 어렵게 살고, 신문배달을 하면서 갖은 고생을 다 하면서 사는 사람들은 그 속에서 부모님의 사랑을 느낍니다. 그래서 가난하게 산 사람이 효자가 됩니다. 부잣집 아들치고 효자가 없습니다. 가난한 집에 사랑이 있고, 효도가 있고, 진리가 있는 것입니다. 이것, 참 오묘하지 않습니까. 이런 눈으로 다시 역사를 보시기 바랍니다. 고난 속에 하나님의 사랑이 계시되고 있습니다.

진지한 사랑, 엄청난 사랑을 다룬 「사랑의 원자탄」이라는 책이 있습니다. 제목이 참 놀랍지 않습니까. '사랑의 원자탄'이라니, 누구입니까? 바로 손양원 목사님입니다. 이 손양원 목사님은 장대 같은 아들이 공산당에게 처형당했습니다. 그런데도 자기 아들을 처형한 사람을 붙잡아다가 양자로 삼았습니다. 이 사건을 주제로 해서 이 책이 나온 것입니다. 원자탄은 무섭지만, 원자탄 같은 사건 속에 참사랑이 숨어 있고, 계시되고 있습니다. 그래서 하나님께서는 항상 새롭게 말씀하십니다. 우리에게 사건을 통해서 말씀하십니다. 선지자를 통해서 말씀하시고, 목사님을 통해서 말씀하시고, 우리의 양심을 통해서 말씀하십니다. 그러나 그것만 가지고는 안 됩니다. 사건을 통해서 말씀하십니다. 때로는 질병을 통해서, 곧 큰 환난을 통해서, 엄청난 사건을 통해서 확실하게, 큰소리로 하나님께서는 말씀하십니다. 역사의 교훈을 똑바로 들어야 합니다. 그리고 조용하게 두드리는 양심의 소리를 들어야 합니다. 언제나 환난과 고통을 통해서 우리에게 말씀하십니다. "우상을 버려라." 구약성경, 신약성경 할 것 없이 계속 말씀하는 주제 가운데 최고의 주제가 우상을 버리라는 것입니다.

하나님께서는 우상숭배를 용납하지 않으십니다. 사람을 우상으로 섬기는 일을 용납하지 않으십니다. 권력을 우상으로 섬기는 것, 돈을 우상으로 섬기는 것을 하나님께서는 용납하지 않으십니다. 어떤 우상이든, 조심하시기 바랍니다. 내가 우상으로 섬기는 순간 제거해버리십니다. 왜요? 하나님께서는 나를 사랑하시기 때문입니다. 그래서 내 우상을 제거하시는 것입니다. 이걸 잊지 말아야 합니다. 교만한 마음을 하나님께서는 용납하지 않으십니다. 오만과 욕심을 용납하지 않으십니다. 내가 버리지 못할 때 하나님께서는 버리게 하십니다. 내가 끊지 못할 때 하나님께서는 끊도록 역사하십니다. 살아있는 사건 속에 있는 말씀입니다. 뿐만이 아니라, 위선과 거짓이 세상에서는 통합니다. 이 위선과 거짓을 하나님께서는 재난을 통해서, 엄청난 환난을 통해서 싹 제거하십니다. 다 벗겨버리십니다. 모든 위선과 거짓을 벗겨버리시는 것입니다. 그리고 겸손하게 만드십니다.

요새도 우리가 어려운 일을 당하고 있습니다. 이렇게 되니, 얼마나 인간의 처사가 한심합니까. 인간은 아무것도 아닙니다. 꼼짝 못 합니다. 하나님의 역사 앞에서 인간은 꼼짝을 못 합니다. 겸손하게 만드십니다. 고린도후서 12장에서 사도 바울은 육체의 가시, 사탄의 사자가 있다고 말합니다. 사도 바울 같은 귀한 분에게 왜 이 같은 육체의 가시가 있습니까? 제가 연구한 바로 그것은 간질병입니다. 왜 간질병이 있어야 합니까? 하나님께서 말씀하십니다. "네게 있는 네 은혜가 족하다." 왜 그렇습니까? 그래야 겸손하기 때문입니다. 사도 바울은 받아들입니다. "내게 있는 하나님의 은혜가 족합니다." 이렇게 받아들입니다. 이 엄청난 간질병을 그대로 받아들입니다. 왜 그렇습니까? 그래야 겸손하기 때문입니다. 하나님의 일을 많이 하고 있기 때문에 그는 교만하기 쉬운 사람입니다. 이런저런 일로 말미암아 교만해지기 쉬운데, 사도 바울은 교만할 수 없는 사람

입니다. 왜요? 간질병 때문입니다. 이것이 사도 바울의 육신 최고의
축복이요, 은총이었다는 것입니다. 위선을 벗겨버리시는 것입니다.
겸손하게 만드시는 것입니다. 뿐만이 아니라, 억울한 사람을 돌아보
게 하십니다. 옛날에는 임금님도 재난이 있으면, 이런 유행병이 돌
고, 홍역이 돌고, 돌림병 같은 큰 질병이 생기면 이렇게 생각했습니
다. '아, 감옥에 억울한 사람들이 있는가보다! 재판을 잘못해서 억울
하게 감옥에 갇힌 사람이 있는가 보다!' 그래서 죄수를 석방했습니
다. 그리고 어디 굶어 죽는 사람이 있나 돌아보라고 명했습니다. 억
울하게 고생하거나, 너무나 비참하게 사는 사람들을 돌아보라고 명
했습니다. '선한 생각을 하자.' 이렇게 돌이켰던 것입니다. 숨겨진
악을 향하여 하나님께서는 심판하고 계십니다.

　오늘본문에서 하나님 말씀하십니다. "두려워 말라. 놀라지 말
라. 내가 너희 하나님이 됨이니라." 두려워 말라, 놀라지 말라―왜
요? "이 모든 사건 뒤에 하나님께서 계시고, 하나님께서 우리와 함
께하시니, 두려워하지 말라, 놀라지 말라. 그리고 하나님의 말씀을
들으라. 구체적인 말씀으로 듣고, 확실한 말씀으로 듣고, 자기를 살
펴라. 버려야 할 것을 버려라. 잊어야 할 것은 잊어라. 끊어야 할 것
은 끊어라. 만나야 할 사람을 만나라. 용서해야 할 사람을 용서해
라." 하나님께서는 사건을 통하여 우리에게 말씀하십니다. 버려야
할 것이 무엇인지 생각해야 합니다. 내가 만나야 할 사람이 누구인
지 알아야 합니다. 내가 원한을 품고 있습니까? 용서 못 한 것이 있
습니까? 이제는 용서해야 합니다. 하나님께서 그것을 원하시기 때
문입니다.

　여러분, 요새 영화를 보십니까? 요새 저는 영화를 잘 못 보지

만, 한때는 영화를 열심히 보았습니다. 특히 서부활극이 한창 많이 나올 때, 보는 것이 재미있었습니다. 당시 영어 공부도 할 겸해서 열심히 보았습니다. 그 서부활극을 보는데, 걱정하지 않고 보는 비결이 있습니다. 아무리 총을 쏘고, 아무리 마차가 굴러떨어져도 걱정 안 하고 봐도 됩니다. 그 이유는, 선한 사람은 안 죽기 때문입니다. 아무리 총에 맞아도 의로운 자는 죽지 않습니다. 이것이 서부활극의 주제이자 특징입니다. 그리고 마지막에는 의로운 사람이 이기는 해피엔딩으로 끝납니다. 역사는 이렇게 보아야 합니다. 하나님의 공의가 나타납니다. 하나님의 의로 끝날 것입니다. 의를 높이고, 진리가 승리하는 방향으로 하나님께서는 역사를 운영하십니다.

여러분, 하나님의 비상조치를 알아야 합니다. 우리 사람들이 교만해서 말로만은 안 됩니다. 사건을 통해서 작은 일로서는 안 됩니다. 큰일을 통해서 꼼짝 못 하게 하나님께서는 말씀하십니다. 우리는 이 큰 사건 속에서 주의 음성을 들어야 합니다. 이 민족이 들어야 하고, 나라가 들어야 하고, 세계가 들어야 할 뿐만 아니라, 개인 한 사람 한 사람이 하나님의 음성을 들어야 합니다. 주님께서 말씀하십니다. "그의 나라와 그의 의를 구하라. 이 모든 것을 네게 더하시리라." 그의 나라와 그의 의를 구하라—그의 나라와 그의 의를 구하면 이 모든 것 속에 해결책이 있는 것입니다. 이 사건을 통하여 기도하면서 조용히 주의 음성을 듣는 귀한 축복이 있어야 하겠습니다. "두려워하지 말라. 놀라지 말라. 내가 네 하나님 됨이니라." △

그치지 않는 고통

    내가 그리스도 안에서 참말을 하고 거짓말을 아니 하노라 나에게 큰 근심이 있는 것과 마음에 그치지 않는 고통이 있는 것을 내 양심이 성령 안에서 나와 더불어 증언하노니 나의 형제 곧 골육의 친척을 위하여 내 자신이 저주를 받아 그리스도에게서 끊어질지라도 원하는 바로라 그들은 이스라엘 사람이라 그들에게는 양자 됨과 영광과 언약들과 율법을 세우신 것과 예배와 약속들이 있고 조상들도 그들의 것이요 육신으로 하면 그리스도가 그들에게서 나셨으니 그는 만물 위에 계셔서 세세에 찬양을 받으실 하나님이시니라 아멘

(로마서 9 : 1 - 5)

그치지 않는 고통

고대 헬라에 피타고라스라는 유명한 철학자가 있었습니다. 그는 인생을 이렇게 보았습니다. '마치 인생은 올림픽경기를 구경하는 것 같다.' 그 당시부터도 헬라에는 올림픽경기가 있었습니다. 구경하러 온 많은 사람이 군집하여 소리 지르면서 경기를 관람했는데, 그 장면을 보면서 인생에 대해 이렇게 말한 것입니다. 올림픽에서는 죽을 고생을 하면서 훈련을 하여 경기에 나가 뛰고 싸우며 면류관을 얻는 선수들이 있습니다. 반면에 어떤 사람은 누가 왔는지 안 왔는지, 경기에서 누가 이기는지 지는지 상관이 없습니다. 오로지 손님들에게 물건을 파는 것만이 목적인 상인들입니다. 자기에게 돌아오는 이권만 생각하는 부류입니다. 그런가 하면, 선수들에게 갈채를 보내면서 아주 요란을 떨지만, 가만히 보면 경기에 관심이 있는 것이 아니라, 친구들하고 즐기고만 있는 사람들도 있습니다. 그런가 하면, 아무 관심도 없이, 누가 이기든 말든, 그저 사람들이 모였으니까 그 이유로 여기에 온 무관심한 사람들이 있다는 것입니다.

여러분은 어느 쪽입니까? 세상을 어떻게 살아가고 있는 것입니까? 생각이 없는 동물보다 생각이 있는 갈대가 더 가치 있는 것입니다. 파스칼이 이런 말을 했습니다. "사람은 생각하는 갈대다." 여기서 '갈대'는 약하다는 말입니다. 그러나 갈대가 소중한 것은 '생각하는 갈대'이기 때문입니다. '생각이 있다. 깊은 생각이 있다.' 거기에 인간 된 가치가 있다는 것입니다.

사람은 누구나 고민이 많이 있습니다. 그런데 고민을 가만히 분석해보면, 먼저는 언제나 자기중심적인 근심과 걱정을 하는 사람이 있습니다. 그런가 하면, 다른 사람을 걱정하는 사람이 있습니다. 한 사람은 항상 자기 자신의 걱정을 하지만, 다른 한 사람은 다른 사람에 대한 걱정을 합니다. 예를 들면, 어머니는 자녀를 위해서 걱정합니다. 어머니는 자신이 비록 배가 고프더라도 그것은 상관없고, '내 아이들이 배고픈가?' 하고 돌아보는 데 전심전력하고 있습니다. 그것이 바로 어머니의 마음 아니겠습니까. 그런가 하면, 어떤 사람은 과거 때문에 걱정하는 사람이 있습니다. 옛날에 잘못한 일을 후회하면서, 그 잘못을 뉘우치면서 그 회한으로부터 헤어나지를 못합니다. "그때 그러지 말았어야 했는데……" 이제 와서 돌이킬 수 없지 않습니까. 이렇게 과거에 속한 과거 지향적 고민을 가지고 사는 사람이 있습니다. 그런가 하면, 미래를 걱정하는 사람이 있습니다. 먼 미래를 바라보면서 '앞으로 어떤 일이 있을까?' 하고 걱정하는 것입니다. 우리 앞에 당한 일이 여기까지 왔습니다. '앞으로 또 어떤 일이 있을까?' 미래를 향한 근심, 이것이 더 높은 차원의 것이겠지요? 그런가 하면, 물질적으로 고민하는 분들이 많이 있습니다. 내 소득이 얼마인가, 잘 살 것인가, 못 살 것인가…… 부귀영화를 생각하며 많이 고민하지만, 이 고민은 사실 별로 의미가 없는 것입니다. 문제는 영적인 고민입니다. 왜입니까? 아무리 돈이 많다 하더라도 가야 하기 때문입니다. 이 세상에서 잘 살고 못 살고가 중요한 것이 아닙니다. 늙어야 하니까, 늙은 다음에는 가야 하니까 영적인 것, 더 영적인 영원한 생명을 생각하고 걱정하는 것입니다. 그러니까 언제든지 우리는 신령한 고민, 영원 지향적 고민, 그런 가치의 고민을 할 수 있어야 합니다. 그것이 바로 인간의 참된 모습이라는 생각을 하게 됩니다.

230

오늘본문은 사도 바울에게 근심이 있다고 말씀합니다. 그치지 않는 고민이 있다―로마서의 중간, 중요한 자리에서 사도 바울은 큰 걱정을 말하고 있습니다. "그치지 않는 고통이 있다." 심지어는 '내가 그리스도에게서 끊어질지언정'이라는 말을 합니다. 로마서 8장 39절은 말씀합니다. "다른 어떤 피조물이라도 우리를 우리 주 그리스도 예수 안에 있는 하나님의 사랑에서 끊을 수 없으리라." 아무도 그리스도에게서 끊을 수 없으리라―그리스도의 사랑에 대한 자기의 확신을 말하지만, 여기에서 '그리스도에게서 끊어질지언정'이 무슨 소리입니까? 단적으로 말하면 이것입니다. "내가 지옥을 가더라도, 내가 구원받지 못하고, 그리스도에게서 끊어져서 내가 지옥을 가는 한이 있더라도 이 소원이 있다. 이것만 이루어지면 좋겠다. 내가 대신 지옥을 가더라도 우리 민족, 우리 동족이, 우리 유대 사람이 구원을 얻었으면 좋겠다." 이런 간절한 소원이 있었습니다.

인도의 유명한 간디의 '망국론'이 있습니다. 첫째, 원칙 없는 정치입니다. 이럴 때 나라가 망한다는 것입니다. 정치할 때는 원칙이 있어야 하는데, 아무 원칙의 잣대가 없는 것입니다. 그러면 흔들리는 것입니다. 둘째, 도덕성 없는 상업입니다. 돈 버는 것은 좋습니다. 그러나 장사의 양심이 있어야 합니다. 도덕성이 없는 상업, 비즈니스, 이것은 망조입니다. 셋째, 노동 없는 부귀입니다. 다시 말하면, 불로소득에 문제가 있는 것입니다. 내가 땀을 흘려 살아야 하는데, 소리만 지르면 되고, 집단행동만 하면 내게 소득이 돌아온다면 그것은 망조입니다. 얼마 안 가서 다 함께 망하는 것입니다. 그러므로 노동이 없는 부귀는 망조에 속한다고 그는 말합니다. 넷째, 인격 없는 교육입니다. 교육한다고 애는 쓰지만, 인격이 성장하지 않는, 인격을 무시한 교육이란 또 다른 잔재주를 만드는 것이고, 또 다른 멸망의 길로 가는 것이라고 그는 말합니다. 다섯째, 인간성 없는 과학입니다. 오늘 우리가 많은 과학적 지식을 이야기하지만, 그 속에 인간성이 있어야 합니다. 여섯째, 양심 없는 쾌락입니다. 나 하나만 생각하고, 도대체가 앞뒤를 가리지 못하는 쾌락, 양심 없는 쾌락주의가 망조라고 그는 말합니다. 일곱째, 희생이 없는 종교입니다. 신앙이란 희생이 있어야 합니다. 언제나 다른 사람을 생각하고, 다른 사람을 구원하고자 하는, 다른 사람을 영생케 하려고 하는 마음이 기본적으로 간절해야 하는 것입니다.

사도 바울의 마음속에 근심이 있습니다. 그가 예수를 믿고, 하나님의 사람이 되고, 사도가 되어 온 세계에 복음을 전하고 있지만, 늘 마음에 걸리는 것은 동족이 예수를 안 믿는 것입니다. 유대 사람이 안 믿습니다. 오늘도 그렇습니다. 오늘도 유대 사람들이 예수를 잘 안 믿습니다. 저는 신학생 때부터 왜 유대 사람들이 예수를 안 믿을까, 하고 궁금했습니다. 그 이유가 알고 싶었습니다. 정말로 알고 싶었습니다. 그러나, 한국에서는 이것저것 모아봤자 그 근거가 부족했습니다. 그래서 미국에 가서 공부하는 동안에 기회가 있는 대로 유대 사람들에게 물어보았습니다. 유대 사람 가운데 닥터 매기 같은 사람은 유명합니다. 목사님들도 많이 있습니다. 훌륭한 신학자도 많습니다. 그러나 전반적으로 유대 사람은 예수를 안 믿습니다. 큰 격정입니다. 유대인들이 한 오백만 명이 된다고 하지만, 지금 한 십만 명밖에 그리스도인이 없습니다. 그래서 제가 언젠가 이스라엘을 방문했을 때, 그곳에서 예수 믿는 한 사람이 출판사를 하고 있는데, 그 사람에게 특별히 성경을 인쇄하는 기계를 한 대 사주었습니다. 제발 좀 성경을 많이 찍으라고 사주었습니다. 그랬더니 자기가 앞으로 열심히 하겠다고 했습니다.

저는 늘 마음속으로 '왜 유대 사람이 안 믿을까?' 하는 생각을 했습니다. 제가 연구한 바로, 그 계기는 크게 두 가지가 있습니다. 하나는 십자군 전쟁입니다. 기독교인들이 로마를 중심으로 해서 예수를 믿고, 신성로마제국을 세워놓고 막 일어날 때 이상한 생각을 했습니다. '예수를 십자가에 못박은 그놈들을 싹 쓸어 없애야 한다.' 그래서 전쟁을 일으킵니다. 십자군 전쟁을 백 년 동안 합니다. 다시 말하면, 예수를 십자가에 못박은 저 종자는 없애야 한다, 이것입니다. 이렇게 되니 예수 믿게 되겠습니까. 그런가 하면, 가장 큰 사건이 바로 히틀러 사건입니다. 독일 사람들이 전쟁을 일으켰을 때, 아니, 전쟁을 했으면 됐지 왜 유대 사람을 죽이는 것입니까? 왜냐하면, 유대 사람들의 생각은 아주 특별한 데가 있기 때문입니다. 유대 사람이 우수합니다. 히틀러는 혈통적으로 게르만족이 우수하다고 생각했는데, 게르만족보다 유대 사람이 더 우수한 것입니다. 그래서 이것들을 없애야겠다고 생각해서 유대인 6백만 명을 죽입니다. 죄도 없는 사람들을 데려다가 유대 사람이라는 이유 하나 때문에 죽입니다. 무려 6백만을 죽입니다. 지금도 이것은 역사의 있을 수 없는 사건이고, 상상할 수 없는 사건입니다. 그래서 독일 수상은 언제나 1년에 한 번씩 가서 "우리가 잘못했습니다"하고 무릎을 꿇고 빌지 않습니까. 오로지 유대 사람이라는 이유로 희생되었던 이 사람들이 예수를 믿겠습니까. 히틀러의 목에는 십자가 배지가 있습니다. 그렇다면 다 예수를 믿는 기독교의 이름으로 한 것입니다. 그렇기 때문에 유대 사람들은 예수를 믿지 못합니다. 지금 예루살렘에 있는 사람들 가운데 10만 교인이 있는데, 잘 믿는 사람들이 있습니다. 그들은 폴란드에서 온 사람들입니다. 폴란드에서만 유대인 3백만 명이 죽었습니다. 그런데 그들이 붙잡혀갈 때 그들을 숨겨준 사람들이 기독교인들이었습니다. 숨김을 받은 사람들, 거기서 구제받은 사람들은 누가 뭐래도 "우리는 예수 믿는다!" 합니다.

바로 그분들이 예수를 믿고, 예수를 믿는 사람의 씨가 되고 있는 것입니다. 보십시오. 어쨌든 유대 사람들은 옛날이나 오늘이나 문제가 많이 있습니다. 그런데 사도 바울은 생각합니다. 유대 사람들이 예수를 안 믿습니다. 왜 안 믿을까? 아무리 복음을 전해도 유대 사람들은 잘 받아주지 않는다는 말입니다. 그래서 그에게는 큰 고민, 그치지 않는 고민이 있었습니다. 정치적인 고민입니다. 로마 사람이 유대 사람을 점령하고 있지 않았습니까. 지금 그들은 속국으로 있는 것, 로마 총독이 와서 정치하고 있는 것입니다. 그게 바로 당시의 형편입니다. 여러분, 잘 생각해야 합니다. 그런 가운데도 사도 바울은 로마를 정치적으로 물리치고, 이스라엘의 독립을 지향한 것이 아닙니다. 나라를 잃어버렸다고 고민하지 않았습니다. 정치적으로 속국이 되었다고 고민하지 않았습니다. 그런 정치적 고민을 신앙적으로 승화했고, 다시 이것을 선교적 고민으로 바꿨습니다. 사도 바울은 유대가 로마 사람들의 통치 하에 있다고 해서 독립운동을 하지 않았습니다. 그것이 사도 바울의 마음입니다. 그리고 온 세계를 다니면서 복음을 전했습니다. 그래서 속국에 대한 고통, 식민지에 대한 고통이 있지만, 이것 때문에 그는 고민하지 않았습니다. 단, 유대 사람이 예수를 믿지 않는 것과 예수에게 돌아오지 않는 것에 대해서 그는 고민했습니다. 정치적인 독립이 아니고, 이스라엘이 그리스도에게로 돌아오는 복음적 역사에 고민의 초점이 있었던 것입니다. 그래서 로마서를 잘 연구해보면 로마서 9장에서부터 11장까지는 '이스라엘에 대한 영광'입니다. 그가 이 고민에 대해서 한 해석입니다.

저는 옛날에 신학대학에서 로마서를 한 몇 년 동안 강의 한 일이 있습니다. 잘 연구해보면, 로마서 전체에서 9장으로부터 11장까지는 딱 빠집니다. 이것은 사도 바울의 이스라엘에 대한 신앙고백입니다. "하나님께서는 이스라엘을 버리지 않으셨을 것이다. 절대 버리지 않으셨다. 이스라엘에게 영광이 있다. 이스라엘에게 특권이 있다." 이런 복음적 해석을 합니다. 이것이 바로 바울의 위대한 이스라엘에 대한 신학입니다. 그는 정치적으로 로마 사람의 밑에 있지만, 이스라엘 사람들이 예수 믿기를 바라는 간절한 마음 위에 선민 사상이 있었습니다. 그래서 실제로 사도 바울은 유대 사람들에게 복음을 전하려고 애쓰면서도 그게 불가능해서 이방 사람에게 갔습니다. 헬라를 돌아다니면서 고린도, 에베소, 로마 그 모든 곳을 다니면서 이방 사람들에게 복음을 전하는데, 이 큰 도시에 가서 전도할 때마다 거기에 중요한 공동체가 있습니다. 그것이 바로 유대 사람들의 회당입니다. 유대 사람은 어디를 가나 열두 사람만 모이면 회당을 만듭니다. 회당이 있으니까 그 회당에 들어가서 복음을 전하면 얼마나 좋습니까. 이 많은 사람이 모였으니까 복음 전하기 쉽지 않습니까. 그래서 회당에 들어가려고 한 것입니다. 더구나 언어적으로 보아도 다른 데 가면 다 헬라말로 해야 하는데, 이 회당에 들어가면 히브리말로 설교하지 않습니까. 얼마나 좋습니까. 그래서 회당을 통해서 구원을 이루려고 했는데, 놀라운 것은 유대 사람들으로 받아주는 사람이 있습니다. 잘 믿는 사람이 있는가 하면, 또 꼭 반대하는 사람이 있습니다. 성경은 자세하게 말씀합니다. 시기하여, 시기와 질투를 해서…… 여러분, 예수를 십자가에 못 박은 것이 시기 질투라는 것을 아십니까? 가야바가 예수를 시기 질투해서 십자가에 못 박은 것입니다. 시기 질투라는 것이 이렇게 무서운 것입니다. 시기 질투해서 교회를 핍박합니다. 사도 바울은 회당에 들어가서 자기 동족들에게 히브리말로 설교하면서 "하나님의 아들 예수를 믿으세요" 하고 복음을 전하고 나서 핍박을 받습니다. 시기 질투 때문에 바울의 인기가 높아지는 것을 알고 저들이 시기 질투해서 바울을 핍박합니다. 여기서 그는 고민하고 다시 쫓겨납니다. 언젠가는 그렇습니다. "나는 다시는 회당에 들어가서 복음을 전하지 아니하리라." 왜입니까? 너무 핍박이 심하기 때문입니다. 그래서 이방으로, 이방으로 로마까지 가게 됩니다. 그러나 바울의 마음속에 있는 애국심은 변하지 않았습니다. 민족에 대한 사랑도 변하지 않았습니다.

오늘 본문은 말씀합니다. "그치지 않는 고통이 있다. 이것은 내 동족 이스라엘이 그리스도께로 돌아오는 것이다." 간절하게 애국심을 선교열로 바꿉니다. 또 신학적 고민으로 바꾸어버립니다. "이스라엘의 영광을 하나님께서 잠깐 버리신 것 같으나, 언젠가는 다 돌아와서 하나님의 선민적 이스라엘의 영광이 나타날 것이다." 이렇게 로마서 9장, 10장, 11장에서 그는 논리적으로, 신학적으로 설명하고 있습니다. 여러분, 애국하는 방법이 여러 가지가 있습니다. 우리나라의 삼일운동 때를 봐도 이 나라를 빼앗겼을 때 우리 온 민족이 그랬습니다. 지금도 우리가 여러 가지 어려움을 당하고 있지만, 이런 어려운 일을 당할 때 그 사람의 가치관과 세계관이 다 나타나게 됩니다. 우리 마음속에 있는 것이 나타납니다. 보십시오. 첫째가 항거하는 마음입니다. 불평불만이 일어납니다. "왜 이런 일이 있어야 하나?" 일본 사람들이 한국에 들어와 있을 때 우리가 이것을 견디지 못해서 항거했습니다. 심지어 파출소에 불을 지르기도 했습니다. 그런 수많은 사건이 있었습니다. 이렇게 항거하고 투쟁하며 일본 순사를 죽이기도 했습니다. 그리고 도망해서 만주로 갔습니다. 그런 항거 운동이 있었던 것입니다. 어떻게 보면, 그들만 애국자처럼 보이지만, 그런 것이 아닙니다. 둘째는 탄식하고 절망하는 마음입니다. 그런 사람들이 있었습니다. 이런 노래가 있습니다. '이 풍진 세상을 만났으니 나의 희망이 무엇이냐?' 그 노래가 무엇인지 아십니까? 그 당시 술집에서 술 먹으면서 부르던 애국자의 노래입니다. 이른 바 나라를 사랑한다는 젊은 사람들이 나라를 잃어버리고 나서 '이 풍진 세상을 만났으니 나의 희망이 무엇이냐?' 하면서 주색잡기에 놀아났습니다. 이것이 마치 애국 운동처럼 되었습니다. 정신 차려서 살지 못하고, 타락을 애국심처럼 변장해버렸습니다. 오늘도 그렇습니다. 세상을 비난하고 비방하면서 자포자기하는 것을 마치 선과 의처럼 포장해서는 안 되는 것입니다. 탄식하고, 절망하고, 타락하는 그것이 바로 애국심의 표현처럼 되어버렸습니다. 그 다음에는 반항합니다. 폭력을 행사합니다. 그래서 비사회적인 일이 나타났습니다. 그 다음에 가장 중요한 애국자 운동은 '아는 것이 힘이다. 배워야 산다'입니다. 저는 어렸을 때부터 많이 들었습니다. '아는 것이 힘이다. 배워야 산다. 아는 것이 지식이다. 배워야 산다.' '우리가 지금 이렇게 어려워진 것은 못 배웠기 때문이다. 학문을 무시했기 때문이다. 신앙을 떠났기 때문이다. 그러니 이제라도 배워야 산다. 애국운동은 뭐냐? 공부하는 것이다.' 그래서 학교를 세우고, 교회에서도 한글을 가르쳤습니다. 그 당시에는 교회에서도 많은 것을 가르쳤습니다. 그리고 성경구락부라고 해서 아이들을 몇 명씩 모아놓고 열심히 성경과 학문을 가르쳤습니다. 배워야 산다—이것이 바로 안창호 선생님의 애국 사상입니다. '배워야 산다. 가르쳐야하고, 배우는 것이다. 이것이 애국이다.' 다시 말하면 이것입니다. '공부하는 것이 애국이다. 늦었지만 이제라도 배워야 하는 것이다. 가르쳐야 하는 것이다.' 이래서 학교를 세웁니다.

놀랍지 않습니까. 우리나라에 기독교 중고등학교가 2백 개가 넘습니다. 그들로 말미암아 여러분 잘 아시는 대로 연세대, 이화여대, 숭실대가 세워졌고, 여기서 인재들이 나옵니다. 그래서 이 나라가 이만큼 살게 된 것입니다. "늦었지만 애국은 공부다. 애국하려면, 나라를 사랑하려면 공부하고 가르쳐라." 그래서 학구열이 높습니다. 우리는 집을 팔아서라도 가르칩니다. 소를 팔아서라도 가르칩니다. 가르치고, 배우고, 이래서 이만큼 된 것입니다. 그리고 이것을 잊지 말아야 합니다. 이것이 애국심입니다.

그런가 하면, 교육과 계몽입니다. "나만 아니라, 모든 사람을 가르쳐야 한다." 이것이 바로 '새마을 운동'입니다. 제가 옛날에 새마을 운동 본부에 특별강사로 여러 해 동안 있었습니다. 여기에서 인증을 받아 중국까지 가서 두 시간 강의를 하였습니다. 인민회당에 가서 강의한 '새마을 운동'의 내용이 바로 애국입니다. 나라 사랑하는 것입니다. 그리고 가장 귀중한 나라 사랑은 선교입니다. 그냥 가르치고, 잘살게 하고, 지성인을 만들고…… 그것이 다가 아니라, 나라를 사랑하면 이제는 예수 믿고 하나님의 사람이 되게 하는 데 진정한 애국이 있다는 말씀입니다.

사도 바울의 소원은 이스라엘의 정치적 회복이 아닙니다. 사도 바울의 소원은 이스라엘이 그리스도께로 돌아오는 것입니다. 예수 믿는 것입니다. 절대 선민의 영광을 버리지 않고, 그는 끝까지 온 이스라엘이 그리스도께로 돌아오기를 간절히 소원합니다. 내가 그리스도에게서 끊어질지언정, 아니. 내가 대신 지옥에 갈지라도─이 민족이 그리스도께로 돌아오기를 바라는 그 간절한 열정을 성경에서 읽을 수 있습니다. 1905년에 편집된 찬송가가 있습니다. 그 찬송가 1장이 뭐냐 하면, '황제폐하 찬송'입니다. 그리고 14장이 애국가입니다. 이것이 찬송가에 있었습니다. 이것을 우리가 지금 교회에서 부르는 것입니다. 또 10장에는 애국송이 있습니다. 이 세 장이 다 애국적인 것입니다. 우리 옛날 그리스도인들은 애국가를 찬송가로, 찬송가를 애국가로 교회에서 불렀습니다. 그것이 바로 교회의 근본적 신앙의 지침이 됩니다. 1919년 4월 30일 자에 나오는 미국의 보고가 있습니다. 미국 기독교연합회 동양문제위원회의 보고서입니다. 거기에 이렇게 나와 있습니다. '예수교인만이 참혹한 식민지 정책 속에서 소망을 버리지 않았던 유일한 불구의 한국인이었다.' 이것은 미국에서 본 것입니다. 삼일운동은 여러 가지가 통합적으로 작용하여 일어나지만, 마지막 통계를 딱 내고 보면, 전부 순교하고 죽은 사람은 기독교인뿐입니다. 목숨을 걸고 독립만세를 부른 것은 기독교인뿐입니다. 이때 5만 명이 죽습니다. 교회에도 많이 불을 질렀습니다. 이렇게 기독교의 신앙을 애국운동으로 승화시켰습니다. 그래서 옛날 우리 교인들은 이렇게 말했습니다. "애국은 신앙이요, 신앙은 애국이요, 순교는 순국이다." 그래서 나라를 위해서 죽는 것이 곧 그리스도를 위해서 죽는 것이라고 했습니다. 신사참배를 반대하고, 감옥에 가서 희생당할 때 이것을 저들은 순국이라고 하지 않았습니다. 순교라고 했습니다. 이런 신앙이 오늘 한국교회의 밑거름 신앙이라는 것을 잊지 말아야 합니다.

그치지 않는 고통을 생각합니다. 우리는 오늘 현실적으로 북한을 보고 생각합니다. 꽉 막혀 있습니다. 그러나 거기에 비밀교인들이 많습니다. 지금 감옥에 들어가 있는 사람들, 강제노동 수용소에 있는 사람들이 4십만 명입니다. 이것은 제가 고관에게 직접 물어보고 왔습니다. 그 가운데 85퍼센트가 기독교인입니다. 기독교인들이 전부 강제노동수용소에서 고생하고 있습니다. 이분들은 그 고생을 할 때 순교적이고 순국적입니다. 나라를 위해서, 그리스도를 위해서, 교회를 위해서 이렇게 많은 사람이 희생하고 있습니다. 이런 가운데 오늘 우리가 현실을 맞습니다. 우리는 새로운 영적 시각으로 오늘의 고통을 선교적 관점에서 조명하고, 새로운 미래를 내다보면서 오늘 우리의 이 어려운 시련을 겪어나가야 할 것입니다.   △

비로소 그리스도인

그 때에 스데반의 일로 일어난 환난으로 말미암아
흩어진 자들이 베니게와 구브로와 안디옥까지 이르
러 유대인에게만 말씀을 전하는데 그 중에 구브로와
구레네 몇 사람이 안디옥에 이르러 헬라인에게도 말
하여 주 예수를 전파하니 주의 손이 그들과 함께 하
시매 수많은 사람들이 믿고 주께 돌아오더라 예루살
렘 교회가 이 사람들의 소문을 듣고 바나바를 안디옥
까지 보내니 그가 이르러 하나님의 은혜를 보고 기뻐
하여 모든 사람에게 굳건한 마음으로 주와 함께 머물
러 있으라 권하니 바나바는 착한 사람이요 성령과 믿
음이 충만한 사람이라 이에 큰 무리가 주께 더하여지
더라 바나바가 사울을 찾으러 다소에 가서 만나매 안
디옥에 데리고 와서 둘이 교회에 일 년간 모여 있어
큰 무리를 가르쳤고 제자들이 안디옥에서 비로소 그
리스도인이라 일컬음을 받게 되었더라
(사도행전 11 : 19 - 26)

비로소 그리스도인

6·25전쟁 중에 제 나름의 특별한 경험이 있습니다. 1951년 1월 13일, 눈이 매우 많이 왔었던 추운 겨울, 공산당을 피해서 성경책 하나를 손에 들고 고향을 떠났습니다. 그렇게 산속에서 며칠을 지내다가 남쪽에서 올라온 군함을 만났습니다. 저는 군함이 온다는 소식을 듣자마자 군함이 있는 바닷가로 달려갔습니다. 그리고 그 군함을 타고 백령도로 왔습니다. 백령도는 아군이 있는 곳이고, 나머지는 북한 공산군의 손에 있을 때입니다. 백령도에서는 많은 피난민을 놓고 한 사람씩 심사를 했습니다. 왜냐하면, 그 속에 간첩이 있기 때문입니다. 그 속에 무서운 공산당이 있기 때문에 이걸 색출하기 위해서 줄을 세워놓고 한 사람씩 검사를 했습니다. 그 검사는 재판이 필요가 없습니다. 간단합니다. 여기서 그대로 "간첩" 하면 그 즉시 사살합니다. 단순하지만 무서운 시간입니다. 아무튼, 그 앞에 제가 섰습니다. 심사하는 사람이 저에게 "당신 신분이 뭡니까?"라고 물었습니다. 그래서 "저는 예수 믿는 사람입니다"라고 대답했습니다. 그랬더니 이 조사관이 하는 말이 "어, 그러면 성경구절 하나 외워봐"라고 말합니다. 그때 성경구절이 생각 안 나면 어떻게 되겠습니까? 바로 그때 딱 떠오는 것이 있었습니다. 빌립보서 4장 13절 "내게 능력 주시는 자 안에서 내가 능치 못할 일이 없느니라" 하고 외웠더니 "됐다. 가라!" 그래서 제가 자유의 몸이 되어가지고 여기까지 왔습니다.

여러분, 제가 세상 떠나갈 때 묘지에다가 무엇을 쓸까 고민했습니다. 성경말씀 하나를 써야 하겠기에 당연히 그 구절을 택했습니다. "내게 능력 주시는 자 안에서 내가 능치 못할 일이 없느니라." 이 성경구절을 거기에 딱 새겨놓았습니다. 시작도 끝도 그 말씀은 나의 생명의 증인이 됩니다. 여러분, 이제 묻습니다. 여러분의 그리스도인 된 모습의 정체성이 무엇입니까? 누가 여러분에게 "당신이 가장 소중하게 여기는 성경구절을 외워보시오" 한다면 어떻게 하시겠습니까? 하늘나라에 갈 때 우리가 무엇을 가지고 천국 문을 열겠습니까? 유명한 장 칼뱅이 세상을 떠날 때 모든 제자가 그를 지켜보고 있었습니다. 그는 죽기 직전까지 "지금 내가 당하는 환난은 장차 나타날 영광에 족히 비교할 수가 없도다. 지금 내가 당하는 고통은 장차 나타날 영광에 족히 비교할 수가 없도다" 하는 말씀을 스물일곱 번 외웠습니다. 그리고 세상을 떠나갔습니다. 그래서 종교개혁자 장 칼뱅입니다. 마지막으로 우리가 주님 앞에 갈 때 우리의 정체는 어떻게 나타날 것이냐, 하는 데 대한 대답입니다.

오늘본문에는 참 특별한 말씀이 있습니다. 여러분이 읽어 보시는 대로입니다. "비로소 그리스도인이다." 그동안도 교인이었습니다. 그동안도 예수 믿는 사람처럼 살아왔습니다. 그러나 아닙니다. 비로소 오늘부터, 이제부터 그리스도인이라 칭하리라─헬라어 '크리스티아누스'라는 말의 뜻은 '그리스도께 속한 자'입니다. 오직 그리스도를 목적으로 하는, 그리스도 중심적으로 사는, 그리스도께 온 생명을 위탁한 바로 그 사람을 그리스도께 속한 사람, 곧 '크리스티아누스'라고 불렀습니다. 여기서부터 시작해서 오늘 우리를 온 세계 사람들이 '크리스천'이라고 부릅니다. 크리스천의 정체의식은 어디에 있는 것입니까? 깊이 생각해야 합니다. 그랬을 때에야 비로소 그리스도인이라 칭함을 받는 것입니다.

　예수님 앞에서 병 고침을 받은 사람이 있었습니다. 예수님 앞에서 5천 명 때 얻어먹은 사람도 있었습니다. 예수님을 따라다니는 수많은 사람이 있었지만, 그들이 그리스도인입니까? 아닙니다. "비로소 그리스도인이라 칭하리라." 그 그리스도인의 정체가 무엇일까를 잠시 생각해보려고 합니다. 그리스도인의 속성, 그 첫째가 여기서 보는 대로 예루살렘에서부터 스데반의 일로 말미암아 피난을 오게 됩니다. '스데반의 일로 인하여'라는 말이 굉장히 중요합니다. 사도행전 8장에 이런 말씀이 있습니다. "스데반의 일로 인하여 흩어진 사람들이 두루 다니며 복음을 전하더라." 바로 여기서부터 시작합니다. 스데반의 일이 무엇입니까? 복음을 전하던 스데반은 유대인들에게 둘러싸이게 됩니다. 그리고 그 상황에서 스데반이 돌에 맞아 죽습니다. 순교입니다. 사람들은 순교하는 그의 장엄한 얼굴을 보았습니다. 그것이 천사의 얼굴과 같았습니다. 자기를 죽이는 자를 위하여 기도하며 죽었습니다. 그 일장 설교를 하고, 그 위대한 기독교 교리의 근본을 대 설교가로서 강연하고, 돌에 맞아 죽었습니다. 돌에 맞아 죽는 그 얼굴이 천사의 얼굴과 같았다고 성경은 말씀하고 있습니다. 이 일로 말미암아 예루살렘 교회는 큰 핍박을 받게 됩니다. 이제 예수 믿는 사람들이 다 어렵게 되었습니다. 그래서 고향을 떠납니다. 집과 낯익은 곳을 떠납니다. 정처없는 길을 가게 됩니다. "흩어졌다." 이 말이 무엇입니까? 아주 중요한 이야기입니다. 피난민, 난민이 되었다는 이야기입니다. 그리고 이제는 어디로 가는지를 모르고 낯선 곳을 향해 떠납니다. 이방 땅을 향해서 떠납니다. 내 조국 이스라엘 예루살렘에서 핍박을 받는데, 이 땅을 떠나서 어디서 어떻게 죽을는지 압니까. 그렇게 답답하고 괴롭지만, 오직 하나님의 말씀만 믿고, 사도 스데반의 일로 말미암아 고난당한 사람들이 흩어졌습니다. 여기서 흩어진다는 것은 난민이 되는 것을 말합니다. 모든 것을 다 잃어버리는 피난민이 되는 것입니다. 정처 없이 집을 떠나는 모습입니다.

흩어진 사람들이 두루 다니며 복음을 전하더라—이 한마디가 얼마나 은혜가 되는지 모르겠습니다. 저들은 그리스도를 얻고, 세상 것을 잃어버렸습니다. 이제 인간적으로 볼 때는 아무것도 없습니다. 큰 고난을 당하게 됩니다. 난민의 고난, 정처 없는 고난, 언제 죽을지 알 수 없는, 보장 없는 고난의 길, 바로 그 길을 떠납니다. 그러나 "흩어진 사람들이 두루 다니며 복음을 전하더라"라는 이 한마디가 저는 너무나 아름답습니다. '흩어진 사람' 곧 피난민입니다. "피난민이 복음을 전하더라." 이것은 무엇을 말하는 것입니까? 난민이라고 하는 신분을 복음 전파의 기회로 삼은 것입니다. 이 고난을 은총으로 받아들인 것입니다. 은혜의 기회로 받아들이게 됩니다. 이 고난 속에서 주의 음성을 듣게 됩니다. 이것이 그리스도인의 근본적 속성입니다. 이것을 잊지 말아야 합니다.

우리는 고난 속에서 주의 음성을 듣습니다. 베드로 사도는 그의 편지들 가운데서 고난이 세 가지 있다고 말합니다. 첫째는 자기 죄 때문에 당하는 고난입니다. 이것은 당연히 당하는 것입니다. 둘째는 이유를 알 수 없는 고난입니다. 그러나 잘 참으면 은혜가 됩니다. 셋째는 의를 위하여 자원해서, 자발적으로 당하는 고난입니다. 도망가다가 잡히는 것이 아닙니다. 자원해서 당하는 고난, 이것이 그리스도인입니다. 그리스도인이 누구입니까? 그리스도인은 병들지 않습니까? 그리스도인은 사업에 실패가 없습니까? 그리스도인은 질병이 없습니까? 그리스도인에게는 환난이 없습니까? 아닙니다. 다 있습니다. 그런데, 그 의미를 해석합니다. '이 고난이 어떤 의미를 가지느냐?' 여기에서 다른 것입니다. 이 고난을 선교적 기회로 생각합니다. 복음의 출발로 생각합니다. 이것이 그리스도인입니다. 모든 고난 속에서 하나님의 음성을 듣습니다. 고난을 은총으로 받아들입니다. 고난의 선교적 의미를 깨닫기 시작하는 것입니다. 여기서부터 그리스도인입니다. 여기서부터 그리스도인입니다. 사업이 잘되면 감사하고, 사업이 안 되면 절망하는 것은 아닙니다. 건강하면 잘되고, 병이 들어버리면 안 되는 것도 아닙니다. 오히려 병든 가운데 하나님의 놀라운 역사는 이루어지고 있다는 사실을 알아야 합니다. 그래서 모든 고난 속에서 주의 음성을 듣습니다. 조용하게 나를 부르시는 주의 음성을 듣습니다. 나를 개별적으로 부르시는 주의 음성을 듣습니다. 그가 그리스도인입니다.

그런가 하면, 하나님의 은총을 계기로 깨달았습니다. '하나님께서 나를 그리로 보내고 계시다.' 그래서 이방에 복음을 전하게 됩니다. 예루살렘을 떠나 안디옥으로 갑니다. 안디옥에서 그가 이방 사람을 만나게 될 때 그 불같은 정열로, 전후좌우 돌아볼 것 없이, 이방 사람에게 복음을 전하게 됩니다. 이것이 문제가 되었던 것입니다. 예수를 믿어도 이것은 유대교의 분파요, 유대 사람이 믿는 것이고, 유대 메시아로 믿는 것이다. 이방 사람이 믿는 것을 허락하지 않았습니다. 또, 그렇게 기대하지도 않았습니다. 그러나 이 환난이, 이 시련이, 이 고난이 이 사람들을 안디옥으로 내몰았습니다. 안디옥은 당시에 로마의 3대 도시 가운데 하나로 아주 큰 도시입니다. 이 안디옥이 선교의 본거지가 됩니다. 이걸 잊지 말아야 합니다. '이방 사람에게 복음을 전한다.' 이것은 유대 사람으로는 상상도 못한 것입니다. 우리는 선민이요, 선민의 계승이라고만 믿었는데, 이제 이방 사람들에게 예수를 믿으라고 복음을 전할 수 있는 계기가 바로 여기서 이루어지는 것입니다.

그런가 하면 오늘본문을 자세히 보면 바나바라는 사람이 다소까지 먼 길을 갑니다. 이것을 옛날의 이동속도로 계산해 보면 일주일을 가야 한다는 뜻입니다. 바나바는 다소에 가서 지금 은둔하고 있는 사울이라고 하는 청년을 불러옵니다. 이 사람은 누구입니까? 바로 며칠 전에 스데반을 죽일 때 함께했던 사람입니다. 스데반을 죽이는 일에 가담하고 주동했던 바로 그 사람을 예수 믿는 바나바가 찾아갑니다. 가서 악수를 하고 불러들여, 이 사람을 데리고 안디옥으로 갑니다. 안디옥에 도착해서 모든 사람에게 사울을 소개하고, 그리스도인으로 영접하여 그리스도의 사람으로 동역하게 됩니다. 오직 복음을 생각할 때 원수가 없습니다. 바로 엊그제 예수 믿는 사람을 돌로 쳐 죽인 그 사울이라는 사람을 바나바가 다소까지 가서 만나 부릅니다. 그리고 오늘본문에 보면, 1년 동안 안디옥에 있으면서 두 사람이 합심하여 복음을 전했다고 성경은 말씀합니다. 너무나 아름다운 이야기입니다. 이제 원수가 없습니다. 이제는 더 미워할 사람도 없습니다.

여기에 중요한 신학적 문제가 있습니다. 우리는 종종 그런 경험을 많이 합니다. 사람이 변할까요? 사람의 변화를 우리는 믿을 수가 없습니다. 어떤 사람들은 약속하라고 맹세하라고 하지만, 그다음에 보면 또 횡 돌아가 버립니다. 또다시 옛날로 돌아가 버립니다. 사람의 회심을 믿는다는 것이 얼마나 위대한 신앙인지를 알아야 합니다. '내가 볼 때 저 사람은 안 됩니다. 사람 될 수 없습니다.' 이것은 틀렸습니다. 내가 볼 때는 그렇습니다. 그러나 예수님께서 보실 때는 그렇지 않다는 사실입니다. 이것을 우리는 잊지 말아야 합니다. 바나바가 왜 사울을 영접하러 갔습니까? 왜 사울을 사랑했습니까? 그리스도께서 사울을 부르셨기 때문입니다. 다메섹 길 위에서 그리스도께서 사울을 부르셨다는 것을 알고 있기 때문입니다. 하나님의 소명, 하나님의 부르심입니다. 그리스도 안에서 중생하는 역사입니다. 많은 사람이, 그리고 신학자들이 그렇게 이야기합니다. 그저 예수 믿고 사람 되고, 예수 믿고 조금 정직해지고, 예수 믿고 사람 되는 것 같지만, 안 됩니다. 또 옛날로 돌아가고, 또 그 모양입니다. 그래서 농담 반 진담 반으로 말합니다. 예수 믿고 사람 된 것은 사도 바울밖에 없다고 말입니다. 그는 완전히 다른 사람이 되었습니다. 이것이 회심이고 중생입니다. 그런데 우리는 나의 회심에 대해서도 의심을 하고, 다른 사람의 회심 또한 믿지 않습니다. 저 사람이 오늘 예수를 믿었습니다. 새사람 되었습니다. 그걸 내가 믿어주어야 하는 것입니다.

그 옛날에 김익두 목사님을 제가 만나서 몇 번 설교를 들었는데, 아주 재미있는 이야기를 하셨습니다. 자기가 신천 시장의 유명한 깡패였는데, 예수를 믿고 목사가 되었습니다. 이 목사님이 복음을 전하기 시작했습니다. 목사님이 차 없이 걸어서 부흥회를 인도하려고 산에 올라가던 도중의 이야기입니다. 날이 너무 더워서 그 산 위에서 두루마기를 벗어놓고, 보따리를 내려놓고, 저쪽에서 불어오는 바람을 쐬고 있었습니다. 그런데 어떤 술 취한 친구가 그쪽에서 비틀거리면서 올라왔습니다. 그런 그가 목사님을 딱 보더니 "너 왜 나보다 먼저 올라왔냐?" 하고는 그냥 목사님을 두드려 패기 시작했습니다. 아니, 그 산에 올라가는 사람은 남보다 좀 먼저 올라가고 싶은 생각이 있었는지 모릅니다. 하지만 같이 출발한 것도 아니지 않습니까. 한데도 그냥 막 두드려 패는 것입니다. 김익두 목사님이 그 매를 다 맞았습니다. 이리 때리고 저리 때려도 다 맞으면서 대항을 하지 않으니까 때리던 사람도 마지막에는 기운이 떨어집니다. 그 순간 김익두 목사님이 그 술 취한 사람의 손을 딱 잡았습니다. 제가 김익두 목사님하고 악수를 해봤는데요, 목사님의 손아귀 힘이 아주 셉니다. 손이 부러지는 줄 알았습니다. 그 손으로 딱 잡아서 악수를 하고는 "내가 김익두야!" 하니까 이 사람이 벌벌 떨면서 무릎을 꿇고 빌기 시작했답니다. 살려달라고요. 그때 목사님이 유명한 말을 했습니다. "예수는 내가 믿고, 복은 자네가 받았네. 예수 믿기 전에 이런 일 당했으면 자네는 여기서 아주 그냥 못자리를 파는 거야. 내가 예수를 믿었기 때문에 자네가 살았어."

　여러분, 중생을 믿습니까? 성화를 믿습니까? 내가 나의 나 됨, 그리스도인 됨을 믿을 뿐만 아니라, 다른 사람이 그리스도인 된 것도 믿어야 합니다. 될 것도 믿어야 합니다. 회심을 믿고, 중생을 믿는 위대한 신앙. 바나바가 그 왕년의 원수 같은 사울을 동역자로 환영하게 됩니다. 이것이 그리스도인입니다. 비로소 그리스도인입니다. 율법적으로 이해하지 않습니다. 오직 은총으로 받아들입니다. 고난은 은총이요, 이 고난 속에 선교적 의미가 있는 큰 하나님의 경륜을 알기에 사사로운 일들은 다 묻어버립니다. 여러분, 그리스도께서 사도 바울을 부르십니다. 선택적으로 부르셨다는 사실을 바나바

는 믿습니다. 그리스도를 믿기에 사울을 믿었습니다. 그리스도께서
용서하셨기에 나도 용서합니다. 그리스도께서 사랑하시기에 나도
그를 사랑합니다.

사도 바울의 유명한 신학적 명제가 있습니다. "그리스도를 위하
여 죽은 형제를 식물로 망하게 하지 말라." 그리스도께서 위하여 죽
으신 형제, 그리스도를 보고 그 사람을 봅니다. 얼마나 소중합니까.
그렇게 영접하는 것이 그리스도인입니다. 오늘본문은 분명하게 말
씀합니다. "비로소 그리스도인이라 부르더라."

여러분, 내가 그리스도인 되었습니까? 그리스도인, 그리스도
중심적 세계관, 그리스도 중심적 종말론, 그리스도 중심적 인간관
계, 그리스도 중심적 자기의식으로 살아갑니까? 비로소 그리스도인
이라 하더라─ △

네가 낫고자 하느냐

그 후에 유대인의 명절이 되어 예수께서 예루살렘
에 올라가시니라 예루살렘에 있는 양문 곁에 히브리
말로 베데스다라 하는 못이 있는데 거기 행각 다섯이
있고 그 안에 많은 병자, 맹인, 다리 저는 사람, 혈기
마른 사람들이 누워 〔물의 움직임을 기다리니 이는
천사가 가끔 못에 내려와 물을 움직이게 하는데 움직
인 후에 먼저 들어가는 자는 어떤 병에 걸렸든지 낫
게 됨이러라〕 거기 서른여덟 해 된 병자가 있더라 예
수께서 그 누운 것을 보시고 병이 벌써 오래된 줄 아
시고 이르시되 네가 낫고자 하느냐 병자가 대답하되
주여 물이 움직일 때에 나를 못에 넣어 주는 사람이
없어 내가 가는 동안에 다른 사람이 먼저 내려가나이
다 예수께서 이르시되 일어나 네 자리를 들고 걸어가
라 하시니 그 사람이 곧 나아서 자리를 들고 걸어가
니라 이 날은 안식일이니
(요한복음 5 : 1 - 9)

네가 낫고자 하느냐

구약성경 미가서 6장 이하를 보면 "하나님께서 구하시는 것이 무엇이냐?" 하는 질문에 대한 대답이 있습니다. 요새 '이해충돌'이라는 말을 많이 합니다. 좋은 뜻으로 말했지만, 사건과 사건, 뜻과 뜻이 충돌합니다. 거기서는 문제의 해결을 얻을 수 없습니다. 하나님의 뜻과 인간의 생각 사이에 충돌이 옵니다. 우리 사람들은 어떻게 합니까? 그저 번영, 자유, 평등, 통일, 건강, 성공…… 이런 것들을 바랍니다. 다 물질적인 것이고, 세속적인 것입니다. 번영과 자유와 평등을 최고의 가치로 생각하고 있습니다. 그러나 하나님께서는 아니십니다. 하나님께서는 우리가 그렇게 가난하게 살기를 바라시는 것은 아니지만, 잘살기를 바라시는 것도 아닙니다. 하나님께서 원하시는 것은 공의로운 것입니다. 이는 의롭게 사는 것을 말합니다. 사람들이 살아가면서 점점 의를 잃어간다면 하나님께서는 우리가 사는 번영이라고 하는 것에는 별로 흥미가 없으십니다. 가장 충격적인 사건을 여러분이 잊어서는 안 됩니다. 구약성경을 보면 창세기 6장에 노아의 홍수 사건이 있습니다. 지금 우리가 이같은 어려운 재난을 겪고 있지만, 그것과는 비교가 되지 않습니다. 사십 주 사십 야를 하늘에서 비가 쏟아져서 온 지구가 그냥 아주 수몰되고 맙니다. 다 무너졌습니다. 온 인류를 쓸어버렸습니다. 그 흔적을 지금도 과학적으로, 지질학적으로 얼마든지 찾아볼 수 있습니다. 그 정도로 무서운 사건이었습니다.

저는 오래전에 그렇게나 가고 싶었던 그랜드캐니언을 가 보았습니다. 그 당시 좀 어려운 형편이었지만, 차를 몰고 사막을 건너 거기까지 가서 그랜드캐니언을 봤는데, 거기에 조개껍질이 있었습니다. 저는 고고학자가 아니고 지질학자도 아니지만, 물이 없는 그곳에 굴껍질이나 조개껍질 같은 것들이 가득히 널려 있었습니다. 그렇다면 도대체 그 땅이 옛날에는 어떤 곳이었느냐 하는 것입니다. 이것이 '그랜드캐니언 사건'입니다. 고고학자들에 따르면 굉장히 중요한 사건인데, 바로 노아의 홍수 때 이루어진 사건이라고 합니다. 그렇게 과학적으로 설명하는 이야기를 듣고 제가 정말 많은 깨달음을 얻은 일이 있습니다.

여러분, 노아의 홍수를 생각해보십시오. 하나님께서는 오직 노아의 여덟 식구만 살려두시고, 나머지는 다 쓸어버리셨습니다. 그 이유가 무엇입니까? 성경은 이걸 요약해서 딱 한 마디로 말씀합니다. "하나님의 아들들이 육체가 되니라." 영혼이 이미 죽었다는 뜻입니다. 그래서 영적 생명은 없다는 뜻입니다. 육체가 되니라—동물성만, 포악한 동물성만 있는 것입니다. 하나님께서 보실 때는 벌써 사람이 다 없어져서 그 나머지를 청소하신 것입니다. 쓸어버리신 것입니다. 이것이 노아 사건입니다. 산 사람을 죽이신 것이 아닙니다. 영적으로 죽은 사람을 쓸어버리신 것, 그것이 노아의 홍수 사건입니다.

우리는 지금 많은 번영을 자랑하고 있습니다. 과학 기술을 자랑하고 있습니다. 달나라를 가느니, 우주과학이 어떠니 하고 떠들고 있지만, 하나님께서 딱 보실 때 이것은 사람이 하는 짓이 아닙니다. 영적 생명으로 볼 때는 이미 죽은 것과 같습니다. 그래서 하나님께서 심판하십니다. 하나님께서 원하시는 것은 공의인데, 점점 공의가 없어지고 있습니다. 하나님께서는 또 무엇을 원하시는 것입니까? 미가서에서 분명히 말씀합니다. "인자를 사랑하며……" 사람을 사랑하십니다. 높은 차원의 사랑이 있기를 바라십니다. 한데 세상은 점점 더 번영하고, 잘살고, 점점 더 과학화되면서 사랑이 없어집니다. 참사랑의 흔적과 존재마저 찾을 수 없게 되어버렸습니다. 지금 많은 사람이 병으로 죽는다, 이래서 죽는다, 저래서 죽는다고 하고 있지요? 그래서 통계적으로 몇 십 명이 죽었다, 몇 백 명이 죽었다고 말하지만, 사실은 한 해에 수천 명이 자살로 죽고 있습니다. 다른 누가 아닌 젊은 사람들이 군대에서 한 해에 백 명씩 자살을 합니다. 어느 쪽이 더 큰 일입니까? 정신적으로는 벌써 죽었습니다. 왜 이렇게 된 것입니까? 참사랑을 느끼지 못하기 때문입니다. 사랑의 배신자가 되었기 때문입니다.

여러분이 아시는 대로 참사랑의 소통이란 부귀영화에 있는 것이 아니고, 가난과 궁핍함에 있는 것입니다. 가난하고 어려운 사람들 속에 진정한 사랑이 있습니다. 그래서 유대 사람의 이런 격언이 있습니다. '부잣집에는 돈을 이어받을 수 있는 상속자는 있어도 아들은 없다.' 왜 그렇습니까? 참아들의 사랑은 없다는 뜻입니다. 요새도 가만히 보면 잘사는 아들들은 다 불효자입니다. 일 년에 전화 한 번도 하지 않습니다. 그러나 가난하고 어렵게 사는 막내아들은 정말 효자입니다. 역설적이지만, 하나님께서 보시는 대로는 가난과 역경과 질병 속에 진정한 사랑이 있다는 말입니다. 하나님의 소통, 사랑의 역사가 그 속에 있다는 말입니다. 이것을 잊지 말아야 합니다.

그러면, 하나님께서 원하시는 것은 무엇입니까? 미가서는 단적으로 말씀합니다. "겸손하게 행하는 것이 아니냐?" 이 어려운 사건 앞에서 우리는 다시 한번 겸손을 점검해야겠습니다. "교만하게 한 일이 아니었던가?" "교만한 생각을 한 일이 아니었던가?" "교만한 말을 하지 않았던가?" 그 교만 속에 불신앙이 있고, 불신앙은 하나님을 거역하는 것입니다. 하나님께서 원하시는 것은 우리가 겸손하게 행하는 것입니다. 이번에 이런 어려운 사건을 당하고 보니까 요새 이런 생각이 나지 않으십니까? '겸손하지 않을 수 없지.' 꼼짝 못 합니다. 경제가 어떻고, 과학이 어떻고…… 다 쓸데없는 소리입니다. 더욱 중요한 문제를 생각하게 됩니다. 고난 중에서 겸손을 비로소 생각하게 됩니다. 이것이 하나님께서 원하시는 것입니다. 번영, 자유, 평화, 잘사는 것…… 이런 것들에 하나님께서는 별로 흥미가 없으십니다. 하나님께서 원하시는 것은 우리가 하나님 앞에 공의롭게 행하고, 인자를 사랑하고, 그리고 겸손히 행하는 것입니다. 하나님의 관심이 여기에 있다는 것을 잊지 말아야 합니다. 여기에 초점을 맞추어야 합니다. 이것이 바로 오늘 우리에게 나타난 사건입니다.

연세대학교 사회학과의 김호기 교수님이 쓴 논문에 이런 말이 나옵니다. '오늘 우리는 글로벌위기에 처하고 있다.' 다들 아시는 이야기입니다. 지난 2003년에 사스 사건이 있었고, 2009년에는 신종플루 사건이 있었고, 2015년에는 메르스 사건이 있었고, 2020년 오늘은 코로나바이러스 사건이 있습니다. 대체로 봐서 6년마다 이런 사건들이 있어왔습니다. 이런 사건이 있을 때마다, 미안하지만, 속수무책입니다. 더구나 이번에는 완전 속수무책입니다. 아무 대책이 없습니다. 그저 한다는 소리가 '사회적 거리 두기'입니다. 요새 유명한 말 아닙니까. 사회적 격리, 사회적 거리 두기 ― 그렇지 않아도 가깝지 않은데, 사회적 거리까지 두고 나니까 이게 도대체 무엇입니까? 이런 세상이 되어버렸습니다. 이제 부부간에도 서로 2미터는 떨어져 앉아야 합니다. 그럴 것 없습니다. 어느 날 제가 교인들하고 딱 만났을 때 악수를 하려고 보니까 저쪽에서 악수를 안 하려고 합니다. 제가 가까이 가서 손을 딱 쥐고 악수를 하면서 "같이 죽읍시다!" 하고 말했습니다. 여러분, 어차피 같이 갈 것인데, 뭘 그렇게 난리입니까. 사회적 거리, 이거 정말 문제입니다. 마음의 거리가 멀어졌습니다. 전부가 다 무서운 존재가 되고 말았습니다. 이제는 가까운 사람이 없습니다. 얼마나 무서운 일입니까. 이제 이 큰 사건 앞에서 보십시오. 이것은 가치관의 혁명을 일으키고 있습니다. 아는 자와 모르는 자, 평등입니다. 공부를 많이 했든 못 했든, 아무 상관이 없습니다. 메르스, 코로나바이러스 앞에 완전히 무릎을 꿇었습니다. 가진 자와 못 가진 자, 권력이 있는 자와 없는 자, 큰 나라와 작은 나라가 아무 상관이 없습니다. 하나님의 시선, 그 거룩한 역사 앞에 꼼짝 못 합니다. 모두가 무릎을 꿇게 됩니다. 좀 더 철저하게 무릎을 꿇어야 합니다. 하나님께서는 이곳에서 당신의 의를 나타내십니다. 참으로 행복이 무엇인지, 참으로 영원한 가치가 무엇인지를 우리에게 보여주고 계시는 것입니다.

　특별히 오늘본문에 나오는 이야기는 드라마틱하면서도 오늘 우리처럼 절박한 형편에 있는 사람들에게 주시는 가장 중요한 메시지라고 생각합니다. 그래서 저는 이 본문을 택했습니다. 한 사람이 베데스다라고 하는 연못가에 누워있습니다. 히브리말로는 '베드에스다'입니다. 여기서 '베드'는 '집'이라는 말이고, '에스다'는 '자비'라는 말입니다. '자비의 집(House of Mercy)'입니다. 이런 집인데, 이곳에 자비가 없습니다. 자비의 집에 자비가 없습니다. 무슨 말입니까? 38년 동안이나 누워서 지내는 사람이 있었습니다. 이 사람의 마지막 소원 하나를 들어줄 사람이 없습니다. 이 사람의 소원은 그리 건강한 소원이 아닙니다. 소원 자체가 병든 소원입니다. 그가 몸이 불편해서 이렇게 누워있는데, 세상의 온갖 방법을 다 써봤지만, 이제는 마지막 길, 베데스다 연못가에 와서 누워있습니다. 많은 환자가 누워있습니다. 이것은 어디까지나 미신적이고 전설적인 이야기입니다. 가끔 물이 동할 때가 있습니다. "눈에 보이지 않지마는 천사가 내려와서 지금 목욕을 하는 거다." 이렇게 전설적으로 전해졌습니다. "그때 맨 먼저 들어가는 사람은 어떤 병에 걸려 있든지 다 낫는다." 이런 전설입니다. 여기에 기대를 걸고 한 사람이 여기 누워있습니다. 무려 38년입니다. 생각해보십시오. 이 사람이 스무 살부터 여기에 있었다면 지금 얼마입니까? 나이 60이 될 것입니다. 한평생을 이렇게 다 보냈습니다. 이런 불행한 사람이 여기에 누워있습니다. 그런데 예수님께서 가까이 오시어 말씀하십니다. 성경을 자세히 보면, 예수님께서 이 사람을 만나러 오신 것 자체에 큰 의미가 있습니다. 왜냐하면, 명절이기 때문입니다. 제자들이 다 같이 예루살렘에 올라왔는데, 제자들은 어디 가고 예수님 혼자서 이 사람을 찾아가신 것입니까? 다들 명절 분위기 속에 떠들고 흥분되어 있지만, 예수님께서는 가장 외로운 사람, 가장 불행한 사람, 그 한 사람을 찾아가신 것입니다. 혼자 가셔서 이 사람을 향해 예수님께서 물으십니다. "네가 낫고자 하느냐?" 한마디 더 보태면 이렇게 될 것입니다. "네가 아직도 낫고자 하느냐?" 그가 여기에 누워있는 것은 낫고자 해서

가 아닙니까. 여기에 누워있다는 자체만 가지고도 낫고자 하는 소원
이 있는 것입니다. 낫고자 하는 마지막 미련과 소원이 있어서 여기
에 누워있는 것 아닙니까. 굳이 물을 것도 없습니다. 그러나 예수님
께서는 물으십니다. "네가 아직도 소망을 버리지 않고 낫고자 하느
냐? 절망하지 않고 소망을 가지고 있느냐?" 이렇게 물으시는 것입
니다. 이때 이 환자가 답하는 말이 너무나 처절합니다. 이 사람은 예
수님 앞에 대답합니다. "안트로폰우베코." 헬라말입니다. 영어로는
"I have not a man"으로, 이런 뜻입니다. "내가 물이 동할 때 좀 내려
가고 싶은데, 내가 물에 내려갈 수 있도록 나를 도와줄 한 사람이 없
습니다." 이것은 없다는 말이 아닙니다. 가지지 못했다는 말입니다.
"I have not." 자기를 위해서 요만큼 도와줄 한 사람이 없다는 것입
니다. 그의 소원은 아주 소박합니다. 어찌 보면 미련하기도 합니다.
그런다고 꼭 병이 낫는 것도 아닐 텐데, 낫는다는 보장도 없지만, 이
사람의 마지막 소원은 이것입니다. "이대로 죽어도 좋다. 그저 한번
이라도 제일 먼저 내려가봤으면 좋겠다." 물이 동할 때 불편한 몸으
로 내려가려고 억지로 움직이다보면, 그 사이에 벌써 다른 사람들이
다 내려가버립니다. 이렇게 살기를 38년입니다. '나도 한번 맨 먼저
물에 좀 들어가봤으면 좋겠다.' 그러기 위해서는 누군가가 나를 도
와줘야 하는데, I have not a man, 나를 도와줄 사람이 없습니다. 이
것이 이 사람의 자기에 대한 고백입니다. '나는 이런 사람입니다. 나
를 도와줄 한 사람이 없습니다. 나는 고독합니다.'

여러분, 어째서 그럴 것 같습니까? 옛날에야 있었을 것입니다.
그러나 다 떠나버렸습니다. 절망하면서 떠났습니다. 실망하고 다 떠
나고, 이렇게 살아가기를 38년, 그야말로 죽지 못해서 살아온 기나

긴 세월입니다. 예수님께서 물으십니다. "네가 아직도 낫고자 하느냐?" 얼마나 사랑스러운 질문입니까. "아직도 낫고자 하느냐? 아직도 소망을 버리지 않았느냐?" 이것을 잊지 말아야 합니다. 어떤 경우에도 소망을 잃어서는 안 됩니다. 절망은 죄입니다. 믿음 없는 것, 죄입니다. 38년을 누워있었지만, 아직도 이 사람에게는 믿음이 필요합니다. 딱 한 사람에 대한 믿음이 꼭 필요합니다. 이것을 잊지 말아야 합니다. 예수님께서 이 사람을 찾아오셨는데, 이 사람은 건강을 잃어버린 사람입니다. 그리고 38년이나 되었기 때문에 이제는 소망도 다 잃어버린 사람입니다. 어떤 의미에서는 무용지물입니다. 자신이 왜 이 세상을 더 살아야 하는지를 모르는 사람입니다. 삶이 무가치해진 사람입니다. 물론 가족도 친구도 다 떠났습니다. 홀로, 어쩌면 죽는 날만 기다리고 있는데, 혹시나 물이 동할 때 한 번 들어가 봤으면 하는 미신적 욕구를 가지고 있습니다. 한마디로 말하면, 소원까지 다 병든 것입니다. 예수님께서 물으십니다. "네가 낫고자 하느냐?" 어찌 생각하면 이처럼 또 난센스 같은 질문이 어디에 있습니까. 세상에 어느 환자가 낫기를 바라지 않겠습니까.

여러분, 오늘이라도 누구에게 가서 묻기를 "낫기를 바라십니까?" 하면 되겠습니까. 이런 실례가 어디 있습니까. 곧 죽어가는 사람도 병이 낫기를 바랍니다. 정말로 낫기를 바라는 것입니다. 이걸 잊지 말아야 합니다. 저는 오래전에 어떤 고등학교 3학년 학생을 만난 적이 있습니다. 그 학생은 그 집의 막내아들로 태어나서 너무너무 귀하게 컸고, 중학교와 고등학교 때는 공부를 잘했습니다. 그런데 고3때부터 공부가 잘 안 되기 시작했습니다. 그러니까 자존심이 상하면서 스스로도 공부를 안 하기 시작했습니다. 그러다가 병이 들었습니다. 이 병원에도 가보고, 저 병원에도 가보고 했지만, 다 소용이 없었습니다. 그래 한번은 그 청년을 데리고 제가 잘 아는 의사한테 데리고 갔습니다. 그 의사가 이 학생을 딱 보더니 말합니다. "이 아이는 병 낫기를 바라지 않는 아이입니다." 그래서 제가 그 말을 듣고 나서 학생 본인한테 물어보았습니다. "너는 도대체 몇 시에 일어나고, 몇 시에 자고, 몇 시에 깨느냐?" 이 학생의 답을 보십시오. "밤 한 시에 자고요, 낮 열두 시에 깨요." 도대체 이것은 무질서하기 짝이 없는 것입니다. 먹는 것, 자는 것이 다 그렇습니다. 도대체가 이것은 아니지 않습니까. 저도 똑같은 말을 했습니다. "너 정말 낫기를 바라느냐?" 그랬더니 이렇게 답합니다. "목사님, 제게 그건 너무 과한 질문입니다." 그래서 제가 그랬습니다. "아니야, 네가 스스로 생각해봐라. 너는 병 낫기를 바라지 않고 있어."

사회학에 이런 유명한 말이 있습니다. '가난도 문화다.' 가난도 문화라니, 무슨 말입니까? 가난하게 살다보면 그것이 자기 생활에 익숙해져서 깨끗하게 사는 것을 원치 않게 됩니다. 잘사는 것을 바라지 않습니다. 이걸 잊지 말아야 합니다. 또, 병든 것도 그렇습니다. 오랫동안 병든 생활을 하다보면 이 병든 생활에 익숙해집니다. 여러분, 아이들 키우면서 보십시오. 병들면 그다음에 잘 위해주지 않습니까. 그저 하자는 대로 다 해주고, 먹여주고, 하니까 아이들이 건강해지면 이렇게 안 해주기 때문에 일부러 병에 걸려서 그 병에서 떠나기를 원치 않습니다. 병든 동안에는 많은 사랑을 받으니까, 그게 전적으로 통하니까 병든 생활이 문화화되어서 헤어나지 못하는 것입니다. 몸이 병든 것이 아닙니다. 마음이 병들고, 가치관이 병들고, 영도 병들고, 다 병이 듭니다. 그래 예수님께서 물으시는 것입니다. "네가 낫고자 하느냐?" 38년이나 누워있는 사람한테 아직도 낫고자 하는 소원이 있느냐고 물으십니다. 얼마나 심각한 질문인지 모릅니다. 낫고자 하는 의지, 낫고자 하는 소망, 낫고자 하는 확실함이 필요한 것입니다. 예수님께서 물으십니다. 이 사람이 대답을 제대로 못 합니다. "예, 낫고자 합니다(Yes I do)." 이러면 얼마나 좋겠습니까. 병자로 살기를 바라는 사람이 어디 있겠습니까. 그런데 이 사람은 정신까지 온전하지 못했습니다. "낫고자 하거나 안 낫고자 하는지는 중요하지 않습니다. 물이 동할 때 딱 한 번만 거기에 들어가보고 죽었으면 좋겠습니다. 그런 저를 좀 도와주세요." 이런 이야기입니다. 그때 예수님께서는 들은 척도 안 하시고 엉뚱한 말씀을 하십니다. "일어나라!" 이것은 건강하게 사는 사람에게 주시는 명령입니다. 환자에게 하시는 말씀이 아닙니다. "일어나라!" 이 엄청난 말씀에 이 사람이 순종합니다. "일어나라!" "예!" 벌떡 일어납니다. 무엇을 의미합니까? "아직도 낫고자 하느냐?" 깊은 소원을 물으시는 것입니다. "미신적인 잘못된 생각, 잘못된 세계관, 잘못된 가치관을 갖고 있었지만, 그 모든 것을 다 부정해버리고, 38년 동안 가졌던 생각을 싹 털어버리고 일어나라!" 이 말씀에 순종하여 그가 벌떡 일어납니다. 자기 자신의 모든 가치관, 과거에 갖고 있었던 생각, 오해, 타락한 세계관을 다 버리고, 예수님 말씀 그대로 자기 자신의 모든 것을 다 부인해버리고 새롭게 출발합니다. 오직 말씀에 응답합니다. "일어나!" "예!" 일어납니다. "일어나라!" 하시니 일어납니다. 여기에 대해서 이의를 제기할 것이 아닙니다. 토를 달아서는 안 됩니다. 아마도 이 사람이 믿음이 없으면 이렇게 했을 것입니다. "일어나라!" "예수님, 일어나라 말아라, 그런 말씀 마시고요, 물이 동할 때 한번 들어가게나 해주세요. 무슨 농담이십니까? 제가 38년 동안이나 누워있었는데, 누구에게 일어나라 마라 하십니까?" 이럴 수 있습니다. 그 모든 의심과 부정을 싹 버리고, 순수한 마음으로 응답합니다. "일어나!" 일어납니다. "일어나라!" 일어납니다. 이것이 예수님께서 오늘 우리에게 주신 말씀입니다. 38년이나 일어나본 적이 없는 사람에게 건강한 사람이 가질 수 없는, 정신적으로도 많은 병리적 작용이 있습니다. 아마 세계관도 병들고, 가치관도 병들고, 영도 병들었을 것입니다. 그러나 마지막 시간입니다. "일어나라!" 예수님 앞에 깨끗하게 응답합니다. 여기서 기적이 나타납니다. 예수님께서 이 사람을 찾아주셨습니다. 이 사람의 소원을 아시면서 인간적 소원이 아닌 깊은 곳에 있는 영원의 소원을 들어주신 것입니다.

오늘도 우리에게 물으십니다. "네가 낫고자 하느냐?" 우리에게 주어진 여건은 인간적으로 생각할 때는 암담하기 그지없습니다. 세상이 이대로 끝나는 것 같습니다. 그러나 이것은 가치 혁명입니다. 이것은 신앙적 혁명입니다. 우리가 그동안에 소중히 여겼던 것을 싹 쓸어버리십니다. "공의를 사랑하며, 인자를 사랑하며, 겸손히 행할 것이 아니냐?" 다시 한번 겸손을 재점검하시기 바랍니다. 그렇게 하나님께서 원하시는 그 거룩한 뜻이 우리 안에서 이루어질 때 주의 뜻이 새롭게 나타날 것입니다. 오늘 우리에게 들리는 음성 "일어나라!", 이 음성에 깨끗하게 응답하시는 하나님의 사람들 되시기를 바랍니다. △

한 수난자의 신앙고백

그러나 내가 가는 길을 그가 아시나니 그가 나를 단련하신 후에는 내가 순금 같이 되어 나오리라 내 발이 그의 걸음을 바로 따랐으며 내가 그의 길을 지켜 치우치지 아니하였고 내가 그의 입술의 명령을 어기지 아니하고 정한 음식보다 그의 입의 말씀을 귀히 여겼도다 그는 뜻이 일정하시니 누가 능히 돌이키랴 그의 마음에 하고자 하시는 것이면 그것을 행하시나니 그런즉 내게 작정하신 것을 이루실 것이라 이런 일이 그에게 많이 있느니라 그러므로 내가 그 앞에서 떨며 지각을 얻어 그를 두려워하리라 하나님이 나의 마음을 약하게 하시며 전능자가 나를 두렵게 하셨나니 이는 내가 두려워하는 것이 어둠 때문이나 흑암이 내 얼굴을 가렸기 때문이 아니로다

(욥기 23 : 10 - 17)

한 수난자의 신앙고백

　1960년, 제가 목사 안수를 받은 해입니다. 열심히 목회를 하며 연구하고 공부하던 때였습니다. 그때 「타임」지를 열심히 읽었습니다. 특별히 그 당시에 「타임」지에 있었던 종교란을 정독하곤 하였습니다. 언젠가 한 번은 거기에 실린 기사가 제게 큰 충격을 주었습니다. 그것은 바로 「죽음과 죽어가는 상태(Death and Dying)」라는 책이 「타임」지에 소개된 기사였습니다. 한 5페이지 정도로 소개했는데, 그 기사를 읽으면서 제가 깊이 감동받았습니다. 그래서 그 책을 주문하고 싶었는데, 그 당시는 쉽게 책을 미국에 주문할 수가 없을 때였습니다. "이 책을 꼭 보고 싶은데 어찌하겠습니까?" 하고 아는 선교사님께 돈을 드리면서 부탁을 했습니다. 그 선교사님이 미국에 주문을 해서 이 책을 가져왔습니다. 그 책을 받아들고 얼마나 제가 감격하고 행복했는지 모릅니다. 그다음에 "Death and Dying"이라는 책을 닳을 때까지 열심히 읽었습니다. 아마도 그 사건이 제 목회에 있어 가장 중요한 역할을 하지 않았나 그런 생각을 합니다. 마침내 제가 박사논문을 쓸 때 종말론을 쓰게 된 것도 아마 여기서부터 시작되지 않았나 그런 생각을 합니다. 「죽음과 죽어가는 상태(Death and Dying)」라는 책의 저자는 엘리자베스 퀴블러 로스라는 죽음과 관련된 유명한 심리학자입니다. 공교롭게도 제가 75년대에, 그러니까 이 사건 15년 뒤에 풀러 신학교에 가서 공부하고 있을 때 이분이 그 신학교에 초청을 받아 와서 특강을 했습니다. 그 3시간 동안의 특강을 제가 아주 앞에 앉아서 열심히 청종한 바가 있습니다. '이건 참 절호의 기회다. 이런 위대한 심리학자를 내가 만날 수 있다니!' 너무너무 행복한 시간이었습니다.

여러분, 왜 그랬을 것 같습니까? 이분은 6백 명, 다 이름까지 나와 있습니다. 그 6백 명을 상대로 임종을 지켜보았습니다. 일생 한 사람의 임종을 지켜보기도 어려운데, 이분은 6백 명을 찾아다니면서 마지막 숨넘어가는 시간을 지켜보았습니다. 그리고 그들과 할 수 있는 데까지 대화를 했습니다. 그리고 그것을 전부 논문으로 남겼습니다. 그 책에 다 나와 있습니다. 그들과 주고받은 대화가 대단히 중요합니다. 6백 명을 상대로 임종을 지켜보면서 그는 '죽음의 심리학'을 말합니다. 그리고 권세 있는 학자가 되었습니다. 그는 말합니다. 사람이 죽을 때가 되어 "당신은 죽습니다. 당신은 지금 그냥 보통의 병에 걸린 것이 아니고, 이대로 몇 시간 뒤면 죽습니다"라는 말을 들었을 때 다섯 가지 모양으로 반응한다는 것입니다. 먼저는 부정하는 것입니다. "아니에요. 당신이 잘못 보았소. 나는 안 죽어!" 죽음을 긍정하지 않는 것입니다. 누구나 일단 죽음을 부정하고 봅니다. 둘째는 왜 내가 죽어야 하느냐고 고집을 부리는 것입니다. "내가 왜 죽어? 세상에 죽어야 할 사람 많아. 한데 왜 하필 내가 죽어? 나는 안 죽어. 아니, 지금 죽을 수 없어!" 이것이 두 번째입니다. 셋째는 죽음이 뭐냐고, 내가 지금 어디로 가느냐고 묻는 것입니다. "내가 지금 여기까지 살아있고, 이렇게 숨을 쉬고 있는데, 도대체 죽음이라는 게 뭐냐? 내가 지금 어디로 간다는 이야기냐?" 이렇게 죽음 자체에 대하여 비로소 생각하는 것입니다. 그는 말합니다. "인생이 이렇게 어리석다고. 그래, 안 죽을 줄 알고 살았나? 안 죽을 줄 알고 살았던가? 이렇게 어리석을 수가 있느냐?" 사실입니다. 그 시간에 가서 "도대체 죽음이라는 것이 무엇이냐? 내가 지금 어디로 가고 있느냐?" 하는 것을 심각하게 묻는 것입니다. 결국, 그 질문 자체가 얼마나 어리석고 한심한 것인지, 그는 이렇게 말하고 있습니다. 넷째는 회한입니다. 죽는다 생각하고 일생을 돌아보니 후회되는 것이 너무나 많습니다. 잘못한 일이 너무나 많습니다. 좋은 일은 생각나지 않고, 좋지 않았던 일만 생각납니다. 잘한 일은 생각나지 않고, 잘못한 일만 그냥 밀려오는 것입니다. 이걸 견디지 못하는 것입니다. 저도 많은 사람의 죽음을 보았습니다. 바로 그 순간에 은혜의 사람은 고마웠던 것만 생각납니다. 잘한 일만 생각납니다. 하나님의 은혜에 대한 생각이 나서 죽는 순간에 하나님께 감사하고, 이웃에 감사하고, 부모님께 감사하고, 형제에게, 아내에게, 자녀들에게 감사하는 것입니다. 그렇게 가는 사람이 있는가 하면, 반대로, 예전으로 돌아가 옛날부터 잘못한 일들, 이렇게 잘못하고, 이렇게 잘못 말하고, 이렇게 실수한 일들만 계속 밀려오는 것입니다. 이 고민을 이길 수가 없는 것입니다. 이것 때문에, 이 고민 때문에 얼굴이 새까맣게 됩니다. 그리고 나서 다섯째가 흥정을 하자고 하는 것입니다. "어떻게 하면 좋겠습니까? 그러면 나는 어떻게 하면 좋을까요? 지금 이 시간에 나는 어떻게 하면 좋을까요? 앞이 캄캄한데, 이 앞을 열어 줄 사람이 누구입니까? 나는 이제 무엇을 해야 합니까? 짧은 시간이지만, 남은 시간에 무엇을 해야 되겠습니까?" 이렇게 질문을 하게 된다는 것입니다. 이렇게 다섯 가지 단계를 이 책에서 그는 말하고 있습니다.

고난 중에 가장 큰 것은 앞이 안 보인다는 것입니다. 그래서 고난의 문제가 아니고 절망의 문제라고 합니다. 질병의 문제가 아니고 소망의 문제라고 합니다. 뭐 대단한 것처럼 보이지만, 그 어느 순간에 가면 이 모든 것이 다 수포로 돌아갑니다. 아무것도 아닙니다. 그리고 앞이 보이지 않습니다. 앞이 열려야 합니다. 성경은 이것에 대해서 "하늘이 열린다"라고 말씀합니다. 스데반이 순교할 때 하늘이 열렸습니다. 사도 바울이 기도할 때 하늘이 열렸습니다. 예수님께서 기도하실 때 하늘이 열렸습니다. 하늘이 열리는 그것, 무슨 소원이 이루어지느냐 안 이루어지느냐, 하는 이야기가 아닙니다. 하늘이 열리는 것, 그것이 바로 가장 승리하는 생이요, 바른 생에서 오는 결과라고 생각하는 것입니다.

오늘본문에 나오는 욥이라는 사람은 대표적으로 고난을 많이 당한 사람입니다. 우리가 욥을 생각하면 고난을 많이 당한 사람이라고 쉽게 생각합니다. 욥의 신학은 엄청난 것입니다. 그는 대표적으로 인생이 가진 모든 고난을 겪습니다. 먼저 재산을 잃어버립니다. 우리가 그렇게 애지중지하는 재산, 피땀 흘려 모아놓은 재산만 있으면 행복할 줄 알았는데, 그렇게 애쓰는 재산이 하루아침에 싹 날아가버립니다. 재산이 없어집니다. 그다음에 중요한 것이 무엇입니까? 가정입니다. 욥은 자식이 열이나 있었습니다. 그런데 자식이 한꺼번에 다 죽어버렸습니다. 가장 귀중하게 생각하는 자식, 나의 유산처럼 생각하는 자식이 하루아침에 다 떠났습니다. 그리고 가장 귀중한 것은 건강입니다. 내 건강마저 잃어버립니다. 이런 속된 말이 있지요? '남의 죽음이 내 감기만 한가?' 아무리 생각해봐도 내 건강 문제가 제일 중요합니다. 나의 건강이 나의 생명입니다. 그런데 욥은 건강을 잃어버렸습니다. 그뿐만 아니라, 가장 가까웠던 인간관계, 사회적 관계인 친구를 잃어버렸습니다. 친구들이 자기를 위로하지 못합니다. 찾아와서 위로한다고 하지만, 오히려 자기를 공격하고 있습니다. 그러므로 친구를 잃어버렸습니다. 가장 귀중한 문제는 욥기의 총 주제가 무엇이냐, 하는 것입니다. 의를 잃어버렸습니다. 내가 이 고난을 당할 때 '왜 당하느냐?', 아무리 생각해도 죄 때문에 당한다는 생각이 들지를 않습니다. 내 죄로 말미암아 당하는 형벌이라고 생각되지가 않는 것입니다.

조금 더 생각해봅시다. '다른 사람들은 나보다 훨씬 더 죄인입니다. 나는 나대로 의롭게 살고, 다른 사람보다 깨끗하게 살고, 정직하게 살고, 선하게 사느라고 몸부림을 쳤습니다. 한데, 저 죄투성이로 살고, 죄와 함께 사는 사람들은 떵떵거리고 삽니다. 의롭게 산 내가 왜 이 고생을 해야 합니까?' 이 지점에서 나의 의가 무너지는 것입니다. 이것이 제일 큰 고통입니다. 내 의가 무너지는 것—비록 욥이 말한 대로 하나님 앞에 내 소원만큼 선한 것은 아니지만, 그래도 비교적 남들보다 선하고 아름답게, 거룩하게, 진실하게 사느라고 살았는데, 죄를 밥 먹듯이 짓고 사는 사람들은 잘삽니다. 의롭게 살고, 진실하게 산 나는 이렇게 특별한 고생을 하고 삽니다. 이것은 말이 안 되지 않습니까. 여기에서 의가 무너지는 고통을 느낍니다. 알 수가 없는 것입니다. 왜 하필이면 나입니까? 왜 하필이면 이렇게 되었습니까? 나의 의는 무엇입니까? 내가 하나님 앞에 거룩하게, 깨끗하게 살려고 몸부림을 쳤는데, 그것은 다 어디로 간 것입니까? 여기서 욥이 근본적인 고난을 받게 됩니다. 그리고 '나의 의로운 생활이 의미가 없었던 것은 아닐까? 절망적인 고난이 아닐까?'라고 생각하게 됩니다. 여기서 진실하게 종말론적인 의의 대한 고민을 합니다. 의를 잃어버리고, 그 아픔을 느끼게 됩니다. 죄인들은 오히려 세상에서 죄 가운데 살면서도 편안하게 사는 것 같은데, 나는 의롭게 살면서도 남달리 고난을 더 많이 당하고 사는 것 같습니다. 그렇게 느껴질 때 그 번민이 가장 신앙적이고, 하나님 앞에서 하나님과 나와의 관계에서 오는 절절한 실존적 고민이었다는 것입니다. 여기서 욥의 위대한 점이 있습니다. 욥의 총주제가 여기에 있는 것입니다. 욥의 신앙고백이 있습니다. "내가 가는 길을 그가 아시나니……" 내가 가는 길을 그가 아십니다—

　여러분, 나는 모르겠습니다. 왜 이래야 되는지 모르겠습니다. 해답이 나오지 않습니다. 그러나 하나님께서는 아십니다. 하나님께는 내가 버려진 존재가 아니라는 것입니다. 비록 내가 고난을 당해도 나는 버려진 존재가 아닙니다. 이대로 죽어도 나는 하나님의 사랑에서 벗어난 자가 아닙니다. 욥의 위대한 신앙고백은 거기에 있습니다. 내가 고난을 당한다고 해도 나는 하나님께 버려진 자가 아닌 것입니다. 내가 지금 내 뜻대로 되는 일이 없고, 많은 사람 앞에서 이 어려운 고난을 치르고 있다 하더라도 하나님과 나와의 관계, 하나님께 대한 나의 진실한 신앙고백은 흔들리지 않는다는 것입니다. 그것이 오늘본문에 나타난 귀중한 말씀입니다. "나의 가는 길을 그가 아시나니 내 중심을 그가 아시나니 내 진실을 그가 아시나니 나의 의는 결코 하나님 앞에 버림받지 않았다" 하는 것을 인정합니다. 고난을 당하면서도 말입니다. 이 어려운 고난을 당하면서도 하나님의 사랑을 부정하지 않습니다. 하나님의 존재를 부정하지 않습니다. 하나님의 선택적 축복을 절대 의심하지 않습니다. 그리고 그는 위대한 말을 합니다. "나를 단련하신 후에……" 저는 이 말이 너무나 마음에 좋습니다. "나를 단련하신 뒤에 정금 같이 나오리라. 내가 당하는 이 사건들은 하나님께서 나를 훈련하시는 것이다. 단련하시는 것이다." 내가 보기에는 이 정도면 되는 것 같은데…… 아닙니다. 하나님께서 보시기에는 그게 아닙니다. 내가 겸손한 것 같은데? 아니, 좀 더 겸손해야 합니다. 내가 정결한 것 같은데? 아닙니다. 내가 믿음으로 사는 것 같은데? 아닙니다. 아직 하나님께서 생각하시는 기준이 있습니다. 그래서 나를 단련하신 뒤에…… 단련이라는 말을 다른 말로 바꾸면 교육하시는 것입니다. 가르치시는 것입니다. 행동적으로 가르치시는 것입니다. 단련하신 뒤에—아주 의미 있는 고난입니다. "내가 당하는 고난은 의미 있는 고난이다. 하나님께서 나를 버리셨기 때문에 당하는 고난이 아니다. 하나님께서 나를 사랑하시기 때문에 당하는 고난이다." 이것이 욥의 고백입니다. 인간으로는 이해할 수가 없습니다. 자기 자신도 이해가 안 됩니다. 그러나 욥의 깊은 곳에서 오는 신앙고백은 말합니다. '내가 당하는 고난은 하나님의 권능과 능력과 사랑 속에 있는 것'이라고, '그의 능력과 그의 지혜와 그의 사랑 속에 이 사건이 있는 것이다'라고 받아들입니다. 참으로 위대한 고백입니다. 그러면 나를 하나님께서는 어떻게 훈련하실까요? 여기에 보면 "단련하신 후에 정금 같이"라는 묘한 말씀이 있습니다. 여기에 깊은 의미가 있습니다. 금이 정금이 되려면 어찌해야 하겠습니까? 쇠가 강도 높은 쇠가 되려면 어찌해야 합니까? 매를 많이 맞아야 됩니다.

　제가 윌리엄 포즈라는 미국 뉴저지에 있는 공장에 들어가서 여름방학 3개월 동안 일했던 적이 있습니다. 아침 7시에 출근합니다. 그리고 오후 4시에 퇴근합니다. 얼마나 힘들게 일을 하는지 모릅니다. 커다란 40톤짜리 해머, 그 무거운 쇳덩어리가 위에서 떨어집니다. 꽝하고 엄청난 굉음이 납니다. 그래서 모든 사람이 전부 귀를 막고 일합니다. 일이 다 끝난 다음에는 또 온몸이 기름투성이입니다. 샤워장에 가 목욕을 하고서야 옷을 갈아입습니다. 그런 공장에서 제가 한 3개월 동안 일을 해봤는데, 좋은 경험이었습니다. 계속 꽝꽝 소리가 납니다. 차를 타고 30분을 갈 때까지는 아무 주택도 없습니다. 그러다 보니 내가 일을 하면서도 무엇을 만드는지 모릅니다. 그저 일하라니까 일하는 것입니다. 꽝꽝 터지기만 합니다. 제가 장로님이었던 사장님께 물어보았습니다. "사장님, 제가 일을 합니다마는, 도대체 제가 무엇을 만들고 있는 것입니까?" "그건 나밖에 모르는 것이고, 다 자기 분야의 일만 하는 것이지. 누가 아나?" 도대체 지금 무엇을 만드는 것입니까? 강한 쇠를 만드는데, 이것으로 미사일의 그 윙을 만드는 것입니다. 달나라에 갈 때 쓰는, 그 불덩어리에서도 녹지 않고 살아남는 쇠를 만드는 것입니다. 이 쇠가 어느 정도로 강하냐 하면, 보통 쇠를 깎을 수 있는 쇠입니다. '쇠를 깎는 쇠'를 만드는 것입니다. 비결은 간단합니다. 때리는 것입니다. 계속 얻어맞는 것입니다. 제가 한 일이 그것이었습니다. 쇠를 불 속에 집어넣었다가 빨갛게 달아오른 다음에 꺼내서 해머로 꽝꽝 때리는 것입니다. 그다음에 꺼내서 보면 틈이 생겨 있습니다. 그럼 그 틈은 또 갈아서 없애고, 다시 또 집어넣습니다. 그걸 계속하는 것입니다. 간단합니다. 강한 쇠는 매를 많이 맞은 쇠입니다. 강한 믿음이 무엇입니까? 매를 많이 맞은 믿음입니다. 강한 믿음을 가진 사람은 매를 많이 맞은 믿음을 가진 사람입니다. 잊지 말아야 합니다.

우리에게 어려운 시험이 많이 있습니다. 많은 복잡한 문제가 있습니다. 그러나 시험을 이기고 여기까지 나왔습니다. 제가 한마디 하겠습니다. "남보다 매를 많이 맞아서 요만큼의 믿음이라도 있는 것이다." 아시겠습니까? 매 맞은 흔적이 없는 사람은 바른 믿음이 없습니다. 이 바람에 휘청, 저 바람에 휘청합니다. 목숨을 거는 신앙은 많은 시련을 겪은 신앙입니다. 여러분, 생각해보시기 바랍니다. 단련하신 후에 정금 같이 나오리라―정금이 되기 위해서는 매를 많이 맞아야 합니다. 그래서 내가 찌꺼기를 버리게 하는 것입니다. 버려야 할 것을 버리게 하고, 잊어야 할 것을 잊게 하는 것입니다. 깨달아야 할 것을 깨닫게 하는 것입니다. 영원 지향적 가치관을 세우는 것입니다. 그런가 하면, 강하게 됩니다. 강하게 시련을 겪고 나면 강하게 됩니다. 육체도 강하고, 정신도 강하고, 신학도 강하고, 믿음도 강하고, 생활철학이 강하게 되는 것입니다. 이것은 오직 시련 속에서 이루어지는 것입니다. 저는 이 말씀을 너무나 귀하게 여깁니다. "정금 같이 나오리라." 정금이 되기 위해서는 많은 매를 맞아야 합니다. 많은 시련을 겪어야 합니다. 나는 알 수 없습니다. 그러나 내가 가는 길을 그가 아십니다. 나는 모르고 당합니다. 그러나 믿고 당합니다. 그가 아십니다. 그가 인도하실 것입니다. 능력과 지혜와 사랑을 추호도 의심하지 않는 정금 같은 믿음, 마지막에 우리가 세상을 떠날 때에도 아무 거침없이 일생을 돌아보며 정금 같이 나오게 하시는 하나님, 정금 같은 믿음을 가지게 하시는 하나님. "오, 하나님! 감사합니다!" 이렇게 말할 때 우리 앞에는 천국 문이 열릴 것입니다.

시편 119편 71절에서 말씀합니다. "고난 당하는 것이 내게 유익이라 이로 말미암아 내가 주의 율례를 배우게 되었나이다." 배우는 것, 쉬운 일 아닙니다. 배움의 과정, 그 커리큘럼, 쉬운 것 아닙니다.

이 교과과정은 하나님께서 정하시는 것입니다. 하나님께서 정하시는 교과과정은 그대로 따라갈 것입니다. 유치원 아이에게는 유치원에 맞는 교과과정이 있습니다. 초등학생에게는 초등학생에 맞는 교과과정이 있습니다. 고등수학을 초등학생에게 어떻게 가르치겠습니까. 다 거기에 맞는 교과과정을 하나님께서 정해주십니다. 교과과정은 선생님이 정하시는 것입니다. 학생은 믿고 따라갈 뿐입니다. 이걸 잊지 말아야 합니다. 나는 알 수 없으나, 그는 아십니다. 나는 능력이 없으나, 그는 내가 능력 없는 것도 아십니다. 나는 할 수 없다고 생각합니다. 할 수 없다는 그것도 아십니다. 그런고로 합당한 일로 인도하실 것입니다.

마지막 종착점을 향해서, 이 종말론적 종착점을 향해서 하나님께서 정해주신 교과과정, 그 커리큘럼을 순수하게 받아들입니다. 깨끗한 마음으로 수용합니다. 나의 가는 길을 그가 아시나니—나는 모르나, 그는 아십니다. 나는 모르고 따라가지만, 그는 알고 인도하십니다. 이 모든 과정을 거친 다음에는 정금같이 나오리라—요새 우리가 어려운 시간을 겪고 있습니다. 이것을 다 겪고 나면 아마 이렇게 될 것입니다. 교회마다 목사님들이 누가 가짜인지, 누가 진짜인지, 누가 초등생이고, 누가 고등학생인지, 다 나타나게 될 것입니다. "나의 가는 길을 그가 아시나니 내가 이 단련을 겪은 다음에 정금 같이 나오리다." 이 신앙고백을 우리 마음속에 두고, 오늘 우리의 시련도 이 과정에서 감사하며, 이 과정을 잘 통과해야 할 것입니다. △

영생의 말씀이 계신 곳

그 때부터 그의 제자 중에서 많은 사람이 떠나가고
다시 그와 함께 다니지 아니하더라 예수께서 열두 제
자에게 이르시되 너희도 가려느냐 시몬 베드로가 대
답하되 주여 영생의 말씀이 주께 있사오니 우리가 누
구에게로 가오리이까 우리가 주는 하나님의 거룩하
신 자이신 줄 믿고 알았사옵나이다 예수께서 대답하
시되 내가 너희 열둘을 택하지 아니하였느냐 그러나
너희 중의 한 사람은 마귀니라 하시니 이 말씀은 가
롯 시몬의 아들 유다를 가리키심이라 그는 열둘 중의
하나로 예수를 팔 자러라

(요한복음 6 : 66 - 71)

영생의 말씀이 계신 곳

오스카 와일드(Oscar Wilde)는 한평생 주로 단편소설을 쓴 유명한 소설가입니다. 그의 소설 가운데 「다시 오신 예수」라는 아주 특별한 의미의 추리소설이 한 권 있습니다. 저는 이 소설을 아주 즐겁게 읽었고, 두고두고 생각하고 있습니다. 예수님께서 세상에 계실 때 많은 일을 하시지 않았습니까. 5천 명을 먹이셨고, 병자를 고치셨고, 죽은 자를 살리셨고, 또 문둥병을 고치셨고, 장님의 눈을 뜨게 하셨습니다. 그렇게 많은 사역을 하셨는데, 그 사역의 대상이었던 그 사람들의 후속 결과가 어떻게 되었을까? 궁금하지 않으십니까? 그다음에 어떻게 되었을까? 바로 그런 생각을 추리해서 와일드는 하나의 소설을 썼습니다. 그 작품이 「다시 오신 예수」입니다. 예수님께서 어느 날 잠깐 세상에 오셨는데, 당신이 하신 일들이 그동안 어떤 결과를 이루었는지 궁금하셔서 살펴보셨습니다. 그런데 이 땅에 딱 오셔서 한 곳에 가시니까 길거리에 웬 알콜 중독자가 술에 만취되어 비틀거리며 여러 사람과 시비를 벌이더니 세상에 쓰레기 같은 인간이 되어 길에 쓰러져 있는 것입니다. 예수님께서 가까이 가보시니 그가 옛날에 앞 못 보는 사람이었을 때 예수님께서 눈을 뜨게 해주셨던 사람인 것입니다. 그래 예수님께서 그 사람 어깨를 탁하고 치시니까 그 사람이 퍼뜩 정신을 차리고 예수님을 쳐다보더니 이럽니다. "아, 예수님! 여기는 웬일이십니까?" 예수님께서 말씀하십니다. "눈 감고 살던 네가 눈을 뜬 다음에는 어떻게 살고 있는지 궁금해서 보려고 세상에 잠깐 다시 왔다." 그랬더니 이 알콜 중독자가 하는 말입니다. "예수님, 제가 나면서부터 장님이 되어 깜깜한 세상을 살았습니다. 게다가 길거리에서 얻어먹으면서 비참하게 연명하며 살았습니다. 한데, 주님께서 제 눈을 뜨게 해주셨습니다. 그래 '감사, 할렐루야! 하나님께 영광!'하고 감사했습니다. 하지만 그것은 순간이었고, 그다음에 세상을 보았더니, 눈 감고 있을 때는 몰랐는데, 눈을 뜨고 보니까 이 세상은 못된 세상이더라고요. 모든 것이 불합리하고 말이 안 돼서 화가 나 술을 먹다가 이렇게 알콜 중독자가 됐습니다." 그러니까 예수님께서 말씀하십니다. "어두운 세상에 살지 말고, 밝게 살아 보라고 눈을 뜨게 했더니, 어쩌다가 이 모양이 되었느냐?"

거기서 조금 더 가시다가 또 보시니까 아주 못된 깡패 두목이 있었습니다. 깡패 졸개들을 거느리고 세상을 혼란스럽게 하는 깡패 두목을 보셨습니다. 그래서 "너는 어떻게 다시 깡패 두목이 되었느냐?" 하고 물으셨더니 "예수님, 죄송합니다. 저는 본래 나면서부터 앉은뱅이였습니다. 그래서 버림받았고, 길거리에 앉아서 얻어먹으며 살았습니다. 그저 손만 내밀면 지나가다가 주는 사람도 있고, 안 주는 사람도 있는데, 그걸 가지고 연명하면서 살아 왔습니다. 한데, 예수님께서 앉은뱅이이 저를 일으키셔서 건강한 몸을 주셨습니다. 그래서 할렐루야! 하나님께 감사했습니다마는, 그게 참 이상하더라고요. 앉아있을 때는 많은 사람이 도와줘서 살았는데, 제 발로 걸으니까 아무도 안 도와주더라고요. 이제 제가 벌어먹어야 되는데, 배운 것도 없고, 기술도 없고, 돈도 없고, 밑천도 없고, 그래서 살길이 막막했습니다. 그래서 어쩌다보니 이렇게 깡패 두목이 되었습니다." 예수님께서 말씀하십니다. "사람 되라고, 행복하게 살라고 앉은뱅이를 일으켜 주었더니, 어쩌다가 이 신세가 되었느냐?" 참 서글픈 말씀입니다.

좀 더 가시다가 또 한 사람을 만나셨는데, 이번에는 길거리에서 호객행위를 하고 있는 창녀였습니다. 그녀는 예수님을 만나자마자 알아봅니다. "예수님, 이거 웬일이십니까?" "네가 어떻게 사나 보려고 왔다." "예수님, 제가 본래 창녀였는데, 예수님께서 저를 구원해주셔서 하나님의 딸로 삼아주신 것 감사합니다. 그러나 창녀 출신이라고 누가 결혼을 해줍니까, 사랑을 해줍니까? 심지어는 부엌에서 설거지라도 하려고 하면 더러운 손으로 밥그릇을 만지지 마라 하니, 세상에서 제가 할 일이 뭡니까? 저는 어떻게 살아야 합니까? 저는 버림받은 사람입니다. 그래서 이래저래 다시 창녀가 될 수밖에 없었습니다." 그러자 예수님께서 이렇게 말씀하셨답니다. "하나님의 딸로 깨끗하게 살라고 구원해주었는데, 어쩌다가 다시 이렇게 되었느냐?"

물론 이 이야기들은 다 소설입니다. 그런데 말입니다. 예수님께서 그 많은 병자를 고치셨습니다. 그렇게 예수님께 고침 받은 사람들이 뒤에 어떻게 살았을까 궁금하지 않으십니까? 저는 궁금한 것이 하나 있습니다. 예수님께서 문둥병자 열 명을 고쳐주셨습니다. 일시에 문둥병자 열 명을 고치셨는데, 가다가 나은 것을 알고 "감사하다, 할렐루야!" 했겠지만, 딱 한 사람만 다시 예수님께로 돌아와서 사례를 했습니다. 예수님께서 참 서글픈 말씀을 하십니다. "그 아홉은 어디에 있느냐?" 여러분, 그 사람들은 어디에 있을 것 같습니까? 저는 생각해봅니다. 틀림없이 술집에 있었을 것입니다. 파티를 하고 있었을 것입니다.

여러분, 일이 뜻대로 되고, 뭔가 소원이 이루어진 다음에 사람들이 이 모양이 된다는 말입니다. 예수님 앞에 와서 떡을 얻어먹은 그 5천 명의 사람들, 그 순간의 감격을 가지고 그 뒤에 어떻게 살았는지 궁금합니다. 예수님의 뒤를 따라오며 "호산나! 호산나!" 하고 만세를 불렀던 그 사람들, 참 예수님의 마음을 슬프게 해드렸습니다. 그들이 예루살렘 성전에 올라갔을 때 제사장의 무리가 떡하니 나와서 "웬 무리들이냐? 웬 소란이냐?" 하고 호령을 하니까 예수님을 앞세우고 "호산나! 호산나!" 하던 그 사람들 좀 보십시오. 한다는 소리가 이것입니다. "갈릴리에서 온 선지자입니다." 이 갈릴리에서 온 촌사람들이 "여기 유월절에 왔다가 퍼레이드 좀 하는데, 아, 그냥 눈 감아 주세요" 이것입니다. 기가 막힙니다. 무슨 소리입니까? 갈릴리에서 온 선지자라니요? "만왕의 왕이십니다!"라고 왜 말을 못합니까? 그렇다면 그 "호산나! 만세!" 소리는 무엇을 의미합니까? 무엇을 바랐던 것입니까? 너무나 서글픕니다.

여러분, 깊이 생각해보아야 합니다. 오늘본문은 이 모든 이야기를 종합해서 딱 몇 마디로 말씀해줍니다. 슬픈 말씀입니다. 66절은 말씀합니다. "그 때부터 그의 제자 중에서 많은 사람이 떠나가고 다시 그와 함께 다니지 아니하더라." 많은 사람이 떠나가고, 예수님을 따르던 그 많은 사람이 다 떠나가고, 다시는 예수님과 가까이하지 않더라고 말씀하고 있습니다. 67절은 더 서글픈 말씀입니다. 그 장면으로 돌아가 보면 눈물겨운 말씀입니다. "예수께서 열두 제자에게 이르시되 너희도 가려느냐." 얼마나 고독한 말씀입니까. 얼마나 기가 막힌 이야기입니까. 3년 동안 그 많은 역사를 이루었는데, 이제 다 떠나가고, 얼마 안 되는 열두 사람을 앞에 두시고 "너희도 가려느냐?"라고 주님께서 말씀하십니다. 아주 절절한 실존적 고독이 여기에 있습니다. 슬픈 이야기입니다. 더더욱 슬픈 이야기가 있지 않습니까. 예수님께서 십자가를 지십니다. 골고다 언덕을 향해서 가십니다. 가시다가 매를 맞으시고 쓰러지십니다. 더는 십자가를 지고 가실 힘이 없으십니다. 그런 예수님을 로마군병은 무자비하게 내려칩니다. 이때 십자가를 대신 질 사람이 누구입니까? 베드로가 아니라면, 열두 제자 가운데 한 명은 그럴 각오가 되어 있어야 하지 않겠습니까. 어떻게 시몬 베드로가 아닌 구레네 시몬이란 말입니까? 이 구레네 시몬은 예수님의 제자도 아닙니다. 예수님의 말씀을 들은 사람도 아닙니다. 이런 사람이 그 주변을 지나가다가 억지로 예수님의 십자가를 대신 지게 되었습니다. 세상에 이런 모순이 어디 있습니까. 이런 배신이 어디 있습니까. 이런 슬픈 이야기가 어디 있습니까. 이것이 우리가 고난주간에 보는 예수님의 모습입니다. 왜 예수를 믿고 따랐습니까? 모두가 왜 예수를 버렸습니까? 그는 예수를 따랐지만, 예수를 믿은 것이 아닙니다. 예수의 뜻을 따른 것도 아니고, 예수님의 목적을 같이 나눠 가진 것도 아닙니다. 예수는 수단이고, 내가 목적이었습니다. 내 욕망, 내 세속적인 욕망, 세속적인 출세, 물질, 세상의 번영과 자유, 평등…… 이런 세속적인 욕망만 가지고 있었습니다. 그래서 그 많은 날 동안 귀한 말씀을 들었지만 들을 수 없었고, 보았지만 볼 수 없었고, 예수를 따랐지만 따를 수가 없었다는 것입니다.

그래서 마태복음 16장 24절에서 예수님 분명하게 말씀하셨습니다. "나를 따라오려거든 자기를 부인하고 자기 십자가를 지고 나를 따를 것이니라." 세 가지 조건입니다. 이 조건에 걸리면 누구도 예수의 제자가 아닙니다. 아니, 따를 수 없습니다. 예수의 그 영광, 그 능력, 그 생명력을 체험 할 수 없습니다. 자기를 부인하고 자기 십자가를 지고 나를 따르라―깊은 말씀입니다. 실제적인 말씀입니다. 이렇게 될 때 이제 베드로가 한마디 합니다. 여러분이 잘 아시는 대로 베드로는 마태복음 16장에서 예수님께 이렇게 고백합니다. "주는 그리스도시요 살아계신 하나님의 아들이십니다." 이때 예수님께서 그를 칭찬하셨습니다. "베드로야, 네가 복이 있다." 그러나 이어 심각한 말씀을 하십니다. "그건 네가 한 것이 아니고, 네 고백도 아니고, 하나님께서 네게 은혜를 주셔서 그 고백을 하게 하신 것이니라. 하나님께서 알게 하셨느니라." 베드로의 신앙고백이 아니라고 하십니다. 그런데, 오늘본문인 요한복음 6장에 와서 보면 이제 베드로가 두 번째 신앙고백을 합니다. "주는 그리스도시요 살아 계시는 하나님의 아들입니다." 아주 귀한 고백이지만, 이것은 주님의 은혜로 교회의 기본이 되는 신앙고백을 대신 한 것입니다. 하지만, 베드로는 마음속으로 아직도 세속을 버리지 못했습니다. 그래서 예수님께서 십자가를 지실 것이라는 이야기를 하시니까 베드로가 말리지 않습니까. 만류하지 않습니까. "그런 일은 없을 것입니다. 그럴 수 없습니다. 어떻게 그런 불길한 십자가 이야기를 하십니까. 지금 예수님의 인기가 어떤데, 지금 곧 이 유대나라 왕이 될 시간이데, 아휴 불손하게 그런 이야기를 하십니까?" 이렇게 만류합니다. 아마도 이랬을지도 모릅니다. "만일 어떤 일이 있다 하더라도 십자가를 제가 지지, 예수님을 십자가 지시게 할 수 있겠습니까. 내 충성을 모르십니까?" 이렇게 장담했을지도 모릅니다.

  예수님께서 이 사실을 아시고 단호하게 말씀하십니다. "사탄아,

내 뒤로 물러가라!" 사랑하시는 제자를 향해서 사탄이라고 부르셨습니다. 왜입니까? 그 마음속에 사탄이 있기 때문입니다. 이것이 예수님의 단호함입니다. 그리고 말씀하십니다. "내 제자가 되려거든 자기를 부인하고, 욕심을 다 버려라. 그리고 자기 십자가를 지고 나를 따르라." 이것이 예수님의 말씀이었습니다. 그런데, 오늘 본문에서 예수님께서 말씀하십니다. "다 떠나갈 것이다. 너희도 가려느냐?" 이 기회를 타 68절에서 베드로가 고백합니다. "주여 영생의 말씀이 주께 있사오니 우리가 누구에게로 가오리이까(퀴리에 프로스 티나 아펠류소메다 레마타 조에스 아이오니우 에케이스)?" 대단히 중요한 말씀입니다. 이 헬라 말은 아주 심오한 의미가 있습니다. 이 '에케이스'라는 말은 'have' 동사입니다. 주님께서 영생의 말씀을 가지고 계십니다. "현재 내가 누구에게로 가오리까?" 아주 귀한 말씀입니다. '영생의 말씀'이라는 것이 무엇입니까? '영생으로 향하는 말씀'을 의미합니다. 여기서 '말씀'이라고 번역된 '레마타'라는 말에는 특별한 의미가 있습니다. 우리가 말씀, 말씀 할 때 그 일반적인 말씀 가운데 가장 중요한 말씀은 '로고스'입니다. "말씀이 육신이 되어 우리 가운데 거하시다." "태초에 말씀이 계시니라." 이때의 로고스입니다. 그러나 오늘 여기서의 말씀은 로고스가 아닙니다. '레마'입니다. 이것은 예수님의 입에서 나오는 말씀입니다. 예수님의 존재성을 말하는 것이 아니라, 예수님의 입에서 나오는 말씀, 영생 지향적인 말씀, 영생을 주시는 말씀을 말합니다.

예수님께서는 한때 사마리아 여인에게 말씀하셨습니다. "내가 주는 물은 네 속에서 샘이 되어 솟아나서 영원히 목마르지 아니하리라." 그렇습니다. 영생의 말씀은 목마르지 않습니다. 영생의 말씀을 받은 자는 생명력이 넘칩니다. 영생의 말씀은 가장 중요한 말씀입니다. 왜입니까? 여러분, 신앙생활의 초점을 분명히 하십시다. 포커스가 분명해야 합니다. 인생에서 성공하기 위해서는 첫째, 목적이 분명해야 합니다. 둘째, 초점이 분명해야 합니다. 그다음으로는 그 목적을 지향하는 최선의 노력이 있으면서, 그 목적을 위하여 모든 것을 버릴 수 있어야 합니다. 공부하는 아이들을 보십시오. 공부도 하고, 놀기도 하고, 다 할 수 있나요? 둘 중 하나는 버려야 합니다. 간단합니다. 진리를 찾으려면 거짓을 버려야 합니다. 생명을 찾으려면 허망한 것을 버려야 합니다. 그런데 중요한 것은 버려야 찾는 것이 아니라, 찾음으로 버리게 되는 것입니다. 이것이 본문에 나타나는 중요한 말씀입니다.

"영생의 말씀을 내가 믿고 알았습니다." 무엇입니까? 믿는다는 말은 곧 순종을 의미합니다. 믿는다는 말은 그 모든 것을 버렸다는 뜻입니다. 그러므로 알았습니다. 영생의 말씀이 주께 있음을 믿고, 순종하고, 이제 알았습니다. 알게 되었습니다. 3년 동안 따라다니면서 이거 하나를 얻은 것입니다. '예수님께 영생이 있다. 예수님 말씀 속에 영생이 있다.' 가버나움에 가셨을 때 어떤 환자가 있었습니다. 아마 돈이 많은 부자였던 것 같습니다. 귀족 같아 보입니다. 그의 친구들이 어쨌든 그로 예수님을 만나게 해주려고 지붕을 뚫고 상을 달아서 내렸습니다. 그렇게 해서라도 예수님께 가까이 가도록 한 그 사람들의 믿음을 보시고 예수님 말씀하십니다. 아주 중요한 말씀입니다. "네 죄 사함 받았느니라." 이 한마디가 얼마나 중요한지 모릅니다. 아마도 이 사람이 교만한 사람이고, 자기를 버리지 못한 사람이라면 "여보시오. 내 병이나 고칠 것이지, 내가 죄인이든 아니든,

왜 쓸데없는 말씀을 하십니까?"라고 했을 것입니다. 참으로 자존심 상하는 이야기입니다. 이것은 그 많은 사람 앞에서 이러는 것이나 마찬가지입니다. "너는 죄인이야. 죄 때문에 네가 지금 병들었어." 그래서 "네 죄 사함 받았느니라" 하는 말씀을 말없이 받아들인다는 것, 그 자체가 믿음입니다. "네 죄 사함을 받았느니라." 이것이 영생 의 말씀입니다.

여러분이 너무나 잘 아는 말씀이 있지 않습니까. 예수님의 십자 가 옆에 달렸던 강도, 일생을 강도로 살았고, 일생을 잘못 살았지만, 마지막 순간 예수님을 만납니다. 이 자체가 은총입니다. 예수님하고 같이 십자가를 등지고 죽습니다. 그 순간에 딱 한마디 합니다. "주 여, 나라에 임하실 때 저를 기억하옵소서." 그러자 주님께서 말씀하 십니다. "네가 오늘 나와 함께 낙원에 있으리라." 이것이 영생의 말 씀입니다. "네가 오늘 나와 함께 낙원에 있으리라. 네 죄 사함 받았 느니라." 이 두 마디면 족합니다. 그렇게 많이 들어야 되는 것이 아 닙니다.

영생의 말씀을 너무 많이 보겠다고 성경을 많이 보다가 시험에 빠지는 사람들이 많습니다. 요점을 알아야 합니다. 공부도 그러지 않습니까. 공부를 많이 한다고 공부를 잘하는 것이 아닙니다. 선생 님이 무슨 말씀을 하시는지, 그 요점을 알아야 합니다. 책에서 말하 는 요점이 무엇인지를 알아야 합니다. 그리고 초점을 맞추어야 합니 다. 여러분, 영생의 말씀에 초점을 딱 맞추고 신앙생활을 해야 합니 다. 그에게 자유가 있고, 그에게 영생이 있는 것입니다.

오늘도 영생의 말씀을 우리 마음에 새기고, 영생의 말씀을 지향 하고, 오직 영생만 초점으로, 그런 신앙생활이 될 수 있기를 바랍니다. 오늘본문 68절, 69절에서부터 다시 한번 봅니다. 시몬 베드로가 대답합니다. "주여 영생의 말씀이 주께 있사오니 우리가 누구에게로 가오리까 우리가 주는 하나님의 거룩하신 자이신 줄 믿고 알았사옵나이다." 헬라어 원문대로 보면 '믿었더니 알게 되었습니다'입니다. 그렇습니다. 믿고 알았습니다. 그리고 그 영생에 부합되는, 영생을 받아들인 생명으로 살아야 합니다. 예수님께서는 한때 이것을 비유로 말씀하셨습니다. "나는 포도나무요 너희는 가지다." "내 말이 너희 안에 거하면 너희는 많은 열매를 맺으리라."

여러분, 요새 혼란스럽지요? 절망적인 소식만 들려옵니다. 싹 걷어버리고 영생의 말씀 지향적으로 이 속에서 영생의 말씀을 들으십시오. 영생 지향적 신앙으로 믿음을 정리하십시오. 그러면 이 모든 사건 속에서도 가까이 들려주시는 주의 음성을 들으실 수 있을 것입니다. 그리고 베드로처럼 고백해야 될 것입니다. "영생의 말씀이 주께 계시매 내가 어디로 가오리까." △

나다나엘의 신앙고백

이튿날 예수께서 갈릴리로 나가려 하시다가 빌립을 만나 이르시되 나를 따르라 하시니 빌립은 안드레와 베드로와 한 동네 벳새다 사람이라 빌립이 나다나엘을 찾아 이르되 모세가 율법에 기록하였고 여러 선지자가 기록한 그이를 우리가 만났으니 요셉의 아들 나사렛 예수니라 나다나엘이 이르되 나사렛에서 무슨 선한 것이 날 수 있느냐 빌립이 이르되 와서 보라 하니라 예수께서 나다나엘이 자기에게 오는 것을 보시고 그를 가리켜 이르시되 보라 이는 참으로 이스라엘 사람이라 그 속에 간사한 것이 없도다 나다나엘이 이르되 어떻게 나를 아시나이까 예수께서 대답하여 이르시되 빌립이 너를 부르기 전에 네가 무화과나무 아래에 있을 때에 보았노라 나다나엘이 대답하되 랍비여 당신은 하나님의 아들이시요 당신은 이스라엘의 임금이로소이다 예수께서 대답하여 이르시되 내가 너를 무화과나무 아래에서 보았다 하므로 믿느냐 이보다 더 큰 일을 보리라 또 이르시되 진실로 진실로 너희에게 이르노니 하늘이 열리고 하나님의 사자들이 인자 위에 오르락 내리락 하는 것을 보리라 하시니라

(요한복음 1 : 43 - 51)

나다나엘의 신앙고백

요즘 코로나 사태로 많은 사람이 큰 고통 속에서 힘겨운 나날을 보내고 있습니다. 그러나 역사를 돌이켜보면 이런 일이 계속 있었습니다. 제가 옛날 풀러를 다닐 때 세계사를 공부하다 깜짝 놀랐던 일이 있습니다. 14세기, 1300년대입니다. 온 세계에 흑사병이 창궐했습니다. 놀라지 마시기 바랍니다. 그때 전 세계 인구의 4분의 1이 죽었을 정도로 속수무책이었습니다. 당시 유럽의 산에는 성당과 수도원이 많았고, 수도사들도 수백 명씩 있었습니다. 그러나 그들이 전부 흑사병으로 말미암아 다 죽었습니다. 제가 그것에 대해 자세히 알고 싶어서 뒤에 일부러 가서 수도원들을 살펴보았습니다. 그리고 그 옛날에 있었던 사건들의 흔적을 보았습니다. 설명도 들었습니다. 여러분, 우리는 이것이 우리 생애에 처음 있는 일처럼 보이지만, 아닙니다. 원래 그랬던 것입니다. 주기적으로 이런 일이 있었습니다.

성경에서도 보지 않습니까. 전쟁과 온역입니다. 전쟁으로 인해서 무자비하게 휩쓸려갑니다. 그리고 온역으로 인해서 손 하나 까딱할 수 없이 그대로 수만 명이 죽어갔습니다. 이것이 역사입니다. 역사의 흐름이 그러했습니다. 하나님께서 하시는 역사, 그 속에 심판이 있고, 하나님의 능력이 있고, 하나님의 구원이 있고, 하나님의 말씀이 있습니다. 그리고 하나님의 인도하심이 있었습니다. 이것이 역사의 흐름입니다. 그 한 시점에 우리가 있을 따름입니다.

이 코로나 사태로 인해서 이렇게 많은 시련을 겪고 있는데, 그런 가운데도 감동을 주는 사건이 며칠 전에 있었습니다. 프랑스에서 93세 된 할아버지가 코로나에 걸려서 병원으로 이송되고, 거기서 24시간 동안 고압산소 공급을 받아가며 병을 치료받게 됩니다. 그러고 나서 고맙게도 93세의 고령임에도 완치가 되었습니다. 그래서 퇴원할 때 의사는 할아버지에게 "축하합니다!" 하고 인사도 드렸지만, 많은 금액의 의료 계산서를 내놓았습니다. 100만 원이 넘는 치료비를 청구하게 됩니다. 이 할아버지는 이 청구서를 손에 들고 눈물을 흘렸습니다. 이때 의사는 마음이 너무 죄송스러워 큰 의료비 때문에 괴로워하지 말라고, 무슨 다른 방법이 있을 것이라고 말하면서 할아버지를 위로했습니다. 그때 할아버지는 말했습니다. "아닙니다. 저는 이것을 지불할 만한 넉넉한 돈이 있습니다. 저는 지불해야 할 치료비 때문에 눈물을 흘리는 게 아닙니다. 제가 24시간 동안 고압산소를 공급받으며 100만 원이 넘는 치료를 받았습니다. 그런데 문득 93년 동안 살아오면서 공짜로 산소 공급을 받았다는 생각이 들었습니다. 공짜로 산소 공급을 한평생 받은 것을 생각하면 하나님 앞에 너무 많은 빚을 졌다는 생각을 했습니다. 그래서 제가 감사의 눈물을 흘리는 것입니다." 의사도 손을 잡고 같이 울었습니다.

여러분, 우리는 종종 생각합니다. 진짜 감사가 언제 있습니까? 고난 중에 있습니다. 진짜 은혜를 아는 때가 언제입니까? 절박한 때입니다. 평안하고, 잘 되고, 번영할 때 우리는 엄청난 하나님의 사랑을 가지고 그 속에 살지만, 감사하는 사람은 없습니다. 점점 더 욕심은 커지고, 점점 더 교만하고, 점점 더 불의와 타협하게 됩니다. 그러나 고난 속에 있는 인생은 감사를 찾습니다. 고난 속에 하나님의 음성이 들립니다. 그때 비로소 하나님께 나오고, 하나님의 은혜에 감사하는 기적 같은 사실들이 있습니다. 하나님 보시기에는 그것이 중요합니다. 잘살고, 오래 살고, 번영하는 것은 하나님 보시기에 별 것 아닙니다. 이 어려운 고난 속에도 이같이 감사하는 한순간의 사건, 그 은혜를 아는 단 한 사람의 사건, 하나님께서는 거기에 초점을 맞추고 계십니다. 이것을 우리는 잊지 말아야 합니다.

오늘본문에서는 특별히 나다나엘이라고 하는 사람이 예수님께 나옵니다. 그는 예수를 만나면서 고백을 합니다. 신앙고백입니다. "당신은 하나님의 아들이시요 당신은 이스라엘의 임금이로소이다 (49절)." 당신은 하나님의 아들이십니다—이런 기적 같은 신앙고백을 합니다. 여러분, 다시는 잊지 마시기 바랍니다. 나다나엘이 오랫동안 신학 공부를 했습니까? 오랫동안 성경을 읽었습니까? 오랫동안 수도 생활을 하고, 묵상을 했습니까? 그렇게 발견한 것입니까? 아닙니다. 아주 한순간에 깨달은 사건입니다. 한 사건 속에서 이런 고백이 이루어집니다. "당신은 하나님의 아들이십니다." 이 한마디가 얼마나 중요합니까.

우리는 예수를 믿습니다. 예수를 알고 있습니다. 예수를 배워가고 있습니다. 그렇다면 예수가 누구입니까? 신학적으로, 신앙적으로 우리는 체험 속에서까지 혼란해 합니다. 예수는 누구입니까? 예수를 통해서 내 장사가 잘 될 것인가? 내 몸이 건강해질 것인가? 내 병이 나을 것인가? 내 기본적인 소원이 이루어질 것인가? 그렇다면 예수가 누구입니까? 예수 앞에 나와서, 예수로 말미암아 내 소원, 곧 세속적인 욕망, 소원을 이루려고 합니다. 아마 이룰 것이라고, 또 믿고 열심히 기도합니다.

그 언젠가 한 번 여름에 삼각산에 산책 삼아 올라갔을 때 이런 일이 있었습니다. 한참을 가다가 보니 길에서 별로 떨어지지 않은 곳에 바위가 하나 있는데, 그 바위 위에 어떤 아주머니가 하나 앉아 있었습니다. 옷도 괜찮게 차려입었는데, 두 손을 마주잡고 뜨거운 햇빛 속에서 "주여, 주여, 주여, 주여!" 이렇게 외치고 있기에 제가 한 30분 동안 기다리면서 얼마나 오래 하나 보자 했는데, 끝이 없습니다. 30분을 기다리다가 그냥 갔습니다. 그런데 제가 궁금했던 것은 "주여!" 다음이었습니다. 도대체 "주여!" 그다음에 어쩌자는 것입니까? 주께서 나타나시어 "내가 네게 어떻게 해줄까?" 하시면 이 아주머니는 뭐라고 할 것 같습니까? 우리가 예수를 고백합니다. 예수가 누구십니까? 내 병을 고쳐주시고, 내 사업이 잘되게 해주시고, 내 소원을 성취하게 해 주시고, 내 이 끝없는 욕심을 채워주시는 그 예수입니까? 아닙니다.

많은 사람이 예수를 따를 때 기적의 예수를 따랐습니다. 5천 명을 먹이고, 바다 위를 걸어가고, 풍랑을 조용하게 하신 능력의 예수, 그를 통해서 내가 무언인가를 얻어보려고 열심히 노력하고, 권력도 얻고, 부귀도 얻고, 평화도 얻고, 번영도 얻어보려고 예수를 믿었습니다. 하지만 이런 것들은 다 잘못된 신앙입니다. 참된 고백은 딱 하나입니다. "주는 하나님의 아들이십니다." 이것입니다. 기독론의 극치입니다. 예수께서는 능력도 되시고, 메시아도 되시고, 선지자도 되시고, 지혜도 되십니다. 더 나아가 "주께서는 하나님의 아들이십니다!"라고 하는 신앙고백에까지 도달해야 하는 것입니다.

하지만 오늘본문에서 나다나엘은 예수를 만나자마자 "당신은 하나님의 아들이십니다!" 하고 고백합니다. 그때 예수님께서 또 대답하십니다. "그래, 참 귀한 것을 깨달았다." 뿐만이 아닙니다. 가장 중요한 것은 이것입니다. "하늘이 열리는 것을 보리라. 네가 나를 하나님의 아들이라 고백했느냐? 그러면 네가 나를 따라오면 하늘이 열리는 것을 보리라." 하늘이 열린다는 말을 너무 어렵게 생각하지 맙시다. 기도가 응답되는 것입니다. 모든 의심이 사라지는 것입니다. 하늘이 열리는 것입니다. 내가 세상 떠나는 날 하늘이 열리는 것입니다. 하늘이 열려야 하는 것입니다. "하늘이 열리는 것을 보리라." 이런 귀한 말씀을 하셨습니다. 참 기가 막힌 만남의 시간입니다.

기독교는 만남의 종교입니다. 머리를 굴리며 생각하는 종교가 아닙니다. 묵상하는 종교가 아닙니다. 기독교는 기복의 종교가 아닙니다. 기독교는 그리스도를 만나는 것입니다. 요한일서 1장 1절에 이런 말씀이 있습니다. "우리는 귀로 들은 바요 눈으로 본 바요 주목하여 손으로 만진 바라." 우리에게 예수는 생각해서 만든 예수가 아닙니다. 이적을 보았다고 따라가는 그 예수가 아니고, 들은 바요, 눈으로 본 바요, 주목하고 손으로 만진 바라—체험적입니다 전인적입니다. 전인적 관계에 대한 말씀입니다. "이스라엘의 임금이로소이다." 참으로 귀하고 아름다운 신앙고백입니다. 그리고 예수님께서 아주 흡족하게 그를 축복하셨습니다. 그는 이스라엘 사람 중 한 사람입니다. 나다나엘이라는 사람은 전형적인 메시아의 대망 사상을 가지고 있는 경건한 한 유대인이었습니다. 그는 시간을 정하고 기도했습니다.

우리는 종종 기도할 때 밤에 기도하고, 새벽에 기도하고, 무슨 일을 시작할 때 기도합니다. 그런데 경건한 이스라엘 사람들은 그렇지 않습니다. 지금도 만나보면 그렇습니다. 그들은 하루에 세 번 기도합니다. 아홉시에 기도하고, 열두시에 기도하고, 세시에 기도합니

다. 일하다가도 시간 되면 정확하게 손을 딱 멈추고 기도합니다. 저
는 이런 모습을 여러 번 보았습니다. 식당에서 일하다가 다 치워놓
고 턱 앉아서 기도합니다. 하루에 세 번 딱 시간을 정하고 그 시간
에 기도합니다. 길을 가다가도 기도합니다. 일하다가도 기도합니다.
이런 경건한 생활의 모습이 전형적인 이스라엘 사람들의 방법입니
다. 나다나엘도 기도 시간이 되자, 무화과나무 아래에서 무슨 일을
하고 있었는지 모르지만, 시간이 딱 되니까 기도합니다. 기도 시간
이기 때문입니다. 사람이 오든지 가든지 신경을 쓰지 않습니다. 그
렇게 기도하는 것을 예수님께서 멀리서 보셨습니다. '아, 저기 경건
한 유대인 하나가 있구나!' 하는 것을 보셨던 것 같습니다. 그다음에
빌립이라고 하는 나다나엘의 친구가 있는데, 이 사람이 예수를 먼저
만났고, 그리고 감동을 하고 믿게 되면서 자신의 친구 나다나엘에게
예수님을 소개합니다. "선지자가 예언한 메시아를 내가 만나 보았
노라. 그분은 나사렛 예수다." 나다나엘이 빌립이라는 친구의 소개
를 받고 나서 첫마디가 무엇입니까? "나사렛에서 무슨 선한 것이 나
겠느냐. 내가 다 아는데, 그 동네, 여기서 멀지 않고, 아주 가까운 옆
동넨데, 거기서 무슨 선한 게 나겠느냐? 나사렛에서 무슨 선한 게
나겠느냐. 무슨 메시아가 난다는 말이냐? 말도 안 돼." 그런 이야기
입니다. 그때 빌립은 긴 설명 하지 않습니다. "Come and See." "와
서 보라. 이것은 네가 생각하는 그런 것이 아니고, 네가 연구하고 발
견하는 그런 것이 아니니, 일단 와서 보라. 그러면 알 게 아니냐. 와
서 보라. 이건 체험적인 관계다. 만남의 관계다. 그리스도를 만나야
된다." 바로 이때입니다. 나다나엘이 일단은 부정해놓고도 어슬렁어
슬렁 예수님 앞으로 가까이 옵니다. 의심하면서도 옵니다. 일단 부

정하고도 예수님께 가까이 옵니다. 예수님께서 그 오는 것을 보시고—이 말이 너무 중요한 것입니다. 나다나엘이 예수를 보았습니다. 그러나 그보다 먼저 예수님께서 나다나엘을 먼저 보셨습니다. 오는 것을 보시고—저는 이 한마디가 너무나 마음에 들었습니다. 그 오는 것을 보시고 예수님께서 말씀하십니다. "이는 참으로 이스라엘 사람이라 그 속에 간사한 것이 없도다(47절)." 포도주에다 물을 섞어놓은 것이 아닙니다. 여기 간사한 것이 없다는 말씀은 섞인 것이 없다는 뜻입니다. 혼합한 것이 아니라는 것이며, 깨끗한 것이라는 뜻입니다. 깨끗한 양심, 깨끗한 마음으로 그가 가까이 오고 있습니다. 그가 오는 것을 보시고 그 속에 간사한 것이 없다고 칭찬하십니다. 이 거룩한 발걸음에 대해서 조금 생각할 필요가 있습니다. 그는 이성적으로 비판하고 있습니다. 그의 지식으로는 마음에 들지 않습니다. 그의 오랜 경험으로도 인정하고 싶지 않습니다. 나사렛에서 메시아가 난다는 것을 말입니다. 그러나 "와서 보라!" 하시는 말씀을 듣고 예수님 앞으로 옵니다. 그 걸어오는 것이 너무나 아름답습니다.

우리는 언제나 이성적 비판에서 헤어나기 어렵습니다. 그러나 어느 순간에는 이성적 비판을 거절해야 합니다. 우리가 생각하고 있지만, 생각을 거절해야 합니다. 우리의 경험이 있습니다. 경험도 부정해야 합니다. 그리고 깨끗한 마음으로 예수를 만나야 합니다. "나사렛에서 무슨 선한 것이 나겠느냐." 이것은 지식입니다. 이것은 이성입니다. 그래서 유명한 철학자 파스칼은 말합니다. "우리가 참된 신앙을 가지려면 이성을 십자가에 못박아야 한다." 이럴까 저럴까 생각하는 이성의 판단은 끝이 없습니다. 이리 생각하면 이게 옳고,

저리 생각하면 저게 옳습니다. 이런 것은 안 됩니다.

제가 언제 한 번 어떤 수필을 보니까 재미있는 말이 있습니다. '노처녀들이 왜 시집을 못 가는 것인가?' 그 이유는 간단합니다. '이쪽을 할까, 저쪽을 할까? 이리 가면 이게 좋을 것 같고, 저리 가면 저게 좋을 것 같다.' 이렇게 이리 갈까 저리 갈까 생각만 하다가 덜커덕 노처녀가 되고 만다는 것입니다. 그러면 어떻게 해야 합니까? 어느 순간에 가서는 생각을 버려야 합니다. 판단을 중지해야 합니다. 생각을 다 가지고는 못 합니다. 그것을 유명한 성 아우구스티누스는 '판단중지'라고 말했습니다. 판단중지. 딱 끊어버리라고 말합니다. '이렇게 할까, 저렇게 할까?' 이걸 죽을 때까지 해도 해답은 나오지 않습니다.

신앙은 의지입니다. 신앙은 지식의 결론이 아닙니다. 이것은 철학이 아닙니다. 이것은 속에서 나오는 신앙적 의지입니다. 판단중지입니다. 그리고 행동이 먼저 갑니다. 생각이 먼저 가고 있지 않습니다. 행동이 먼저 갑니다. 순종이 먼저 갑니다. 믿음이 먼저 갑니다. 그리고 예수님께 어슬렁어슬렁 가까이 오는 것을, 의심하면서 가까이 오는 것을 보시고 이렇게 칭찬하십니다. "이는 참 이스라엘 사람이로다. 간사한 것이 없도다."

그러니까 나다나엘이 너무나 황급해서 묻습니다. "어떻게 저를 아십니까?" 예수님께서 조용히 대답하십니다. "네가 무화과나무 아래 있을 때 보았다. 네가 나를 보기 전에 내가 너를 먼저 보았다. 네가 기도하고 있는 걸 보았다." 그리고 말씀하십니다. "네가 나를 안 것이 아니다. 내가 먼저 너를 알았다." 나다나엘이 그만 예수님 앞에 무릎을 꿇습니다. 그리고 이 순간에 이렇게 고백합니다. "당신은 이스라엘의 임금이시요, 하나님의 아들이십니다." 이런 아름다운 관계, 이 아름다운 체험, 이 신앙적 관계 속에서 그는 이렇게 고백하게 됩니다. "주는 하나님의 아들이십니다." 예수님께서 조용히 말씀하십니다. "그래, 내가 너를 보았다고 해서 그렇게 감격하느냐? 따라오너라. 이제는 하늘이 열리는 것을 보리라." 약속해주십니다. 여러분, 꼭 잊지 말아야 합니다. 내가 주님을 찾은 것이 아닙니다. 주님께서 나를 찾으신 것입니다. 내가 주님을 안 것이 아닙니다. 주님께서 나를 벌써 아신 것입니다. 내 모든 것을 아시고, 여기까지 인도하신 것입니다. 주께 아신 바 된 것입니다.

우리가 즐겨 부르는 찬송이 있습니다. "나 같은 죄인 살리신 그 은혜 고마워……" 그 찬송가를 지은 이는 원래 노예 상인으로 있다가 예수를 믿고 목사가 되고, 부흥사가 되었습니다. "나 같은 죄인 살리신 그 은혜 고마워……" 그 찬송가의 영어 가사는 이렇습니다. I'm Lost. Now I'm Found. 나는 버림받았었다. I'm Found. 나는 지금 발견됐다. 내가 주를 발견한 것이 아니고, 주님께서 나를 발견하신 것입니다. I'm Found. 그 찬송가 가사의 핵심입니다. 여러분, 오늘도 조용해 생각해봅시다. 내가 주 앞에 나온 것입니까? 주님께서 나를 인도하신 것입니다. 내가 주를 찾은 것입니까? 주님께서 나를 찾으신 것입니다. 이것을 잊지 말아야 합니다. 그 속에 신앙고백이 있는 것입니다.

데이빗 리버만이라고 하는 사람이 쓴 아주 재미있는 책이 있습니다. 「나에게는 모르는 문제가 있다」라는 책입니다. 여기에서 그는 자기 자신을 분석해봅니다. 그가 잘 분석해놓았습니다. 자기 인간이 가지는 자기 허물을 죽 분석해 보니까 보통으로 가진 것이 77

가지입니다. 허물이 참 많습니다. 그 77가지 중에서 첫째가 뭔지 아십니까? 이것입니다. '내가 누구인지를 모른다.' 영영 모르겠습니다. 내가 누구인지를 모르겠습니다. 그러니까 자신이 누구인지도 모르고, 모르는 중에 사는 것입니다. 맨 마지막도 재미있습니다. 이런 내용입니다. '사람마다 틀렸다는 것을 알면서도 생각 바꾸기를 거절한다.' 잘못되었다는 것을 알고 있습니다. 그러면 떠나야 되지 않습니까. 그런데 안 떠납니다. 끊어야 되지 않습니까. 안 끊습니다. 이것이 바로 인간입니다.

오늘 나다나엘은 오랫동안 나름대로 생각한 바가 있습니다. 그러나 오늘 이 순간, 주님과 딱 만나는 순간 모든 생각을 싹 지워버립니다. "당신은 하나님의 아들이십니다." 바로 이런 깨끗한 신앙의 고백을 합니다.

여러분, 내가 하나님을 찾았다고 생각하면 안 됩니다. 하나님께서 나를 찾으셨고, 나는 매일매일 하나님께서 나와 함께 계시고, 나를 찾으시고, 나를 간섭하시고, 나와 동행하시는 것을 확인하고 있는 것입니다. 그는 찾아오셨고, 사람이 되셨고, 우리를 위하여 십자가를 지셨고, 우리를 위하여 부활하셨습니다. 기독교는 만남의 종교입니다. 오늘도 새롭게 주를 만날 것입니다. 우리는 이 코로나라고 하는 사건을 통해서 주님을 만납니다. 주의 음성을 듣습니다. 그리고 "과연 하나님은 하나님이십니다. 살아계시는 하나님이십니다. 살아 역사하시는 하나님이십니다" 하고 고백하게 될 때 하늘이 열리며, 하나님의 음성이 들리는 축복을 누리게 될 것입니다.   △

나의 주 나의 하나님

여드레를 지나서 제자들이 다시 집 안에 있을 때에
도마도 함께 있고 문들이 닫혔는데 예수께서 오사 가
운데 서서 이르시되 너희에게 평강이 있을지어다 하
시고 도마에게 이르시되 네 손가락을 이리 내밀어 내
손을 보고 네 손을 내밀어 내 옆구리에 넣어 보라 그
리하여 믿음 없는 자가 되지 말고 믿는 자가 되라 도
마가 대답하여 이르되 나의 주님이시요 나의 하나님
이시니이다 예수께서 이르시되 너는 나를 본 고로 믿
느냐 보지 못하고 믿는 자들은 복되도다 하시니라
(요한복음 20 : 26 - 29)

나의 주 나의 하나님

세계적으로 유명한 철학자 데카르트에 얽힌 유명한 에피소드가 하나 있습니다. 그는 모든 철학자가 그렇듯이, 정확한 시간에 일어나서 정확한 시간에 산책을 했습니다. 유명한 철학자 임마누엘 칸트도 그랬다고 하지요? 어느 정도였느냐 하면, 칸트가 지나가는 모습을 보고 사람들이 그날의 시각을 맞출 정도였습니다. 그만큼 새벽마다 정확한 시각에 일어나서 산책을 한 것입니다. 데카르트도 그런 사람이었습니다. 그는 새벽마다 그 어둑한 시간에 일어나 산책을 했습니다. 어느 날 늘 다니던 길을 가는데, 길 한가운데에 커다란 뱀한 마리가 도사리고 앉아 데카르트를 쳐다보고 있는 것이 아닙니까. 그는 깜짝 놀라서 "이 나쁜 놈! 이 내 길을 가로막누만!" 하고 소리치며 비껴갔습니다. 다음 날 아침, 가다 보니 또 그 뱀이 있는 것입니다. 그래 또 비껴갔지요. 한데, 사흘째 되는 날에도 또 그 자리에 그 뱀이 있는 것이 아닙니까. 데카르트는 속으로 생각했습니다. '안되겠다. 오늘은 승부를 내야겠다.' 그리고 지팡이를 들어서 있는 힘껏 그 뱀을 내리쳤습니다. 한데 그 뱀, 꿈쩍도 하지를 않는 것이었습니다. 그래서 자세히 들여다보았더니, 그것은 뱀이 아니라 썩은 밧줄이었습니다. 그는 여기에서 큰 충격을 받았습니다. 그래서 그는 유명한 말을 합니다. "내 눈이 나를 속였다. 나는 분명히 뱀으로 보았는데, 저것은 뱀이 아니다. 남이 나를 속인 것도 아니고, 내 눈이 나를 속인 것이다. 그러니 세상에 믿을 수 있는 것이 어디에 있겠는가. 아무것도 믿을 수 없다." 그래서 데카르트는 회의론자가 되었고,

회의론 철학자의 대표가 됩니다. "모든 것을 믿을 수 없다. 믿을 수 없다. 믿지 못한다. 믿지 말아라." 마지막으로 딱 한 마디를 합니다. "내가 의심하고 있다는 사실만은 믿을 수 있다." 아주 변증적입니다. 그래서 유명한 철학의 명제가 나옵니다. "I think, therefore I am." 내가 생각하니 내가 있다, 이것입니다. 다른 말로 하면 이렇습니다. "내가 의심하는 것만큼 나는 존재한다."

여러분은 무엇을 믿고 삽니까? 그 믿음의 근거가 어디에 있습니까? 믿음 없이는 살 수가 없습니다. 사람도 믿어야 하고, 나도 믿어야 하고, 세상도 믿어야 합니다. 하지만, 가장 비참한 이야기가 무엇인지 아십니까? "세상에 믿을 사람이 어디에 있나?" 그러면 끝난 것입니다. 게다가 이제는 나 자신도 믿을 수가 없습니다. 그러면 다 무너진 것입니다. 믿음 위에 인격이 세워지고, 우리의 삶의 본질이 세워지는데, 믿음이 와르르 무너진 순간에는 아무것도 없습니다. 지금 우리 이 세대가 바로 그 시간에 있습니다. 우리가 믿던 것들이 다 무너졌습니다. 이제 가치를 어디서부터 다시 수습해야 할지 알 수 없는 절박한 시간입니다.

사람들은 믿음의 근거로 몇 가지를 생각합니다. 하나는 느낌입니다. "그저 왠지 알 수 없게 믿음이 간다." 그런 것입니다. 이것이 참 중요합니다. 슐라이어마허는 이렇게 말합니다. "결국, 믿음의 근거는 느낌이다. 우리의 감성이다." 여러분이 아시는 대로, 이유가 없어도 딱 볼 때 믿음이 가는 사람이 있습니다. 하지만 어떤 사람은 믿음이 안 갑니다. 아무 근거가 없습니다. 왜 그러냐고 물으면, 대답할 말이 없습니다. "그렇게 느껴졌을 뿐이야." 이런 느낌입니다. 또 하나는, 눈으로 보아야 한다는 사람이 있습니다. 모든 것은 눈으로 보고, 눈을 자신의 믿음의 근거로 삼습니다. "눈으로 보아야 한다. 그 다음에는 손으로 만져야 한다. 나는 눈만 가지고는 안 돼. 내 손으로 만져야 믿을 수 있다." 이렇게 생각합니다. 이것을 철학적으로 정리할 때는 이렇게 말합니다. "Knowledge, Acceptance, Practice" 이 세 가지를 말합니다. Knowledge는 지식의 세계를 말합니다. 이것은 생각으로 느끼고, 이성으로 판단해서, 합리적으로 받아들일 때 믿음이 갑니다. 합리적 사유 안에 믿음이 있는 것입니다. 그런가 하면, Acceptance는 느낌을 말합니다. 아무리 생각이 그렇고, 논리가 그래도, 마음이 움직이지 않으면 안 됩니다. "확실한데도 불구하고 누가 뭐래도 믿음이 가지 않아. 느낌이 없어." 요샛말로 feel이 꽂히지 않으면, 그 믿음이 되지를 않습니다. 그런가 하면, Practice는 실제 경험을 말합니다. "내 몸으로, 내 발로, 내 생활로 경험한 것만 믿을 수 있다." 여러분, 그렇습니까? 그러면 우리가 하는 경험이라는 것은 어떻습니까? 모든 경험은 단회적입니다. 한번 지나갑니다. 경험이라고 하는 사건은 물리적으로는 반복되지만, 인식은 단회적입니다.

이런 재미있는 이야기가 있습니다. 여러분, 연애해보셨습니까? 젊어서 연애할 때에는 생전 처음으로 여자를 만나고, 남자를 만났습니다. 만나자마자 확 다가오는 그 느낌이 대단합니다. 참 특별한 경험입니다. 그런데 똑같은 여자를 다음 날 또 만나보십시오. 어제하고 또 다릅니다. 이것을 알아야 합니다. 살아보면 더 다릅니다. 여기서 문제가 되는 것입니다. 모든 경험은 물리적으로는 반복되지만, 느낌으로는 딱 한 번이고, 인식으로도 딱 한 번입니다. 이것을 잊지 말아야 합니다. 그러면 창조적 역사, 하나님께서 하시는 큰 역사 앞에서 우리가 무엇을 경험한다는 이야기입니까? 어떻게 해서 알겠

다는 이야기입니까? 어떻게 해서 믿을 수 있다는 이야기입니까? 이
것이 성경이 주는 총 주제입니다. "믿음, 어떻게 해야 믿게 할 수 있
을까? 어떻게 해야 믿어지는가? 어느 정도만 믿는가?" 하는 것입
니다.

오늘 본문에 나타난 이 이야기는 너무나도 유명하고 중요한 이
야기입니다. 예수님께서 부활하셨습니다. 부활 사건, 이것은 창조적
인 사건입니다. 역사의 중심에 있는, 신비로울 뿐 아니라, 그 엄청난
능력의 계시입니다. 이 부활이라고 하는 큰 사건 앞에 초라한 인간
인 내가 뭘 어떻게 하겠다는 이야기입니까? 어떻게 해서 내가 믿음
을 가질 수가 있다는 이야기입니까? 사망 권세를 이긴 사건입니다.
세상에 뭐니 뭐니 해도 죽는 것처럼 어려운 일이 없습니다. 어느 한
목사님에 관해 이야기하려고 합니다. 이 목사님의 아버지도 목사님
이셨습니다. 이분은 제가 잘 아는 목사님인데, 아버지 목사님이 세
상을 떠날 때 아들 목사가 앉았다가 "아버지, 천당이 보이십니까?"
하고 물었습니다. 그때 아버지께서 하시는 말씀이 이랬습니다. "아
직 안 보여. 나는 많이 두렵다." 그리고 돌아가셨다고 합니다. 그런
데 그 아들 목사님이 그 이야기를 자꾸만 저에게 합니다. "우리 아
버지가 평생 설교하셨는데, 마지막에 이렇게 나에게 실망을 주셨
어요."

여러분, 다시 한번 생각해보십시오. 생명은 신비롭습니다. 세상
에 두 번 태어난 사람은 없습니다. 자기가 세상에 태어나는 것을 본
사람도 없습니다. 그것을 경험한 사람도 없습니다. 왜입니까? 사람
은 네 살 전의 일을 기억하지 못하기 때문입니다. 그 신비로운 일들
을 하나도 모릅니다. 기억에 없습니다. 그렇다고 없는 일입니까? 엄

연한 사건이지만 내 인식 속에 없습니다. 이것을 잊지 말아야 합니다. 그런가 하면, 우리 앞에 있는 죽음도 스스로가 경험할 수 있는 일이 아닙니다. 두 번 죽을 수 있는 것이 아니기 때문입니다. 딱 한 번 가는 길입니다. 이것은 내 경험 속에 있는 것이 아닙니다. 이것은 오직 하나님의 약속 안에만 있는 것입니다. 자기의 출생을 경험해본 사람이 없습니다. 동시에 자기 죽음을 경험해본 사람도 없습니다. 이 모든 사건은 신앙적 사건일 뿐입니다. 엄연한 사실이지만, 우리 마음과 우리 생각과 우리 인식 속에는 항상 새로운 것이며, 모험적이고 창조적인 경험일 뿐입니다.

부활 사건은 일회적입니다. 역사에 딱 한 번 있었던 일입니다. 경험도 일회적이고, 이것은 그전에 있었던 일도 아니고, 누구도 본 사람이 없습니다. 오직 성경만이 우리에게 증거하고 있습니다. 모든 경험은 딱 한 번 있는 일입니다. 단 한 번 지나가고 맙니다. 그런데 부활하신 예수님께서 나타나셨는데, 성경은 이것을 '신령한 몸 (spiritual body)'이라고 말합니다. 부활하신 예수님의 모습을 보십시오. 분명히 부활하셨습니다. 심지어 음식도 잡수시고, 같이 길을 가기도 하시고, 마주 앉아 이야기도 하십니다. 그러나 성경은 분명히 말씀합니다. "오히려 의심하는 자가 있더라." 부활하신 예수님께서 앉아서 같이 식사를 하고 계시지만, 아무리 쳐다보아도, 아무리 생각해도 이것을 이해할 수는 없는 것입니다. 그래서 성경은 오히려 솔직하게 말씀합니다. "오히려 의심하는 자가 있더라." 저는 이 말씀이 너무나 마음에 듭니다.

우리도 마찬가지입니다. 지금도 예수님께서 나타나시어 말씀하신다는 생각을 해보십시오. 여러분과 같이 식사를 하시고, 같이 악수를 하셔도 아마 그럴 것입니다. "오히려 의심하는 자가 있더라."
당연한 것입니다. 의심한다는 것이 당연합니다. 저는 그것이 더 마
음에 듭니다. 왜요? 내가 경험한 것이 아니기 때문입니다. 새로운
경험이기 때문입니다. 부활하신 예수님, 얼마나 놀랍습니까. 여기
에 계신가 하면 저기에 계시고, 또 앉아서 식사하시는가 하면, 그다
음에 또 제자들에게 말씀하시고, 성경에서 보는 대로, 문을 다 잠가
놓았는데, 잠겼는데, 홀연히 나타나가지고 "평안할지어다" 하십니
다. 정말 놀랄 일입니다. 그 부활하신 예수님의 몸을 무엇으로 설명
할 것입니까? 이것은 딱 한 번 있었던 사건입니다. 또, 예표적으로
우리에게 보여주신 사건입니다. "내가 부활의 첫 열매다. 내가 이렇
게 부활했지. 너희도 이렇게 부활할 것이다." 이렇게 말씀하고 계십
니다.

그런데 여러분, 역사적 사건과 신앙 사건은 다릅니다. 이것을
영어로 말하면 'historical event, faith event'입니다. 무슨 말이냐 하
면, 사건은 사건입니다. 역사적 사건입니다. 그러나 내가 그것을 믿
느냐 안 믿느냐에 따라서 내게 사건이 될 수도 있고, 안 될 수도 있
습니다. 내가 안 믿으면 없는 것입니다. 그러나 내가 믿는 만큼 그
사건이 사실이 되는 것입니다. 이것을 잊지 말아야 합니다. 그런고
로 'historical event', 예수님께서 부활하신 것은 확실하지만, 그것을
믿는 것은 믿는 사람의 마음에서 신앙 사건으로 바뀌는 것입니다.
신앙 사건은 믿는 순간 사건이 되는 것입니다. 믿는 순간, 이 사건을
믿는 사람들은 예수님을 위해서 일생을 바치고 순교했습니다. 기쁨
으로 순교했습니다. 왜입니까? 부활 사건이 확실하기 때문입니다.
내가 주님 앞에 가는 것이 확실하니까! 그래서 사도 바울은 말합니

다. "나의 달려갈 길을 다 가고 믿음을 지켰으니 내 앞에 생명의 면류관이 있도다." 로마 감옥에서 그는 순교합니다. 왜입니까? 부활 사건이 확실하기 때문입니다. 부활 사건이 확실히 믿어지기 때문입니다. 믿어지는 것이 마지막 축복입니다.

여러분, 안 믿어지는 것처럼 괴로운 일이 없습니다. 믿고 싶은데, 믿을 수가 없습니다. 믿어야 할 줄 알면서도 안 믿어집니다. 이것은 정말로 비참한 일입니다. 그런가 하면, 왠지 말로는 설명이 되지 않지만, 믿어집니다. 충분히 믿어집니다. 평안하게 믿어집니다. 오늘분문에 나타난 사건이 그것입니다. 도마는 의심이 많은 사람입니다. 예수님의 제자들이 모였다가 예수님을 만났습니다. 부활하신 예수님을 만나서 너무너무 감격했습니다. 제자들이 말합니다. "우리가 부활하신 예수님을 만났다!" 그런데 마침 그 자리에 도마가 없었습니다. 도마가 하는 말 좀 들어보십시오. "나는 안 믿어. 너희들 정신이 나갔냐? 어떻게 돌아가셨는데 부활하셨단 말이냐? 나는 안 믿어." 그리고 덧붙입니다. "나는 내 눈으로 보고, 내 손으로 예수님께서 창에 찔리신 그 옆구리에 손가락을 넣어보고야 믿겠다." 이러고 고집을 부립니다. "나는 예수님을 만져보고, 그리고 예수님의 그 못자국이 난 손을 만져보고, 창구멍이 난 그 옆구리에 손을 넣어보고, 그러고야 믿겠노라." 이러고 고집을 부립니다. 바로 그때 일어난 일이 아주 드라마틱합니다. 예수님께서 딱 나타나셔서 "도마야, 네 손을 내밀어 만져보라." 옆구리를 보이면서 "네 손을 넣어보라. 그리고 믿는 자가 되라. 보지 못하고 믿는 자가 복이 있느니라. 너는 보고 믿겠다고 하지마는, 그것만 가지고는 안 되지. 보지 못하고도 믿어라. 만져보지 않아도 돼. 아니, 만져볼 필요가 없어."

　　이런 수수께끼 같은 이야기가 있습니다. 미국 로스앤젤레스에 가면 박물관이 있습니다. 그 박물관에 안에 루벤스가 그려놓은 유명한 그림이 있습니다. 저는 갈 때마다 그 그림을 꼭 한번 봅니다. 그 그림 앞에는 늘 사람들 수십 명이 서서 계속 감상을 합니다. 바로 예수님께서 도마에게 나타나신 장면을 그린 그림입니다. 예수님께서 도마에게 나타나시어 구멍이 뚫린 당신 옆구리를 도마에게 보이시면서 "만져보라!" 하십니다. 그래 도마가 손을 들고 넣어볼까말까 합니다. 바로 모습을 그린 것입니다. 참 잘 그렸습니다. 5백 년 전에 그린 것인데, 저는 그 그림 앞에만 가면 자리를 떠날 수가 없습니다. 한 시간 동안은 그것을 감상해야 합니다.

　　여러분, 여기서 수수께끼가 있습니다. 그 순간 도마가 손가락을 넣어보았을까요, 말았을까요? 어떻습니까? 꼭 그래야겠습니까? 아마도 못 만졌을 것입니다. 왜입니까? 만질 필요가 없었기 때문입니다. 손가락으로 만질 필요가 없기 때문입니다. 이것이 믿음입니다. 꼭 내가 만져봐야겠습니까? 죄송합니다마는, 여러분, 꼭 죽어봐야 죽음을 알겠습니까? 깊이 생각해야 합니다. 예수님께서 말씀하십니다. "도마야, 그렇게 의심이 많으냐? 다른 사람은 다 믿는데, 너는 안 믿는다고? 너는 만져봐야겠다고? 그래, 만져봐라!" 이 얼마나 자비롭습니까. 이 얼마나 고맙습니까. 이 의심 많고, 고집 많은 이 못된 것, 이 못돼먹은 사람을 찾아오셔서 "도마야, 네 손을 내밀어 내 옆구리에 넣어봐. 그리고 믿는 자가 되라" 하실 때 도마는 그 앞에 무릎을 꿇습니다. "주여, 어찌하여 저를 이렇게 사랑하십니까? 어찌하여 저같이 고집 많고 못된 것을 찾아오십니까? 그리고 내 이 욕망을 채워 주십니까?" "만져보고 믿으라. 믿는 자가 되라. 믿는 자가 되라." 도마가 여기서 완전히 무릎을 꿇습니다. "나의 주님이시요, 나의 하나님이십니다." 이 confession, 이 고백이 중요합니다.

여러분, 예수님께서는 세상에 오셔서 많은 병자를 고치셨습니다. 예수님께서는 의원이십니다. 불쌍한 사람을 돌보셨습니다. 또한 말씀하셨습니다. 율법의 해석자가 되셨습니다. 그리고 희한한 능력을 많이 행하셨습니다. 그런데 예수님께서 끝끝내 제자들에게 가르치고 싶으신 것이 무엇입니까? "말씀이 육신이 되어 우리 가운데 거하신다." 이 요한복음의 고백입니다. 하나님께서 육신을 입으시고 오늘 이 자리에 오셔서 여러분을 만나십니다. 그런고로 우리 입에서 나온 고백이 무엇입니까? "주께서는 치료하는 분이십니다. 주께서는 능력이 많은 분이십니다. 주께서는 이적의 하나님이십니다." 주께서 바라시는 것은 이것이 아닙니다. "나의 하나님, 주께서는 나의 하나님이십니다." 이 고백이 있기를 오늘도 기다리십니다. 오늘도 우리는 주님을 봅니다. 나의 하나님―도마의 신앙고백입니다. "주는 나의 주님이시요, 나의 하나님이십니다. 그분은 나를 다 알고 계십니다. 그리고 찾아오십니다. 나의 약함을 아시고, 나를 사랑하십니다. 나의 고집 센 것, 못된 것을 알고도 사랑하십니다. 그 하나님 앞에 고백합니다. '당신은 나의 하나님이십니다.'" 그래서 이것이 오늘 우리 기독교 신앙고백의 뿌리가 되는 것입니다. 잊지 말아야 합니다. 그리스도인이 누구입니까? 예수를 사람으로 보는 것이 아닙니다. 예수를 성자로 보는 것이 아닙니다. 예수를 능력의 사람으로 보는 것이 아닙니다. 예수는 "나의 하나님, 성부 성자 성령의 하나님"입니다. 그래서 우리는 예배시간마다 이 삼위일체 신앙을 고백합니다. 아버지 하나님, 아들 하나님, 성령 하나님, 성부 성자 성령 이 우리의 신앙고백이 기독교의 신앙적 기초가 되는 것입니다.

　기독론의 극치가 여기에 있습니다. 스데반이 세상을 떠날 때 하늘을 우러러보며 이렇게 말합니다. "인자가 하나님 우편에 서신 것을 보노라." 무엇입니까? 세상 끝날에 세상을 심판하러 오실 그 인자를 바라봅니다. 인자라고 고백합니다. 오늘본문에서 나의 하나님이란 "항상 나의 하나님께서 나와 함께 계시고, 나의 하나님께서 나를 찾아오시고, 오늘도 나를 사랑하시고, 그 능력이 나와 함께하신다." 이것을 믿는 것이 바로 부활입니다. 부활은 죽음보다 강합니다. 많은 사람이 예수님을 죽이려고 별 방법을 다 썼지만, 죽는 것 같으나 부활하셨습니다. 부활은 죽음보다 강합니다. 아니, 미움보다 사랑은 더 강합니다. 예수님께서는 십자가에 돌아가시면서도 "하나님이여, 저들의 죄를 사하소서" 하고 기도하셨습니다. 사랑은 죽음보다도 강합니다. 그런가 하면, 절망보다 소망은 더 강합니다. 예수님을 십자가에 못박았지만, 예수님께도 없지만, 제자들의 마음속에도 절망은 없습니다. 영원한 소망, 더 밝은 소망으로 문을 열게 됩니다. 그 계시가 바로 부활입니다. 부활 사건 하나 속에 무궁무진한 메시지가 있습니다. "내가 너를 용서하노라. 내가 너를 사랑하노라. 내가 너를 아노라. 내가 너와 함께하노라. 세상 끝날까지 너희와 함께하노라." 이것이 부활입니다. 부활절의 의미입니다.

　베드로는 마태복음 16장에서 이렇게 고백합니다. "주는 그리스도시요 살아 계신 하나님의 아들이시니이다(16절)." 그러나 오늘본문에서 도마는 이렇게 고백합니다. "나의 주님이시요 나의 하나님이시니이다(28절)." 이렇게 고백합니다. 믿는 자가 하나님을 만납니다. 부활은 하나님을 만난 자에게는 변화요, 변화에 대한 약속입니다. 이것을 잊지 말아야 합니다. 성경을 자세히 연구해보면, 부활이라는 말과 변화라는 말을 같이 사용합니다. 부활-변화, 변화-부활. 여러분, 변화가 무엇입니까? 빌립보서 3장 21절은 말씀합니다. "그는 만물을 자기에게 복종하게 하실 수 있는 자의 역사로 우리의 낮은 몸을 자기 영광의 몸의 형체와 같이 변하게 하시리라." 그리스도의 영광의 형체, 부활하신 영광의 형체와 같이 우리가 변화하게 됩니다.

예수 부활은 곧 우리의 부활에 대한 약속입니다. 예수 부활은 우리의 부활에 대한 보증입니다. 우리는 그 누구처럼 죽어가고 있는 것이 아닙니다. 늙어가고 있는 것도 아닙니다. 예수님 앞에 가까이 가고 있는 것입니다. 예수님을 향하여 가까이 가고 있는 것입니다. 부활의 아침을 향하여 하루하루 가까이 가고 있는 것입니다. 예수 부활은 곧 우리의 부활이며, 그의 영광의 형체와 같이 우리도 변화될 그 약속을 바라보며, 이 부활을 경험하는 것입니다. 여기에 신앙고백이 있습니다. "나의 주 나의 하나님!" △

곽선희목사 설교집·강해집·기타

〈설교집〉

〈강해집〉
(빌립보서 강해) 희락의 복음
(갈라디아서 강해) 은혜의 복음
(고린도전서 사랑장 강해) 진정한 사랑의 의미
(예수님의 이적 강해) 이적으로 계시된 말씀
(사도신경 강해) 사도들의 신앙고백
(야고보서 강해) 참믿음 참경건
(예수님의 잠언 강해) 예수의 잠언
(사도행전 강해)(상) 교회의 권세
(사도행전 강해)(하) 교회의 권세
(로마서 강해) 믿음에서 믿음으로
(고린도전서 강해) 복음의 능력
(고린도후서 강해) 생명에로의 길
(예수님의 비유강해)(상) 하나님의 나라/(중) 이 세대를 보라/(하) 생명
에로의 초대
(에베소서 강해) 내게 주신 은혜의 선물
(골로새서 강해) 위엣것을 찾으라
(데살로니가서 강해) 사도의 정체의식
(디모데서 강해) 네 직무를 다하라

〈기타〉
행복한 가정/참회의 기도/영성신학/종말론의 신학적 이해/생명의 길